“知心姐姐”巡回演讲

和孩子们一起搭小房子

与孩子们合影

与孩子们交流

告诉孩子，你真棒

GAOSU HAIZI，NI ZHEN BANG

卢勤 / 著

漓江出版社

·桂林·

图书在版编目（CIP）数据

告诉孩子，你真棒 / 卢勤著 .—桂林：漓江出版社，2021.1

ISBN 978-7-5407-8874-2

Ⅰ . ①告… Ⅱ . ①卢… Ⅲ . ①家庭教育 Ⅳ . ① G78

中国版本图书馆 CIP 数据核字（2020）第 067989 号

告诉孩子，你真棒

作　　者　卢　勤

出 版 人　刘迪才
策划编辑　文龙玉
责任编辑　章勤璐
助理编辑　周冬辉
封面设计　周泽云
封面插图　白云轩主人
责任监印　黄菲菲

出版发行　漓江出版社有限公司
社　　址　广西桂林市南环路 22 号
邮　　编　541002
发行电话　010-65699511　0773-2583322
传　　真　010-85891290　0773-2582200
邮购热线　0773-2582200
网　　址　www.lijiangbooks.com
微信公众号　lijiangpress

印　　制　香河县闻泰印刷包装有限公司
开　　本　710 mm × 960 mm　1/16
印　　张　16.75
字　　数　240 千字
版　　次　2021 年 1 月第 1 版
印　　次　2021 年 1 月第 1 次印刷
书　　号　ISBN 978-7-5407-8874-2
定　　价　39.80 元

目录

Contents

序　掌握教育孩子的科学与艺术

余心言

阳春三月，友人带来卢勤的书稿《告诉孩子，你真棒》，让我为这本书写篇序言。我十分高兴地答应了。

教育孩子，从来都是人生的一件大事，牵动着千千万万父母的心。

爱孩子，是人共有的情感。但是，只知道爱，那是母鸡也会做的事。人之所以异于其他动物，更在于人懂得教育自己的后代。前人在千百年中积累的知识、经验，可以通过教育，在比较短的时间内传授给后代，让后代可以在新的起跑线上向前开拓，形成“长江后浪推前浪，一代新人胜旧人”的局面。这就自然远远胜过其他只靠遗传获得本能，在漫长的过程中逐步进化的动物。

父母是孩子的第一任老师。亲情的纽带，使家庭教育具有学校教育、社会教育不能取代的地位和作用。在中华民族腾飞的新的历史时期，对子女的教育比过去任何历史时代更加吸引父母的关注，也产生了许多的焦虑和困惑。社会的快速进步和变动，为子女的未来提供了前所未有的机遇和无限广阔的空间，同时也会带来极其严峻的挑战。如何帮助孩子做好准备，善于应对，争取更好的前途，不能不使父母们牵肠挂肚。而事实上，孩子呱呱坠地之时，父母们大抵没有做好充分的准备。孟子早就说过，“未有学养子而后嫁者也”。人的成长不能重来，只能成功，不能失败，万一失败，代价太大了。新的历史时期，新事物扑面而来，孩子在不同于前人的新环境中生活，他们面临的矛盾、问题也常常超出父母已有的经验。于是，许多为人父母者就不免苦恼和困惑，他们常常为自己在孩子身上的期望不能实现、为自己对孩子的教育不能奏效甚至得到相反的结果而感到不解。在这样的历史时期，加强对家庭教育理论的探索和研究，加强对家庭教育的知识与经验的传播，就成为一件十分迫切和受到社会欢迎的事情。

卢勤作为《中国少年报》的知心姐姐，长期同孩子有广泛而密切的联系。她又有一颗爱孩子的心，能够尊重孩子，善于倾听孩子倾诉心曲，因而比较懂得孩子，比较理解孩子成长的规律。她在本书中提出的许多重要的观点、大量成功的经验和失败的教训，对于当代的家长是极其有益的。我很希望有尽可能多的家长以及准备做父母的人都来读一读这本书，也希望许多关心家庭教育、关心下一代成长的人都来读一读这本书。家庭教育知识普及中的一个困难是：许多为人父母者开始只凭自己的想当然或者美好的愿望办事，不认为有学习家庭教育知识的必要，等到出了问题，发生了矛盾，再回过头来像找医生看病那样，到处去寻良方妙药，却不知道这时问题往往已经比较难解决了。所以，对这本书，我希望人们能早一点看，系统地看，不是找现成的方法，而是能用心思考一点根本的问题。有些方法，别人用了很有成效，自己照猫画虎搬过来用就未见得有效。最有用的是那些根本的东西，包括像卢勤那样爱孩子，尊重孩子，理解孩子，懂得孩子。

人的成长是有规律的，关于人的成长的学问是科学。教育也是有规律的，也要符合科学，还要讲究教育的艺术。教育应当从什么时候开始？不同年龄的教育有什么不同？教育是不是就是读书识字？是不是就是讲道理、提要求、训斥？家庭的氛围、大人之间谈话的内容及处世的方式是不是教育？什么样的期望才是符合实际的？实现这些期望需要设置什么条件、经过哪些历程？这些问题，细心的读者在这本书中都可以找到对自己有用的启迪。

孩子的成长归根到底是孩子自己的事，孩子自己才是成长的主体，家长不可能越俎代庖。孩子只能从自己的实践中学习，从成功的经验中学习，更要从失败的教训中学习。“不跌跤，长不大。”聪明的父母不应当希望自己的孩子一辈子不跌跤，而是要把他们培养成能应对复杂人生的雄鹰。我们的责任是给孩子帮助、支持、鼓励，也给孩子必要的保护。这些事怎样做得得法、巧妙、自然，能收到最大的效果，既是科学更是艺术。

愿本书的读者都能有所收获。

2004 年 4 月

第一章　不知道的世界

——我的孩子

家庭教育的五大冲突

期望的冲突——过高的期望，带来孩子的无望

“是知心姐姐吗？我女儿报考北京大学，只差几分没被录取，吃安眠药企图自杀，现在正在医院抢救……”

那是高校录取通知书下发的日子，一位母亲把电话打到我的手机上。电话里，她泣不成声。

“别哭，慢慢说，究竟发生了什么事？”

我的心紧缩了。就在两天前，两个因为没有考上理想大学的高中生跳楼自杀身亡，消息也是孩子母亲通过手机告诉我的。

“我的女儿成绩很好，一心要报考北大。我和她爸爸也认为没问题。可是录取结果出来才知道，差了几分没考上，被北京另一所大学录取了。”

“这所大学也不错呀！”

“我也这么说。可女儿一言不发，整天把自己关在房间里，在网上和别人聊天。一天傍晚，她对我说，她出去一会儿就回来，可她没有回来呀……”母亲的话音被哭泣声淹没。

“后来我才知道，那天傍晚，她把自己打扮成淑女模样，手拿莲花，坐在公园的长凳上，看着太阳落山。当太阳落下去的时候，她吃下了早早准备好的安眠药。幸好被巡逻的人发现，送到了医院。”

“看来你女儿是有准备的。她自杀的念头是不是很久了？”我试探着问。

“是的。出事后，我从女儿的书包中发现了许多诊断书，是不同医院开的，

症状相同：头疼、失眠。那些安眠药是她一点一点攒的。我怎么这么糊涂，怎么一点也不知道？她爸爸总是说她，女儿嫌烦，不愿和他讲话……”

“先别责备自己，也不要相互埋怨，快去医院看看女儿。只问病情，不问原因，让她好好休息。”我劝她。

几天后，女孩的父母来到我的办公室，哭着告诉我：“女儿醒过来，看见我们讲的第一句话是：‘你们干吗要救我？早晚我是会死的！’我们的心都要碎了！女儿是我们的全部，可女儿的全部是北大……”

我一下子明白了问题所在，对他们说：“你们和孩子这两个‘全部’都是错的。你们有自己的事业、生活、责任，怎么只把女儿作为唯一？而女儿的全部就是‘北大’，这是不是太绝对了？上大学只是一个过程，并不是终点，最终还要走向社会。只认一条道，不是逼自己走绝路吗？”

我告诉他们，我儿子考大学时，我曾请教过国内著名大学的一位老教授：儿子应该报考哪所大学？

这位老教授语重心长地告诉我：期望值不要太高，太高了就会失望。她说，偏远地区有一个女孩子，学习特别好，人称“三脑袋”，物理、数学、化学都能考满分。高考时，父母让她报考我所在的这所全国重点大学。她不想考，可父母非逼她报考，说是让她为祖宗增光；老师也劝她报考，说是为学校增光。她违心地上了我们学校，情绪一直不稳定，妈妈在校园里陪了她很久。妈妈回去后，学校进行了三次考试，她的成绩都处于中下。过去，她一直是当地的“状元”，这样的结果给她带来了巨大的精神压力，入学仅三个月，她便跳楼自杀了。她的母亲到学校来“接”她，欲哭无泪，一声接一声地喊：“是我害了我的女儿！是我害了我的孩子！我当初为什么要逼她？！”

教授讲这番话时，情绪很激动：“为了进军清华、北大……牺牲了多少孩子？你不是‘知心姐姐’吗？请你转告那些对孩子期望过高的父母，孩子的心理素质比考上重点大学更重要。”

在漫长的人生路上，每个人都会有许多事不能如愿以偿。心理素质好的豁达开朗，沉着应对，于是成功了；心理素质差的，烦恼纠缠，难以自拔，于是倒下了。就像一个木桶，它的盛水量，不是取决于最长的那块木板（智商），而是取决于最短的那块（情商）。进入重点大学的学生都要面临同样的考验，从“高考状元”到成绩平平，从备受关注到默默无闻，心理落差之大，是令人很难承受的。

2004 年春节，我去看望一位大学老师，她告诉我，在她教的大四学生中，又有一个男生躲在宾馆里割腕自杀！如果一个孩子把上重点大学作为自己的终极目标，那么结果可能是悲剧！

当我把这些道理讲给这对夫妇听时，他们不禁泪流满面。

“下一步该怎么办呢？”我给他们提出了三条建议：

1. 不要一味地责怪女儿，也不要过分地安慰女儿。用平常的眼光去看待她、理解她，耐心听她倾诉。

2. 当女儿冷静下来时，和她一起认清生命的价值。妈妈可以和女儿讲一讲怀她、生她的感受，一起回忆一下女儿小时候的故事，让她重温童年生活的美好。

3. 当女儿能清醒地思考问题时告诉她，一个人的命运掌握在自己手里，生命是 1，金钱、爱情、大学都是 0，失去其中一个 0 还会有希望，丢了 1，一切都没有了。

当这对夫妇离开我的办公室时，城市已笼罩在暮色之中。望着他们的背影，我想起了正在杭州少管所改造的少年犯徐力。

2000 年春天，这个刚刚 17 岁的少年，因为承受不了母亲的重压，失去理智，杀死了母亲。与他面对面地交谈 100 分钟后，我明白了，正是过高的期望值扭曲了一个母亲对孩子的爱，扭曲了一个孩子善良的心，促使他走向了极端！

徐力被判处十二年有期徒刑。三年多来，我四次去少管所看他，每次都给他买些书或衣物，每次都鼓励他重新奋起，好好改造，将来做一个对社会有用的人。徐力穿着我给他买的红色 T 恤，考上了成人自考大学。由于表现突出，他多次立功受奖，已被减刑一年多。

让我最感震撼的是，2003 年 5 月我再次去看他时，他对我说：“前几天我姨妈来看我，哭着对我说，我妈活着的时候，为了我的学习常在她面前哭诉；可那天我姨妈为了她儿子的学习也在我面前哭诉，她让我劝劝她儿子好好学习考大学！今天我才明白，天下的母亲都是爱孩子的呀！”

徐力哭了，我也哭了。

让我难过的是，一个17岁的独生子终于理解妈妈的期望是一种爱时，却永远地失去了妈妈！

我明白了一个最简单的道理：爱和恨，就像一张纸的正反面，爱转化为恨，只是一瞬间的事；而恨转化为爱，却要付出一生的代价，甚至是生命！

三年前，一个儿子杀死了自己的母亲；三年后，一个女儿走上了自杀之路，这究竟是为什么？

让人难过和担心的是，这种事每年都在发生。自杀身亡和杀害父母的孩子虽然都是少数，但是心理有障碍的孩子却一天天在增多。一些在重压下长大的孩子，虽然上了大学，但内心世界仍然被自卑感笼罩着，不能自拔。

“是知心姐姐吗？我现在是全校最自卑的人了。我想和你谈谈……”一个通过勤奋努力考上北京一所高校的女孩给我打来电话，电话里，她一边哭一边诉说，整整讲了一个小时！

这个女孩学习成绩优秀，在班里排名第六，她为什么还那么自卑呢？“我是在父母的打骂中长大的。我成绩下降时，父亲就让我脱掉裤子，用皮带抽我，直到流血。他不许我哭，我只好忍着。最恐怖的一次，母亲捂着我的嘴，让父亲打我的身子……我心里充满了恨！”女孩边哭边说。我眼前出现了一幕幕恐怖的场景。

“后来，我考进了北京的这所大学……可我不适应，经常和同学发生冲突……我不能体会别人的感觉，心里一片灰暗。我上大学后，亲朋好友总是夸奖我，这让母亲很骄傲。我打电话告诉他们，我很压抑。母亲让我把过去的事忘掉，可是过去的经历像大石头一样压得我喘不过气，在别人面前，我常常有羞耻感。我心理很脆弱，常用小刀割手腕……”

听到这里，我的心在滴血。

“快毕业了，你在想什么？”

“我想摆脱心理障碍。”

“你想改变自己吗？”

“想。可我不知道怎样改变自己。”

“有一句话叫‘境由心生’。很多时候，人的痛苦与快乐，并不是由客观环境决定的，而是由自己的心态、情绪决定的。你看路边的小草，被人踩来踩去，可它还是活下来了，它拼命地站起来，接受大自然给予的阳光、雨露，所以，它比温室里的花朵更有生命力。你就像那小草，你很有生命力！”

当我知道她是学幼教的，便鼓励她：“我不知道怎么称呼你，我叫你小草吧！小草，度过严寒的人最知太阳的温暖，走过沙漠的人更知水的甘甜。我相信如果你做了老师，一定会爱孩子，尊重孩子；知心姐姐希望你能做一个阳光老师，努力把心中的乌云驱散。”

“谢谢你，知心姐姐，我一定努力！我心里从来没有像今天这样舒服。”

冷静地想一想，有这样遭遇的孩子远远不止这一个“小草”。

每当接到这样的电话，我的心情都特别沉重。我真的想对他们的父母说：你们到底想要什么？是要分数，还是要孩子？是要成绩，还是要成长？你们的心中只有大学，孩子考上了，你们满意了，可你们知道吗，你们给孩子童年带来的伤害，至今还深深地影响着他们的健康成长。你们辛辛苦苦把孩子养大，日夜操劳挣钱供孩子上学，究竟为了什么？

不要以“爸爸妈妈都是为你好”为理由去逼孩子。

逼子成龙，龙就会变成虫。

保护的冲突——过度的保护，带来孩子的无能

一次，我带领30多个大城市的小学生，到丹顶鹤的故乡——齐齐哈尔市

扎龙自然保护区搞夏令营。

第一天吃早饭时，我看见一个二年级的小女孩眼巴巴地盯着一个煮鸡蛋发呆，我忙走过去问："你不爱吃鸡蛋吗？"

"爱吃。"女孩小声说。

"那你为什么不吃呢？"

"这个鸡蛋和我们家的鸡蛋长得不一样。"女孩面带难色。

"说说看，你们家的鸡蛋长什么样？"我好奇地问。

"我家的鸡蛋是白的，软软的，好咬，这个鸡蛋太硬，咬不动。"

仔细一问，我才弄明白。原来，她在家从来没看到过煮鸡蛋、剥鸡蛋的过程，都是大人剥好了，切成两半，放到她面前，难怪她不会剥！

我问女孩旁边的几个小同学："你们知道鸡蛋是从哪儿来的吗？"

"知道，是从冰箱里拿出来的！"孩子们异口同声。

我差点晕倒！

现在许多父母把爱变成了过度的保护，心甘情愿给孩子当保姆。孩子因此变得很无能。

一天，我收到北京某重点学校一名学生家里保姆写来的信。信中说，我在雇主的桌上看到一本你写的《写给年轻妈妈》，看后很受感动，知道过度保护孩子是在害孩子。我觉得我就是在害孩子。因为有了我，这家10岁的女孩什么都不会干，都上四年级了，拉完屎还让我帮忙擦屁股。我想，我要是继续在她家待下去，这孩子就完了。所以我想回家乡去，当一名小学老师，农村的孩子更需要我。

我立刻和她通了电话。在电话里，她听说我就是卢勤，竟然激动得哭了。我劝她不要性急，告诉她，她走并不能解决女孩无能的问题，因为孩子的父母还可以再找一个保姆，而这个保姆可能还不如她。接着，我讲了一些帮助女孩自理自立的办法。

城市中，很多在保姆或保姆式保护下长大的孩子，变得非常无能！

其实，今天的孩子对这种过度的保护是反感的，对这种过分的关心是不满的。他们常常向我倾诉他们遭受的“爱的烦恼”:他们一次又一次请“知心姐姐”转告父母“少给我们一点爱吧”。

一名初三的学生给“知心姐姐”写来一封信，信中说：

妈妈，您为了让我一心一意地学习，平时什么活都不让我干。每到节假日，我总想帮您做点家务活儿，但您却说:“不用你干，你只要努力认真学习，就算帮了妈妈的忙了。”一个星期天，您从街上买菜回来，我高兴地想帮您择菜，您却说:“你放下吧！下星期测验多考几分就行了。”我心里明白，您这是责怪我单元考试名次没有排在前面。我扔下菜，跑回自己的房里伤心地哭了。

妈妈，您对女儿学习生活的关心照顾是“无微不至”的，然而，您知道吗？您的女儿多么想求得您对女儿的理解，多么希望您不再像保姆似的“关照”我，“代替”我，而是用您那丰富的生活经验为我指引航向，让我在大千世界的海洋里搏击、奋斗、成长。

这个女孩的肺腑之言，也是许许多多孩子的心里话。

父母对孩子过度的保护正困扰着孩子们。河北某县一所小学举行“奔向新世纪”象征性长跑，在路边围观的家长比学生还多。他们不时冲自己的孩子大喊大叫:“别跑，慢慢走好！”“吃得消吗？吃不消趁早退出来！”“别逞强了，走不动爸爸开车捎你！”

从小学生队伍中，传出这样的回答:“谁让你送，快回去！”“烦不烦！都被人家笑死了！”跑下来之后，他们对记者说:“这样的爱我们真受不了！”

“受不了”的爱天天在发生。

一次，我们带城市孩子去河南信阳鸡公山中国少年儿童“手拉手”营地参加“我爱大自然”夏令营。一位记者妈妈担心四年级的儿子自己洗澡洗不干净，竟冲到男生洗澡的帐篷，想为儿子搓澡。正在洗澡的男生个个像惊弓之鸟，吓得躲了起来。她儿子大声喊着："你给我出去，你讨厌！"记者妈妈很纳闷，在家不都是我给你洗澡吗，有什么大惊小怪的？她不知道，自己的行为令儿子在同学们面前多没面子。

著名电视节目主持人敬一丹的女儿也参加了夏令营，但她住在营区里，没和妈妈在一起。一天，敬一丹去营区看女儿。她回来对我说："我遭到了严厉的拒绝！我女儿说，你怎么竟敢在光天化日之下闯进我们的驻地！"

不管我们做父母的多么想保护孩子，他们一旦融入集体生活，就有一种强烈的独立意识，他们会把这种过分的关心看成是很没面子的事。

在大学校长国际论坛上，一位中国的校长，讲了这样一件事：一名刚入学的大学生，妈妈在家把他所有的衣服都编上号，哪天穿哪件，写得很清楚。一天，天气骤然变冷，这个学生依然按照妈妈的编号穿衣服，只穿了件薄衣服，结果被冻感冒了。他很不满意，打电话质问妈妈："为什么让我今天穿这件？"妈妈抱歉地说："实在对不起，我不知道今天天气会变冷。"

2003年秋季开学，南京大学出现了两个"新闻人物"。一个是叫王奇的男生，独自从宁夏银川市骑几千公里单车到学校报到，受到在校学生的夹道欢迎。王奇的父亲从小带儿子骑车旅行，这次王奇考上了南京大学，提出自己一个人骑车去报到，父亲开始有些不放心，在王奇的坚持下，终于答应放儿子"单飞"。

另一个"新闻人物"是一名女生，她的母亲是某县宣传部部长。这位部长妈妈亲自"保驾护航"把女儿送进大学，还带来两个女青年做"高级保姆"。这位妈妈一来便嫌学校的饭菜不好吃，一日三餐让两个保姆为女儿去餐馆订餐，晚上她去宿舍哄女儿睡觉。宿舍管理人员实在看不过去，不满地说："这里是大学生宿舍，又不是幼儿园。"母亲对女儿的过度呵护，给女儿带来极坏的影响，加上她本人的骄娇二气，与别人格格不入，入校以后一直闷闷不乐，情绪不振。想象得出，在今后的生活中，这个女孩会遇到多少困难！当她与同学们相处困难时，当她不能自食其力让人瞧不起时，当她处处感到自卑时，她心里恨的不是别人，正是最爱她的母亲！

现在我们的孩子大都是独生子女，“生了男孩怕学坏，生了女孩怕受害”，父母恨不得天天待在孩子身边，可是意想不到的伤害天天都在发生！

这一切给我们敲响了警钟：过度保护下的孩子，更易受到伤害。真正关心孩子的父母，应放手让孩子出去经风雨、见世面，不要把孩子“锁”在身边。

女孩的安全最令父母操心，要教会她自我保护的知识和本事。

对处于儿童期的女孩，要告诉她“八个不要”：1. 不要贪小便宜，不要随便接受别人的东西；2. 不要跟陌生人走，不准他人触摸自己的私密部位；3. 不要把家里的钥匙挂在脖子上，要把钥匙藏好，不让别人看到；4. 放学回家不要走偏僻的地方，最好结伴而行；5. 路上发生任何事情（如受到威胁、侵害……）都要告诉父母，不要隐瞒；6. 独自一人在家里要锁好门，有陌生人叫门不要开；7. 遇到坏人拦截要大声喊“救命”，不要怕；8. 有人在半路追你，你要往人多的地方跑，不要慌。

对青春期的女孩，要教她“三个学会”：1. 学会防卫，防备他人对你身体的侵害；2. 学会拒绝，对不良的性诱惑，需要理智地拒绝；3. 学会辨别，对不良的性误导，需要懂得辨别。

女儿如果真的受到性侵害，父母不要因为顾及面子忍气吞声，而要借助法律的力量保护孩子。媒体披露，某乡村小学一个禽兽不如的男教师公然在课堂上猥亵了几十名女孩，而受害女孩和家长，因怕遭报复，都不敢声张，结果这个男教师胆子越来越大，竟然当众在讲台后强奸了几名女学生。最后，终于有家长大胆站出来揭发、起诉，才把罪犯绳之以法。

我们国家颁布的《中华人民共和国未成年人保护法》和《中华人民共和国预防未成年人犯罪法》，所有父母都该好好学一学。保护孩子靠什么？法律！

平时人们一谈到保护孩子，大多想到女孩子，其实也应该关心男孩子。

在我接到的给“知心热线”的来电和“知心姐姐”的来信中，来电、写信的男孩比例高于女孩。由于社会、家庭和学校对女孩关注得更多一些，男孩有了问题和困难难以找到答案和帮助。许多男孩的父母对成长中的孩子缺乏足够的了解，不能给他们及时的帮助，出了问题又束手无策，形成男孩成长中的“不平安”因素。

那么，父母该如何关心男孩呢？

父母最担心的是，自家的孩子在放学路上被大男孩抢劫财物。

曾经发生过这样一件事：一个男孩穿着妈妈从美国买的价值一千多元的名牌运动鞋上学，一出门，就被人截住了。

“把鞋脱下来让我穿两天！凭什么你就穿这么好的鞋？”大男孩狠狠地说着，一边把旧鞋脱掉踢给小男孩。

小男孩吭也不敢吭一声，把新鞋脱了下来。

很多孩子被人劫去钱物，不是因为穿得太好，就是由于钱多，太招摇了。一位老同志告诉我，新加坡、日本等国家对中小学生的穿戴都有严格的规定：所有的学生都必须穿校服到学校，不允许穿别的服装。这样，就不会在学生中间造成贫富悬殊的现象，从而减少引发恶性抢劫事件的因素。

在这里，我想提醒爸爸妈妈们，尤其是那些经济比较宽裕家庭的父母，不要让孩子在金钱方面有优越感，让你的孩子“变”得普通一点儿、平凡一点儿，并不是虐待孩子，而是给孩子一个安全的生活空间。

爱的冲突——过分的溺爱，带来孩子的无情

许多父母、老师打来电话或登门面谈，哭诉孩子的无情。

一位妈妈说，平时我对儿子关心得无微不至，可儿子对我却非常冷淡。我过生日那天，朋友往家里打电话，恰巧我不在家，儿子接的电话，朋友告诉他：“今天是你妈妈的生日。”儿子冷冷地说：“我妈过生日关我屁事！”听了这话，我的心都伤透了，每次他过生日，我给他买这买那，他怎么都忘了？

一位下岗女工，知道孩子喜欢吃虾，咬咬牙从菜市场买来虾，做好后端上桌，看着孩子津津有味地吃着，自己舍不得动一下筷子。眼看孩子已吃完饭，妈妈忍不住想尝一下剩下的虾——

“别动！”她十三岁的孩子说，“那是我的！”

这位母亲在讲述这件事时，眼含泪水。

一位家境富裕的母亲，见女儿花钱大手大脚，就对女儿说：“你不用着急花钱，爸爸和妈妈这些钱，以后还不都是你的？”

谁知女儿听了把眼睛瞪得圆圆的，厉声对妈妈说：“我告诉你，从明天开始，你要省着花钱，这些钱都是我的了！”

一个贫困大学生回家找父母要零花钱，父母说：“咱家哪有富余的钱，你上学的钱还是和别人借的。”孩子不领情地说：“你没钱干吗要生我！”广州有一位母亲，为了儿子，为了丈夫，放弃自己不错的工作，在家相夫教子，风里来雨里去，骑车送儿子上学，打零工换钱供丈夫攻读学位。丈夫毕业后，功成名就有了钱，抛弃了妻子，还带走了儿子。儿子成了大款的儿子，上了贵族学校。母亲想儿子，特意买了一件新衣服，到学校去看儿子，儿子嫌母亲穿得太“土”给他丢脸，告诉同学这是他的“老乡”。后来，他竟提出了一个无情的要求：让母亲做他的“地下妈妈”，否则就不认她这个妈！母亲哭诉无门，痛不欲生。她不明白，为什么天下会有这样无情无义的孩子，自己究竟犯了什么错，受到这样的惩罚？十几年的爱得到的就是冷酷无情的回报？

是孩子生下来就不会爱别人吗？不，那么“爱丢失症”的根源在哪里？是父母的“极度关爱”“过分溺爱”“无限纵容”滋长了孩子的自私，使孩子心中只有自己，没有别人。

有人曾经做过一个试验：把一只青蛙放到热水里，它会马上本能地跳出来逃跑；可是把一只青蛙放在冷水杯里，在水杯下放上酒精炉，点燃后慢慢加热，青蛙在杯中待得很舒服，慢慢习惯了这样的温度，最后被活活煮死，却还不知道自己是怎么死的。其中的道理正如专家所说：“深度的爱比极大的恨对个性造就的扭曲更大，因为前者很难被溺爱的对象反抗，而这恰恰是中国独生子女家庭的普遍特点。”

有一件事震动了许多人，就是某高校学生刘海洋用硫酸泼熊事件。大家怎么也不能理解，连一个小学生都不能容忍的事情，一个名牌大学的学生竟然能做得出来？

我没有走近过刘海洋，但从大量的报道中，了解到他生活在一个单亲家庭。刘海洋的家中只有三个人：妈妈、姥姥和他。他刚刚出生时，爸爸妈妈就离异了，他从未见过爸爸。妈妈把全部的心血都倾注在刘海洋身上，一心想让儿子考上名牌大学。母亲对儿子的“爱”达到了极致。刘海洋从小被妈妈宠惯，早上几点钟起来早自习，晚上学习到几点，一切全由妈妈操办。刘海洋自从上了中学，每天要到晚上十一二点才能睡觉。由于没有父亲，他从不违背妈妈的意愿。人家孩子很早就学会了骑车，唯独刘海洋不会。上中学时，他是班里唯一不会骑自行车的人。因为妈妈怕他出车祸，不让学。妈妈有一次出差，告诉他先吃面包，后吃饼干，后来面包长毛了，他都不吃饼干，继续吃面包，因为面包还没吃完。从小到大，妈妈把儿子该做的一切都替儿子做了，致使刘海洋“生活能力很差”。上大四了，仍旧把脏衣服带回家让妈妈洗。他的一位同学说：“在大学，刘海洋穿衣服都成问题，有时会把扣子扣错，有时衣领一半里一半外……”“军训时，背包打完了，东西照样掉下来。”有一次，他走在校园里，不小心撞到电线杆上，脑袋流血了，他站在那儿不知所措，同学们告诉他赶快去卫生所去，他才去。刘海洋就是这样一个生活自理能力极差的孩子，但是学习成绩非常好，他以620分考入了全国重点大学。

刘海洋的朋友们都说，刘海洋太听话了，甚至失去了自我意识。他小时候有个口头禅“我妈说……”，邻居就给他起了个外号叫“我妈说”。在母亲严格的控制下，刘海洋从来没有机会张扬自己的个性。他长到21岁，只有两次是自己拿主意：一次是报考大学时，他提出报生物系，但妈妈非让他报电机系，最后他还是放弃了自己的愿望，上了电机系；第二次就是用硫酸泼熊，他并不是有意伤害熊，只是听说熊的嗅觉非常灵敏，他想试一试，所以将硫酸放到容器里扔到北京动物园的熊山，造成6只熊受到严重伤害。

刘海洋制造的“伤熊”事件，引起社会对青少年心理健康的广泛关注。在卫生部召开的儿童青少年心理健康问题座谈会上，北京大学精神病研究所的唐登华教授分析说：“严重的个性压抑就会带来巨大的个性膨胀，受到压抑的个性最终会为自己的伸展找到缺口，刘海洋就是这样的问题，伤熊或伤人都是发泄口。”

作为单身母亲，刘海洋的妈妈试图弥补离婚和缺乏父爱对孩子造成的伤害，以致给予孩子的补偿“超负荷”。可是她却万万没想到，正是自己给孩子的极致的爱，造就了儿子心灵世界的冷漠。她关注的始终是儿子的学习成绩，对他的感情世界一直漠不关心。“伤熊事件”发生后，她最关心的不是熊的伤情如何，也不是儿子在心理和精神方面的异常，而是儿子的学籍能不能保留。这多么令人悲哀!

天下的父母都爱孩子，却未必会爱孩子。邓颖超大姐曾经说：“母亲的心总是仁慈的，但是仁慈的心要用得好，如果用不好的话，结果就会适得其反。”过分的关心溺爱，实际上是剥夺了孩子遭受适当挫折、困难和学习爱护别人的权利。这样的孩子从小只会享受，不知奉献；心中只有自己，没有他人；情感世界中只关注自己，不知体贴别人。

人生下来就有两种基本需求：一是物质需求，二是精神需求。不少父母，对孩子的物质需求可以无限满足，对孩子的精神需求却很漠然，结果不仅给自己带来情感的折磨与痛苦，还造成孩子心灵世界的荒芜，甚至形成孩子人格方面的缺失，走向社会后与周围的环境格格不入，有的甚至会走向犯罪。

孩子是父母的镜子。问题出在孩子身上，“病根”很可能出在父母身上。

交往的冲突——过多的干涉，带来孩子的无奈

世界上最难懂的是孩子的心。时代变了，环境变了，孩子也变了，变得和

我们小时候大不相同。

读懂孩子心，的确是件难事。

一次，我和上海市总辅导员沈功珍一起去上海江宁小学，与30多个孩子聊天。我们谈到“小康社会”。

“你们心目中的小康家庭是什么样儿呀？”我问。

“买东西买优质的！”

“买汽车买名牌的！我家要买宝马。”

“度假最好去巴西，去热带雨林！”

“我希望自己有间房子。房子很大，门很小，只有我一个人能钻进去，爸爸妈妈都进不去，省得他们一天到晚老钉着我。”

“我想把床吊在树上，这样爸爸妈妈的唠叨我就听不见了！”

“我爸爱鼓励我，可他老不在家；我妈老挑剔我，可她老在家。他们要是换换工作就好了！”

“我想发明一种药，让我妈吃进去，光说好话不说坏话。”

“我想在父母房间里安个窃听器，听听他们在背后怎么说我！”

“我想学会隐身术……”

男孩女孩们争先恐后地说，我听了浑身直冒冷汗。

今天的孩子渴望被大人读懂。从物质世界看，他们的家庭收入已达到小康，但从精神世界看，他们的心灵却处在“饥饿”状态。他们需要被理解、信任、肯定。他们缺的不是教育，而是人文关怀；他们需要的不是物质的享受，而是能够抚慰他们心灵的沟通。

一位母亲对我说：“儿子上初中了，一放学，就把自己关在房间里不出来。我刚走进去，孩子就瞪着两眼说：‘你给我出去！你不出去，我就出去！’”这位母亲怎么也不理解，自己从小带大的孩子怎么变得这样陌生？

一位市妇联主席对我说：“我的儿子本来挺乖的，不知为什么一上初中，每天回到家，就径直钻进自己的小屋，门口还挂块小牌：‘请勿打扰，谢谢合作！’我很生气，我那么关心他，他竟然把我拒之门外。”我对她说：“你是不是干涉过多了？”她承认，孩子一离开她的视线，她就很不放心。

这种现象极为普遍。父母与孩子交流方面的冲突日渐突出。

随着孩子的长大，成人对孩子的担心，慢慢转变为不放心和不信任。一些父母还偷听孩子电话、偷看孩子日记，甚至采用“跟踪”的办法干涉孩子的生活，孩子们对此很有意见。

一次，我去西安市永宁小学与孩子们谈心。一个四年级的男孩问我：“妈妈偷看我的日记对不对？”

我问他：“你怎么知道妈妈偷看你的日记了？”

男孩说：“我就知道妈妈老偷看我的日记，可我一直没有证据。”接着他讲了这样一件事情：

一天，他写了一篇日记：“妈妈，今天早上我看到您有白头发了，您这是为我累的呀！妈妈，您一定要爱护自己呀！为了表达我对您的爱，我把您的白头发珍藏在日记本里。”

当天晚上，妈妈又去“偷看”儿子的日记，非常感动。看到最后一句“我把您的白头发珍藏在日记本里”，她找了半天没看到白头发，以为是自己弄丢了，就从头上拔了一根白发，夹在儿子的日记本里。

第二天，儿子打开日记本，看到了白头发，就对妈妈说：“妈，您又偷看我的日记了！”

妈妈说：“我没看，那根白头发不是好好地在里面夹着吗？”

儿子笑了：“您的‘狐狸尾巴’露出来了吧？我根本就没搁白头发，那根白发是您搁的。”

我听了他的故事，觉得这男孩子很可爱，他的妈妈更可爱。但是，这些“可爱”的妈妈一旦成为中学生的妈妈，就变成了“可恨”的妈妈。

一个初中二年级女孩的妈妈向我诉苦说：“女儿上了初中，总是把自己的东西锁得严严的，钥匙藏在自己的兜里。一天晚上，我忽然发现，女儿把钥匙放在桌子上，我喜出望外，拿了钥匙准备去开女儿的柜子。她爸在旁边说，别这么干，让你闺女知道了，跟你没完。我想，算了，别招她了，就把钥匙放回了原处。没想到第二天，女儿醒了大叫起来：‘你们偷看了我的东西！’我冷静地说：‘没看！’女儿说：‘别以为我不知道，我的钥匙上放了一根头发丝，怎么不见了？’我倒吸了一口凉气，依然镇静地说：‘没看！’女儿自己打开柜子一看，里面的东西纹丝没动，大声说：‘对不起，冤枉你们了，你们是没看我的东西。告诉你们吧，我所有的东西上都有暗号！’”这位妈妈无奈而又伤心地说：“女儿把我们都当成贼了！”

我对她说：“青春期的孩子有秘密，需要尊重，需要好好维护他们的隐私权，给他们自由的空间。如果不信任他们，就会引起他们极大的反感，激化他们的逆反心理。”

某市有一对夫妇都是高级工程师、国家重要科技人才，为了让儿子出国留学，他们对儿子看管很严，很少让他自由活动。

儿子十分苦闷。他在大学期间认识了一个女孩，女孩出生在工人家庭，善良纯朴。她同情他，常帮助他。男孩的感情有了寄托，学习成绩也有了提高。但是，妈妈发现后，坚决不让儿子和女孩交往。

有一天，妈妈把女孩堵在校门口，对她说：“你跟我儿子交朋友，没门儿，你不配！你们家是什么人，工人，我们家是高级知识分子，我儿子将来要出国留学，你将来只能当工人，你跟我儿子交往，你有这个福分吗？”

女孩一气之下不跟男孩来往了，男孩愤怒至极。在他过生日那天，妈妈早早回来，大包小包买了很多东西，亲自下厨给儿子做了一顿丰盛的晚餐。吃完饭，儿子突然拿出皮带，套住了妈妈的脖子，要把她勒死。妈妈惊呆了，扯着脖子上的皮带说：“我把你养这么大，你太没良心了！”

听了这句话，孩子心软了。但是接下来的一句话，却让妈妈送了命，她说：“你要什么，我可以给你！”一听这话，男孩使尽全身力气将妈妈勒死了。爸爸回来后，男孩又把爸爸勒死。他把两具尸体放进两个柳条箱，扔到外面，然后投案自首。

在审理案件时，男孩痛苦地对审判员说："我长这么大，就像狗一样在乞讨，在请求施舍，我从来没有过人的尊严！"

这是一个极端的案例，但是这种现象却不是个别的。在乞讨和被施舍中长大的孩子何止他一个？一个孩子如果每天可怜巴巴地向父母乞讨：给点时间吧，我想玩；给点钱吧，我想买点东西；给点自由吧，我想出去走走……他们的身心能健康发育吗？

人本来就是群居动物，需要社会，需要与人交往。处于"心理断乳期"的青少年，强烈需要有自己成长的空间，希望别人把他当作成人看待。如果这时老师和父母还把他当成孩子，就会引起他们的厌烦并使其产生对抗心理。

现在父母最不能接受的是孩子与异性交往，一旦发现马上如临大敌，一味地压制、批评甚至责骂。

一个女孩因为跟男孩子玩，被爸爸说成是"下流"。对此，这个女孩发出了质问：凭什么我们女孩就不能跟男孩子玩？！还把这个问题发在我们"中少在线"网站的《知心论坛》上，孩子们就这个问题展开了激烈地讨论。

有的说："你爸没病吧！怎么可以说自己的女儿下流呢？"

有的说："有这样的爸爸还不如不要。"

还有的孩子说："你爸爸怎么那么土啊！冒昧地问一句：你爸爸是不是有点那个？！"

对于青春期有逆反心理的孩子，这种粗鲁的干涉不仅无济于事，相反还会将他们推向早恋。父母对孩子与异性交往的压制和打击，还会扭曲孩子对美好情感的认识。在一个情窦初开的少年人心中，对异性的朦胧的感觉是非常美好的，他们会非常珍惜那种感觉。可是父母的态度会让他们误认为自己心中美好的，甚至可以用生命去换取的情感，竟然是肮脏、丑陋、被人嘲笑、受到诅咒的东西，这种对情感的错误引导，会影响孩子成年以后对爱情、对异性情感的信任，甚至会影响他整个婚姻和家庭生活。

一天上午，一位妈妈急匆匆来到我的办公室，慌张地说："不得了啦，我的女儿谈恋爱了。我女儿刚上五年级，这回完了！"

我说："你女儿才五年级，怎么会谈'恋爱'呢？"

"我昨天在她书包里发现了一封情书！"

"情书是谁写的，怎么写的呢？"

"是他们班学习最差的一个男生写的。信上说：别看我现在是全班最后一名，你等着，我一定会成为第一名！我爱你！"妈妈忧心忡忡。

"写得挺精彩呀！"我笑着说，"你女儿多有魅力呀，能让一个男生从学习最差下决心变成学习最好的学生。为祖国学习，他都不一定有那么大的劲头。你用不着紧张。你女儿怎么说的呢？"

"我女儿笑着说：妈妈，如果所有的同学都不喜欢你女儿，你就高兴了？"

"你女儿说得多棒，多幽默。"

"愿意与你交流就是成功的第一步！"我鼓励这位母亲说，"如果接下来你说：'我的女儿能让一个男孩奋起努力，真了不起！'沟通就到位了。"女儿会觉得妈妈那么善解人意，"够哥们儿"，妈妈就变得更有亲和力了，以后遇到情感问题还会和妈妈说。

这个女孩子小小年纪，却很成熟，如果父母或老师用世俗的眼光去看她，用狭隘的心理去猜测她，只能逼着她关闭心灵的大门。

处在青春期的男孩尤其需要父亲指点迷津。

我认识一位父亲，他处理儿子的异性交往问题就非常智慧。

这位父亲是河南某县教育局局长，儿子是中学生。有一天，儿子跟父亲说："爸，本人看上一个女生，漂亮、智慧、好学，我能跟她结婚吗？"

父亲说："好啊，你能看上她，她看上你了吗？"

儿子自豪地说："她也看上我了。"

"那很好，你能被一个女生看中，说明你很了不起；你能看中一个女生，说明你的眼界开阔了。如果你将来想在县里发展，你就跟她继续交往下去；如果你想到市里发展，你将来就应该到市里去解决这个问题；如果你想到省里发展，你应该到省里解决这个问题；如果你想到北京发展，你应该到北京解决这个问题；如果你想到国外发展，你应该出国解决这个问题。”

儿子听了说：“那我就等等再说吧。”

这位聪明的父亲用幽默的方式，给了儿子一个重要的人生忠告。

与其把孩子封闭起来，控制他的交往，不如打开大门，让孩子在广泛交往中学会与人沟通。有的专家提出把“早恋”变成“早练”，不失为一个好办法。

就像大禹治水一样，“疏”比“堵”好。

评价的冲突——过多的指责，带来孩子的无措

《知心姐姐》杂志曾在全国18个省、直辖市、自治区开展了一项“知心调查”。在给中小学生的调查问卷中，设计了这样一个问题：“如果爸爸妈妈给你一个新世纪的承诺，你最希望得到什么？”

有3671个孩子回答了这个问题。其中，46%的孩子希望“爸爸妈妈能看到我的进步，并且肯定我”；34%的孩子希望“爸爸妈妈别老说别的孩子比我强”。

调查结果没出来之前，我们原以为“玩的时间多一些”和“多给零花钱”这两项承诺会受到孩子的青睐，可实际上选这两项的人数最少，分别占总数的13%和7%。从中我们可以看到，对于孩子，被认可、求得正确评价的心理需求胜过对金钱和娱乐的渴望！

孩子们有这种渴望，根源在于父母有时不能正确认识和评价他们。

“知心调查”在给爸爸妈妈的问卷中，设计了这样一个问题：“在跟孩子交谈时，您最爱说的三句话是什么？”

结果也让我们大吃一惊：一大批来自不同地区、从事不同职业、有着不同经济条件的爸爸妈妈，竟然不约而同地在调查问卷上写下了这样三句话，“听

话”“好好学习”“没出息”。其中“没出息”这三个字是孩子们最不爱听的，但出自父母口中的频率比前两句低不了多少。这带着强烈贬损意味的话不知刺伤了多少孩子的心！他们发出了同样的声音：爸爸妈妈，我们不想在否定中长大！不想天天听父母对我们说：“你太笨了！”“太糟糕了！”“太不争气！”

每天，我都会接到许多父母打来的电话，有的父母甚至来到办公室找我面谈。他们有的焦虑万分，有的痛哭流涕，尽管表现各不相同，但目的都是一个——数落孩子的不是：“我的儿子不好好读书，上课不注意听讲，爱做小动作。”“我的女儿做作业总是慢吞吞的，急死人！”“我的孩子有小偷小摸的毛病……”“我的孩子胆小。”“我的儿子又和别人打架了！”“我从来没有见过这么笨的孩子！”

作为父母，如果一味地对孩子表示不满，评头论足、求全责备，那么你会痛心地发现，你给孩子带来的会是负面的信息。如果你一直告诉孩子某一方面不行，那么久而久之他就真的会认为自己不行。

在一次问卷调查中有这样一道题：“孩子犯错误时，您对孩子说的第一句话是什么？”接受调查问卷的53%的父母回答是：“你看某某多好，你有他（她）一半，我就知足了。”“你怎么搞的，又闯祸了？”从中我们可以看出，有些父母不能正确评价孩子，关键是评价标准有问题。他们常常觉得别人的孩子是天才，自己的孩子是蠢材；别人的孩子是金子，自己的孩子是沙子。他们总认为提醒孩子看到别人的成绩，能激发孩子的上进心，结果却事与愿违。

有个小男孩曾经委屈地对我说：“我从来没当过干部，做梦都想当，好不容易当个小队长，乐得屁颠儿屁颠儿的。回家跟我妈说：‘妈！我当上小队长了！’我妈不但没夸我，反而把嘴一撇，说：‘小队长有什么好吹的？这是中国最小的官儿了！我小时候当的是大队长！’可我妈不知道，我哪赶得上她呀，我能当上小队长有多不容易呀！我跟老师说了很多好话，做了很多保证，老师才让我当这个小队长，还是个副的。老师说，随时准备撤下去！本来想给我妈一个惊喜，没想到，我妈还是瞧不上我！”

一个刚上任的中队长对我说："我当上中队长，心里特高兴，回家跟妈妈一说，我妈当时就问：'大队委的候选人有你吗？'您说，我妈多不知足！"

我对一个"三道杠"说："你当上大队委了，你妈这回满意了吧？"谁知"三道杠"委屈地说："我妈最关心的是大队主席谁当！"

你们看，这些妈妈真是太难为孩子了。爸爸妈妈的标杆永远超越孩子的水平，这就是今天孩子的悲哀呀！他们的孩子永远不会有成就感。如果按照这种观点设想，学校里成功的学生只有两名：一个是大队主席，一个是学习尖子。

其实，你的孩子就是你的孩子，没有必要总去和别人的孩子比。每一个孩子都有自己的个性，每一个孩子都应该在他实际的基础上发展，而不是做其他孩子的复制品。

正确的方法应该是：永远不和别人家的孩子比，只要你的孩子今天比昨天有进步，你就应该祝贺他、肯定他、鼓励他。

一个孩子长大要经受人们无数次评价，不管别人说什么，父母的评价永远是基石。

时任外交部部长的李肇星做客一家网站时，一位网民调侃说："李部长，您的才华我们很佩服，但您的长相我们不敢恭维。"

李肇星部长幽默地说："我妈不这样认为！"

这个回答真棒！

其实，孩子们每天都在寻找别人的理解，盼望公正的评价。人对生存价值的需要比生存本身更加强烈。当孩子被贬损得一无是处时，就会表现出明显的抑郁，不仅影响健康，还会使孩子产生厌世情绪，甚至会做出伤害自己或他人的极端举动。

我的一位女性朋友，事业很成功，但对她上初中的儿子很不满意，说儿子简直就是个"魔王"。母子关系很紧张。一天，我去她家，单独见她的儿子，这个大男孩上小学时参加过我们组织的夏令营，很乐意跟我聊。

"我妈妈对别人客客气气，对我总是发脾气。每天我妈下班回来，我去开门，只要看她的脸拉得老长，我便立刻跑回自己的房间，把门关紧，省得挨骂。”

我对他说：“你妈也不容易，她在单位是领导，操心的事不少，回家又要做饭，照顾你，够累的了，爱发脾气可能是到了更年期。”

“更年期？”没等我说完，男孩就迫不及待地接过话来，“自从我上学，我妈对我脾气就这么坏，更年期怎么这么长？你给我来个倒计时，更年期哪天结束，我好有个盼头。”

我笑得前仰后合，转了一个话题，说：“今天我有事想向你请教。”听到“请教”二字，他立刻把腰杆挺了起来，瞪大眼睛：“说吧！”样子很神气。

我对他说：“我想用‘知心姐姐’这个品牌办一个杂志，你觉得多大的开本比较好？怎样办才能让父母和孩子都爱看？”

他立刻提出三条建议：1. 开本不能太大，太大了就不知心了；2. 给父母写的文章，孩子看了特想拿给父母看；给孩子写的文章，父母看了特想拿去给孩子看，这就是“换位思考”；3. 杂志要有品位，关键是办杂志的人要有品位。

孩子的想法太棒了！我立刻由衷地说：“太好了，我看你这个人就挺有品位！”他不客气地说：“算你说对了，我这个人最大的特点就是有品位！”

我问他“品位”从哪里来，他顺手从书架上拿下一本书递给我，书名是《人的品位》。对我挥挥手说：“你拿去看吧！”

半年后，我们的《知心姐姐》杂志创刊了，我采纳了他的意见。采用16开的开本；在全国选拔了一位很有品位的女士林珂做主编；以“换位思考”的方式办成亲子阅读，孩子从封面开始看，父母从封底开始看。一次，在父母版上刊登了一篇妈妈写的文章《我从不偷听女儿的电话》。一个女孩拿回家给妈妈看：“妈妈你重点看看这篇，你不是特爱偷听我的电话吗？”妈妈看后，笑了。不久，她也给编辑部写来文章《我不再偷听女儿的电话》。

一次，我去接“知心热线”，一个孩子对“知心姐姐”说：“我的爸爸妈妈离婚了，我跟了妈妈。妈妈又给我找了一个新爸爸，让我叫他爸，我才不叫呢，我一瞧他就别扭。我很烦恼，你说我该怎么办？”

我对她说：“你看见马路上跑的汽车吗？有的车后面贴了两个字‘磨合’，这是新车，新车都需要磨合。你们家那辆车就是新车，你妈妈是老轱辘，你爸爸是新轱辘。两个轱辘要一起转也需要磨合。‘磨合剂’就是你，如果你能大方地喊声‘爸爸’，你们家的车就快上路了。”

我从内心里感谢那个充满智慧的、给我提出三条建议的男孩！我对他的妈妈说：“依我判断，你儿子不是‘魔王’，而是天才！”

果然，几年后，我又见到那位朋友。“咱家那个‘魔王’怎么样了？”我开玩笑地问她。

“嘿，让你说对了！人家现在可出息了，去英国读书了，还是学生领袖呢！现在儿子跟我特‘铁’！”

第二章　首先改变你自己

缓解冲突的七个忠告

盲目变清醒——有舍才有得

近日，一家报纸刊出一条消息:《家长望子成龙，学生考证成风》。讲的是南京五年级一名小学生“怀揣”各种证书 44 份。据他的父亲介绍，孩子从 3 岁第一次登台演出以来，参加的各式各样的演出和比赛不下百次。当记者问他“有没有考虑到孩子的承受能力”时，他苦涩地笑了笑说:“我们不想失去任何一个让孩子可以得到锻炼的机会，因为每一份证书的取得对孩子都会有所帮助，相信孩子会明白我们的苦衷。”

另一名五年级的小学女生有 27 份证书。不少“被迫”忙于考证的小学生说，他们放学后来不及回家，就要赶去另一个地方，双休日也不能休息，晚上常常只能睡两三个小时。“长这么大，我还从来没到公园玩过。”一名小学生这样说。

看了这则消息，我真心疼这些从小疲于奔命的孩子，又同情那些为孩子的“前途”苦心竭力的父母。

美国作家梭罗说:“我们的生命都在芝麻绿豆般的小事中虚度，毫无算计，也没有值得努力的目标，一生就这样匆匆过去，因此国家也受到损害。”

法国一家报纸进行智力竞赛时有这样一道题目:如果卢浮宫失火，当时情况只可能救一幅画，那么你救哪一幅?

多数人都说要救达·芬奇的传世之作——《蒙娜丽莎》。结果，在成千上万的回答中，在法国电影史上占有重要地位的著名作家贝尔特以最佳答案赢得金奖。

他的回答是:“我救离出口最近的那幅画。”

这个故事说明一个深刻的道理，成功的最佳目标未必是最有价值的那个，而是最有可能实现的那个。

在人生的路上，放弃什么，选择什么，是一门艺术。有时，放弃就是获得。

人们常说“舍得”，舍得、舍得，有舍才有得。培育孩子也是同样的道理：什么都想学，往往什么都学不精；什么都想得到，往往得不偿失。

中国有句俗语：“好的开始是成功的一半。”努力之前，先弄清方向，远比一开始就埋头追赶别人要来得有效率。盲目跟风的人到最后将无法如愿以偿。

你到底要什么？这是所有的父母和孩子都必须认真思考的问题。

北京一所重点中学的教导主任孙先生，就经历了这样一场痛苦的抉择。

孙先生的女儿曾在他任教的中学读初中。女儿学习基础较差，成绩一直上不去。孙先生压力很大，认为自己很没面子，便一再给女儿施压。女儿学习情绪越来越低落，几度产生转学的念头。中考时，她坚决要报考中专。父女俩为这件事产生了激烈的冲突。

是尊重女儿的选择，还是坚持自己的想法？在这场痛苦的抉择面前，父亲最终选择了前者。女儿进入了她理想的中专。

情况发生了意想不到的变化。女儿上中专后，学习情绪高涨，在班级里名列前茅，入了团，还当了班长。女儿的变化，让父亲吃惊。他本以为女儿在自己身边，近水楼台，能够得到更多的关照，谁想身边有一个当教导主任的爸爸，对于女儿来说，不但没有成为资本，反而成了压力与负担。离开父亲这棵大树，她反而找到了感觉，找到了目标。

我把父女俩请到中国教育电视台《知心家庭》栏目，请女儿谈谈她的感受。

“我和爸爸在一个学校时，我的心里一直很压抑。别人的孩子没考好，老师和同学觉得很正常，我要是没考好，老师和同学都会用异样的眼光看我，好像在说：主任的孩子还考不好？别的同学去补课，老师说他爱学习；我去补课，同学们会说是老师偏向主任的孩子。我很委屈，好像天天生活在爸爸的阴影中。我下决心离开他。中考时，我故意报了中专，避开高中，这样省得父母劝我考本校。我知道爸爸心里不同意，可他还是支持了我。他顶了很大的心理压力，站出来支持我，我心里很感动，决心给爸爸一个惊喜。来到中专，我好像一下子解放了。我觉得我和别的同学一样生活在阳光下。我没有了压力，因为谁也不认识我，不知道我是主任的孩子。我放松极了，一心想好好学，我再也不说我不行了。说来也怪，我的成绩很快上去了，而且入了团，当了班长，我更来劲儿了，干什么都不甘落后，我爸说我进步的速度想压都压不住了。我说这是天生我材必有用。现在我已经考上了大学。"

有一句话说得好："那些能够随意支配金钱的人并不是最幸福的人，幸福的人是能够支配自己的人。"

看到眼前这个阳光女孩，我真为她高兴！我佩服她战胜自己、冲破压力的勇气，更佩服她那位与时俱进、为女儿甘于放下面子的父亲。要知道，父母的面子，往往是孩子最大的压力。

有位父亲，写小说一直没写出来，常常当着客人的面数落孩子。有一次，儿子忍无可忍，哭着说："你失落得很，就把我拿出来教育，这样你就能写出小说来了吗？"

孩子的话多么尖锐！父母为面子教育儿女，那儿女还有出头之日吗？那位中学教导主任的伟大之处，就在于他勇敢地舍弃了自己的面子，成全了女儿。女儿的精神解放了，展翅高飞了，飞到连父亲都惊讶的高度！

这位明智的父亲告诉我们一个人生道理：

人要学会"舍得"，不能企盼"全得"。拥有的时候，我们也许正在失去，而放弃的时候，我们或许能重新获得。明白的人懂得放弃，真情的人懂得牺牲，幸福的人懂得超越！安于一份放弃，固守一份超脱，这就是人生。

以分为本变以人为本——成长比分数重要

这是一个六年级孩子写给妈妈的"知心家信"：

那天，我从老师手里接过数学试卷，糟了！ 58分，我垂头丧气地回到家中，胆怯地靠在门旁边，眼睛盯着脚尖："妈妈，我得了58分。"

"啪！"一记耳光落在我的脸上，妈妈的眼睛瞪得像铜铃，额上的皱纹形成了一个倒立的"八"字，左手叉腰，右手抓起苍蝇拍，照我的屁股上就是一下，嘴里说着："你这个不争气的东西，我辛辛苦苦送你上学，你不好好读书，才考了个58分，我看你疯了——"一碗不知什么滋味的饭是和着泪水咽下去的。

"不争气的，还不去洗碗！

"不争气的，还不去扫地！

"不争气的，还不去洗衣服！"

今天，我从老师手里接过语文考卷，啊！ 100分！我哼着小曲像小燕子似的"飞"进家门："妈妈，你看，100分！"

"叭！"一个响亮的吻印在我的脸上。妈妈那大大的眼睛眯成一条缝，额上的皱纹变得温柔了，双手紧抱着我，嘴巴笑得合不拢："哈哈哈……我的女儿真好，真乖。"

午饭有猪肉、鱼汤……

"别，碗不要洗了，油星子会溅到你衣服上……

"别，地不要扫了，灰尘会迷了你的眼……

"别，衣服别洗了，水冷冰冰的。"

我想多问一句："妈妈您到底爱什么？是我，还是我的分数？"

孩子对母亲的描述多么形象生动，孩子对母亲的反问多么一针见血！

是啊，我们所有的父母都该认真想一想，您到底爱什么？是孩子，还是分数？

很多孩子考试容易紧张，为什么？因为怕考砸回去挨父母的打骂！

一个孩子没考好，老师让他把卷子拿回家请家长签字。第二天，老师问这名学生，你的家长有什么反应呀？这孩子沮丧地说："昨天晚上我挨了一顿'男女混合双打'，过去是'单打'，现在是'该出手时就出手'！"

我听到过一个小和尚打油的故事：

从前，在山中的庙里，有一个小和尚被派去买油。在离开前，庙里的厨师交给他一个大碗，并严厉地警告："你一定要小心，绝对不可以把油洒出来。"

小和尚答应着跑下山，到厨师指定的店里买油。在上山回庙的路上，他想到厨师凶恶的表情和严厉的告诫，越走越紧张。小心翼翼端着装满油的大碗，丝毫不敢左顾右盼。眼看走到庙门口，一脚踩到了一个坑，洒掉了三分之一的油，小和尚越发紧张，手脚开始发抖。等回到庙里时，碗中的油只剩了一半。

厨师大怒，指着小和尚骂道："你这个笨蛋！我不是说要小心吗？为什么还洒了这么多油？真是气死我了！"

小和尚非常难过。

一位老和尚听到了，过来问是怎么一回事。了解以后，他就去安抚厨师的情绪，并私下对小和尚说："我再派你去买一次油，这次我要你在途中多观察你看到的人、事、物，并且回来向我详细描述一下。"

小和尚不想干，说自己油都端不好，根本不可能既端油，还看风景。但是最终，小和尚还是听了老和尚的，勉强上路。

在回来的途中，小和尚发现，路上的风景真美。远方有雄伟的山峰，不远处有耕种的农夫。不久，又看到欢快的孩子在路边的空地上玩耍，两位白发老先生兴致勃勃地下着棋。小和尚就这样边走边看风景，不知不觉回到了庙里。当小和尚把油交给厨师时，竟发现碗里满满的油，一点儿没有洒出来。

厨师苛刻要求，给小和尚带来无比的紧张，结果是“油洒了一半”；老和尚在意的是过程，结果小和尚心情放松，碗里的油一滴未洒。你看，这对孩子的教育是不是有启发呢？

瓦伦达是美国著名的走钢丝的演员，一辈子走下来都很成功，但最后一次却从钢丝上掉下来摔死了。原因在于，以前走钢丝，他从不思前想后，只专注于脚下的每一步。而最后一次，他总在想：这是最后一次，千万不能失败。结果反而丢掉了性命。后人把这种为了达到一种目的总是患得患失的心态称为“瓦伦达心态”。瓦伦达的失败，其实是败给了自己。生活往往是这样，父母把全部希望系于孩子，最终什么都得不到。因为，引领孩子成长的不是父母，而是孩子自己的心态。

仔细观察，我们会发现“瓦伦达心态”无处不在。过分在意名次的运动员往往失利，过分在意表现的演员容易发挥失常……

许多孩子害怕考试，可我同事杨金玲的女儿贺洋溢却偏偏不怕考试。一次，我把贺洋溢和她爸爸贺先生请到中国教育电视台“知心家庭”演播室，问她其中的奥妙。贺洋溢说：“我觉得考试只是一种测验，通过测验可以向大家展示自己的能力，所以我不怕考试。”

活泼开朗的性格和父母的心态直接相关。父母期望孩子自然成长，所以孩子轻松自在。

贺先生说：“我不是简单地要求女儿考一个好成绩，我主要教她解题的思路，这样她就能触类旁通。”

主持人问他：“贺先生，从家长的角度来说，帮孩子在考试中放松，您有什么好的经验呢？”

贺先生说：“第一是不给孩子施加压力，而是营造一个轻松的学习氛围。越是在成绩不好的时候，孩子越需要鼓劲。批评或者打骂容易对孩子造成心理负担。鼓励的话应该讲究方式，不能为鼓励而鼓励。另外，在孩子学习的过程中，让孩子扩展知识面，知识丰富了，学习自然就轻松。这些虽然与考试没有直接的关系，但对学习却有辅助作用。”

最后，主持人问贺洋溢：“洋溢，面对电视机前害怕考试的同学，你最想说的是什么呢？”

贺洋溢想都没想，大声说：“不要害怕，考试只是一种测验，你一定能行！”

父母应该懂得：

要以人为本，不要以分为本，成长永远比分数重要。

演员变观众——该放手就放手

“我儿子天生胆小，最怕跟陌生人说话。十三岁了，一见生人就紧张，我担心死了……”当着李石波的面，妈妈列举了一大堆儿子胆小的表现，诉说了对儿子的种种担心。

我微笑着示意她“暂停”，又把目光转向李石波。只见站在一旁的李石波，皱着眉头，表情显得很紧张，好几次想张口说话，都被妈妈噎了回去。

“李石波你好，我是‘知心姐姐’！”我热情地向他伸出手。

“噢……”他愣了一下，“您好！”他伸出了手。

“说说你长这么大最得意的一件事，好吗？”我轻声地问道，想让他恢复“正常”。

李石波想了想，高兴地说：“有一件事，是上幼儿园的时候，老师让同学们去采树叶，大家都不敢去，是我第一个上去采的。”

“好！以后还有这样的事吗？”

“没有了！很多事都被妈妈做了。”儿子沮丧地说。

坐在一旁的妈妈想起一件事：“那时儿子四五岁。他要自己下楼取牛奶，我同意了，可又不放心，就悄悄跟在儿子后边。他走到楼下，回头看见了我，就哭了。他委屈地说：‘你信不过我！’我说：‘妈妈是怕你一个人害怕，怕你走冤枉路，怕你……’打那以后，儿子干什么事都不主动了。”

“这就是症结所在。”我对李石波的妈妈说，“孩子天生并不胆小，都想主动做事，但父母管得太多，剥夺了孩子‘行’的机会。孩子体验不到自己‘行’的经历，就会慢慢丧失勇气和胆量，变成一个胆小的人。”

我曾经看到过一幅漫画：一个小女孩摔倒了，自己爬了起来。姐姐问：“怎么这么乖，跌倒了自己爬起来？”小女孩说：“因为妈妈不在。”

父母过分的呵护，会成为孩子成长的阻力，会令原本“我能行”的孩子，变成“我不行”的孩子。

一位国际幼儿园的老师观察到一种有趣的现象：各国的孩子在一起玩沙土，一个外国孩子用小铲子把沙子往漏斗里装。漏斗会漏，沙子总也装不满，他就用手指头堵住漏口，等沙子装满就把漏斗挪到瓶子口边，再放开手，让沙子流进瓶子。由于沙子漏下的速度很快，从孩子拿开手指到漏斗对准瓶子口，沙子剩不了多少。孩子丝毫不泄气，一点儿一点儿地做着。终于，他在一次次的反复中“开窍”了：他等到漏斗口对准了瓶子再倒沙子，很快瓶子就装满了。孩子笑了，高兴地看着身后的妈妈。而他的妈妈正鼓掌为他庆贺。

而一位中国孩子的妈妈却是另一种做法：当孩子拿起漏斗，沙子从底部漏掉时，妈妈立刻蹲下说：“来，妈教你！把漏斗对准瓶子口，再把沙子从这儿灌下去。”

通过观察，老师得出这样的结论：中西教育方法存在着很大差异。一些中国的家长什么都愿意为孩子做，认为多替孩子做一些，孩子就少辛苦一些。他们没有意识到，让孩子去“走冤枉路”其实也是一种学习方法。因为“走冤枉路”后获得的发现记忆更强烈，会给孩子“知”的喜悦，会使因辛苦而产生的挫折感一扫而空。我们的父母，常常无意中剥夺了孩子从失败中求经验的机会，也无意中剥夺了让他证明自己能力的机会。

作为父母，我们是应该认真地反思一下：到底该怎样帮助孩子？是代替他们做事，还是让他们自己做事？是处处表现父母行，还是让孩子证明自己行？在孩子成长的舞台上，父母是充当导演，还是做观众？

那位外国小孩的母亲做出了生动的解答：做孩子忠实的观众！为孩子的成功喝彩！

成长中的孩子，最缺少的是“观众”。如果有人欣赏自己，他们会劲头十足。

12 岁的张天吉，从 4 岁半就开始学拉二胡，已经坚持了 7 年多的时间，达到了十级的水平。为什么张天吉能坚持这么长时间学拉二胡？我访问了他的爸爸妈妈。

张天吉小时候非常调皮，坐不住。刚开始，他拉出的声音吱啦吱啦，像是拉锯。调皮的小天吉几乎令父母失去了耐心。后来父母考虑到，让天吉学二胡不过是培养他的兴趣，他拉得再难听，也不必责怪他。天吉的父母说：“听‘拉锯’的确很烦人，但我们相信，无论做什么事，只要坚持下去肯定能做好。”

功夫不负有心人，张天吉终于学成了。天吉说：“有我妈我爸当观众，我练起琴来就觉得挺有趣的。”

现在许多父母为了让孩子有“一技之长”，逼着孩子上各类“兴趣班”，甚至充当“督学”的角色：孩子弹琴、绘画、练书法时，父母不是在一旁指指点点、挑毛病，就是斥责、打骂。在这样的气氛下，哪里谈得上乐趣。

其实，父母们不明白，在孩子学习的路上，最需要的不是老师、“督学”，而是观众。

一个男孩子曾记录了自己的“学琴”体会：

用妹妹的话说，我在音乐方面简直是“白痴”。在她听来，我拉的《小夜曲》就像在锯床腿。我感到很沮丧。我不敢在家里练琴，直到我发现了一个绝妙的好地方——楼后面的小山上，那儿有片林子，地上铺满了落叶。

那天早上，我蹑手蹑脚地走出家门，心里充满了神圣感，仿佛要去干一件非常伟大的事情。林子里静极了，我在一棵树下站好，心剧烈地跳起来。我庄重地架起小提琴，拉响了第一支曲子。

但事实很快令我沮丧了，似乎我又把那锯子带进了树林。我懊恼极了，不由得诅咒自己："真是一个白痴！"

这时，我感到身后有人，便转过身。我吓了一跳：一位极瘦极瘦的老人坐在一张木椅上，静静地看着我。我的脸顿时热起来，带着歉意冲老人笑笑，准备溜走。

老人叫住了我，说："是我打搅了你吗？小伙子，我猜想你一定拉得非常好，只可惜我聋了。"我指了指琴，摇摇头，意思是说我拉得不好。"也许我会用心灵去感受这音乐，我能做你的听众吗？就在每天早晨。"我被这位老人诗一般的语言打动了。我拉起了琴，面对我唯一的听众，一位耳聋的老人。此时此刻，我心里洋溢着一种从未有过的自豪感。

很快，我发现自己变了：我不再受妹妹"求饶"的干扰，在我的房间，常常传出阿尔温、舒罗德的基本练习曲。但不知为什么，每天面对耳聋的老人演奏，我总是忐忑不安。

我一直珍藏着这个秘密。直到有一天，我拉了一曲《月光》奏鸣曲，让专修音乐的妹妹大吃一惊。妹妹逼问我得到了哪位高师的指点，我告诉她："是一位老太太，就住在12号楼，非常瘦，满头白发。不过，她是一个聋子。""聋子！"妹妹惊叫起来，"多荒唐！她是音乐学院最有声望的教授。更重要的，她曾是乐团的首席小提琴手，而你竟说她是聋子！"

我一直珍藏着这个秘密，每天早晨依旧早早地来到林子里，面对这位"耳聋"的唯一的听众，静静地拉上一曲。我感觉到我奏出了真正的音乐……

如今，拉小提琴已经成为我永远无法割舍的爱好。

读了这篇感人肺腑的"学琴体会"，我想，如果天下的父母都能当这样的"聋子"，都能做孩子忠实的"听众"，那会有多少天才脱颖而出，又会有多少孩子喊出"我能行"啊！

施爱变受爱——在乎孩子的爱

生活中有些东西不必在乎，可有些东西不能不在乎，那就是孩子对你的爱。

春节期间，我们六名老同学聚会，昔日十几岁的姑娘小伙儿，如今都已年过半百，大家在一起谈论最多的话题就是孩子。

贺谊芳现在担任北京国际艺术学校的副校长，她讲了自己的故事。

儿子小时候，贺谊芳在北京第二毛纺厂工会工作，晚上常常要加班。为尽人妻人母的责任，她下班第一件事是扎围裙下厨房做饭。

一天，6 岁的儿子从幼儿园跑回来，满头大汗："妈妈，你快来看！"儿子兴奋地叫着。

"看什么啊？"妈妈笑眯眯地走出来，只见儿子两只小手捧在一起，小心翼翼打开。"这是'老坝子'（幼儿园一个男孩儿的外号）给我的银子！是他奶奶给他的！"儿子惊喜地说，妈妈凑过去仔细看，儿子手里捧的是些不规则的小金属片。

"这是打戒指用的！妈，你也打个戒指吧，你就不知道打扮自己。"

孩子的话让妈妈一下子愣住了，看看"银子"，再看看孩子，眼睛热热的，她小心翼翼地接过"银子"，仔细收藏起来。

贺谊芳动情地说："这个戒指我虽然没打成，可儿子的这份爱却一直温暖着我。"

担任大学讲师的任丽荣也讲了自己的故事。

我儿子小时候，我带他住在奶奶家。平时我不给他零花钱，因为家里不宽裕。有一天，我领儿子回姥姥家，有意给了他几毛钱，让他买点吃的。可没想到，他自己什么都没买，却给我买回了一个戒指。

"妈，我给你买了一个礼物，你看，戒指！"儿子一脸得意。

我一看就气了，指着儿子骂："你呀！尽给我丢脸，买这么一个假戒指，还美哪！"

儿子一下蒙了，低下头，把戒指紧紧攥在手里，一声不响。我当时只是想，我让你自己买吃的，你买这么个假戒指干吗。我只心疼那几毛钱，没想到却伤了孩子的心。后来想起来，觉得特对不起儿子这份心！

从那以后，我特别注意保护孩子的爱心。上小学时儿子爆发力不错，跳高成绩很好。一次，我带他一起坐班车回家。路上，儿子神秘地告诉我："妈，我跳高得了第一名，还有奖品呢！你看——"说着他转身翻书包，"哟！怎么没有？"儿子急了，左翻右翻没找到。

"别着急，妈和你一块儿找！"我帮儿子找了半天，还是没找到。我平静地对儿子说："儿子，你今天得了第一，向妈报喜，妈高兴、知足了，有没有奖品都没关系！"儿子高兴起来，我体验到和儿子分享成功的快乐。以后，我很在乎儿子给我的每一点爱。儿子上了中学，用自己攒的80块零花钱给我买了一个漂亮的发夹，我用了好几年。我知道这是儿子的爱。

小小的戒指，未必值钱，但这毕竟是孩子的一颗爱心！这颗爱心是稚嫩的，你在乎它，它就会长大；你忽视它，它就会枯萎；你打击它，它就会死去。如果你想拥有一个爱你的孩子，你一定要在乎它、呵护它，精心培育它。

李肖迪是个快乐的女孩，放学以后，非常愿意回家，因为她有一个温馨的家。爸爸妈妈都是她最知心的朋友。父母很在乎孩子快不快乐，孩子也很在乎父母高不高兴。她的母亲对我说："'三八'妇女节是咱们的节日，孩子一般来说不会在意，但是那天吃完晚饭，女儿说：'妈妈你过来一下。'我走进她的房间，她把灯关了，点起一根小蜡烛：'妈妈，祝你节日快乐！我送你一个小礼物！'我问什么礼物，她说：'这里面装着我最喜欢的人。'然后拿出一面小镜子。那面镜子正好照到我的脸。我特别感动，这是女儿对妈妈的深爱。"

孩子们的爱，常常表现在细微之处，它或许不像100分、奖杯那么现实，但却是人生路上的丰碑，是父母亲辛苦付出后最殷实的收获。

遗憾的是，有些父母只知道为孩子奉献爱，对孩子给予自己的爱却视而不见。他们更在乎孩子的分数、名次。饭后，妈妈在厨房洗碗，孩子探进头：“妈，我来洗！”“去，去，念书去。你将来想当厨师呀，没出息！”晚上，父亲看电视，儿子从屋里出来，沏好一杯清茶端上来。“爸，喝茶！三姑刚送来的新茶，喷儿香！”“谁要你倒茶，我自己不会倒？我就知道你在屋里坐不住，借倒茶出来看电视，真是黄鼠狼给鸡拜年——没安好心！”儿子委屈极了，他沮丧地回屋做作业，以后再也没有心情给父亲倒茶。

都说现在的孩子懒，可你给孩子干活的机会了吗？都说现在的孩子冷漠，可你给过他爱你的机会吗？急功近利的父母们，常常无意中就淡漠了孩子的爱心。孩子心灵的世界由爱变成恨，由冷淡变成荒漠，而父母们却全然不知，用自己精心调制的苦酒，麻醉了自己。

徐力就是一个例子。2000年“徐力弑母”事件震惊全国。事隔不久，我曾到浙江金华少管所和徐力面对面交谈100分钟，徐力被判刑后，我又4次去杭州少管所看望他。

在徐力17年的记忆中，只有两件事让他感到自豪：一是初二时帮助无儿无女的邻居老奶奶做饭，老奶奶说他做的饭好吃，他觉得自己很行。在家妈妈从来不让他做饭，而在老奶奶家他学会了做饭。二是父亲不在家，母亲生病，让他搬过几次煤气罐。这使他觉得自己长大了，像个男子汉。这正是一个男孩成为男人的开始。遗憾的是，徐妈妈没有认识到这种感觉的可贵，她认为这种事与“考大学”无关，阻止儿子帮助老奶奶，阻止儿子继续帮助自己。但是，她做梦也想不到，从自己阻止孩子去为老人和父母奉献爱心那天起，就在孩子心中埋下了无情的种子，一步步关闭了孩子走向幸福的大门。

爱是一个大口袋，装进去的是满足感，拿出来的是成就感、幸福感。一味向孩子施爱，孩子并不觉得甜，更不懂得珍惜，一旦父母学会接受孩子的爱，孩子的价值得到体现，才会产生无比的快乐！

接受孩子的爱吧！让孩子学会施爱，因为施比受更有福！

唠叨变忠告——有用的是忠告

一对新婚夫妇生活贫困，要靠亲友的接济才能活下去。一天，丈夫对妻子说："亲爱的，我要离开家了。我要去很远的地方找一份工作，直到我有条件让你过上舒适体面的生活才会回来。我不知道会去多久，我只求你一件事，等着我，我不在的时候要对我忠诚，我也会对你忠诚的。"

很多天后，他来到一个正在招工的庄园，被录用了。他要老板答应他一个请求："请允许我在这里想干多久就干多久，当我觉得应该离开的时候，您就要放我走。我平时不想支取报酬，请您将我的工资存在我的账户里，在我离开的那天，您再把我赚的钱给我。"双方达成了协议。

年轻人在那里一工作就是 20 年，中间没有休假。

一天，他对老板说："我想拿回我的钱，我要回家了。"老板说："好吧，我们有协议，我会照协议办事的。不过我有个建议，要么我给你钱，你走人；要么我给你三条忠告，不给你钱，然后你走人。你回房间好好想想再给我答复。"

他想了两天，然后找到老板说："我想要你那三条忠告。"老板提醒说："如果给了你忠告，我就不会给你钱了。"他坚持说："我想要忠告。"

于是老板给了他"三条忠告"：

第一，永远不要走捷径。便捷而陌生的道路可能要了你的命。

第二，永远不要对可能是坏事的事情好奇，否则也可能要了你的命。

第三，永远不要在仇恨和痛苦的时候做决定，否则你以后一生会后悔。

老板接着说："这里有三个面包，两个给你路上吃，另一个等你回家后和妻子一起吃吧。"

在远离自己深爱的妻子和家庭 20 年后，男人踏上了回家的路。一天后，他遇到了一个人，那人问他："你去哪儿？"他回答："我要去一个沿着这条路要走20多天的地方。"那人说："这条路太远了，我认识一条捷径，几天就能到。"他高兴极了，正准备走捷径的时候，想起老板的第一个忠告，他回到了原来的路上。

后来，他得知那个人让他走所谓的捷径完全是个圈套。

几天之后，他走累了，发现路边有家旅馆，他打算住一夜，付过房钱之后他躺下睡了。睡梦中他被一声惨叫惊醒，他跳了起来，正想开门看看发生了什么事，但他想起了第二条忠告，于是回到床上继续睡觉。早上起床后喝完咖啡，店主问他是否听到了叫声，他说听到了，店主问："您不好奇吗？"他回答说不好奇。店主说："您是第一个活着从这里出去的客人。我的独子有疯病，他经常大叫引客人出来，然后将他杀死埋掉。"

他接着赶路，终于在一天的黄昏时分，远远望见了自己的小屋。屋里的烟囱正冒着炊烟，还依稀可见妻子的身影，虽然天色昏暗，但他仍然看清了妻子不是一个人，还有一个男子伏在她的膝头，她抚摸着他的头发。看到这一幕，他的内心充满了仇恨和痛苦，他想跑过去杀了他们。他深吸一口气，快步走了过去，这时他想起了第三条忠告，于是停下来，决定在原地露宿一晚，第二天再做决定。天亮后，已恢复冷静的他对自己说："我不能杀死我的妻子，我要回到老板那里，求他收留我，在这之前，我想告诉我的妻子我始终忠于她。"

他走到家门口敲了敲门，妻子打开门，认出了他，扑到他怀里，紧紧地抱住了他。他想把妻子推开，但没有做到。他眼含泪水，对妻子说："我对你是忠诚的，可你背叛了我……"

妻子吃惊地说："什么？我从未背叛过你，我等了你20年。"

他说："那么昨天下午你爱抚的那个男人是谁？"

妻子说："那是我们的儿子。你走的时候我刚刚怀孕，今年他已经20岁了。"

丈夫走进家门，拥抱了自己的儿子。在妻子忙着做晚饭的时候，他给儿子讲述了自己的经历。一家人坐下来一起吃面包，他把老板送的面包掰开，发现里面有一沓钱——那是他20年辛辛苦苦劳动得来的工钱。

这个来自西班牙的民间故事读起来令人回味，发人深省。

人生最重要的不是金钱，是忠告。如果这位男子要了老板的工钱而不要忠告，恐怕他早就没命了。许多时候，尤其当人遇到考验，遇到困难，或心情沮丧、情绪很坏的时候，最需要能指点迷津的人生忠告。

对于成长中的孩子，需要懂得一些人生的道理，记住一些人生的格言。历代名人教育孩子有许多好办法，其中“立家训”就值得我们今天的父母学习借鉴。

中国古代的许多名句就出自家训。如：“静以修身，俭以养德。”这句话就出自诸葛亮的《诫子书》。他告诫儿子，心静才能专心自我提高，节俭才能培养高尚的道德。

再如：“勿以恶小而为之，勿以善小而不为。唯贤唯德，能服于人。”这句众人皆知的话，就出自刘备给儿子刘禅的“遗训”。他告诫儿子：不要因为坏事小就去做，也不要因为好事小就不去做。讲究贤良德高，才能使人心服。

今天，一些父母教育孩子，往往语言贫乏，啰里啰唆，唠唠叨叨，翻来覆去就那么几句话，孩子听得不耐烦，当父母的还生一肚子气。

有一次，我跟一群孩子聊天，我问：“你们的爸爸妈妈教子的格言是什么呀？”他们好奇地问：“什么叫格言？”我解释说：“就是父母常对你们讲的话。”

“有！有！”孩子们争着说起来，“考多少分？”“得第几名？”“写作业了吗？”“别玩了，快做功课去！”

“那爸爸妈妈对你们的人生忠告又是什么呢？”我憋着笑问。他们还是不懂：“什么是忠告？”我又解释说：“忠告就是告诉你做一件事的后果，提醒你注意。”

“每次考试前，我爸都要说：‘我告诉你，考不好，小心我揍你！’”一个男孩抢着说。另一个男孩说：“我爸一看我没考好，总是说：‘我给你买三轮车去！’意思是考不上大学让我去拉三轮！”

我听了真是哭笑不得。我想，如果把古诗文中的名句用来做家训，加上自己的体会，会使孩子耳目一新，受到一种良好的文化熏陶和生动活泼的家庭教育。千古名句文明高雅，言简意赅，易记易背。只要孩子弄懂了其中的含义，便会终生不忘。

不过，朴实平常的语言也有力量。北京国际艺术学校有三名杂技小学员，身怀绝技，小小年纪就为祖国争了光。我们请他们三个参加“手拉手讲卫生”夏令营，给农村小朋友表演精彩的杂技，让从未看过杂技的农村孩子大开眼界。我问他们：“你们三个那么小就离开家了，还记得妈妈哪一句话对你们帮助最大吗？”黄阳说：“最困难的时候，我就会想起妈妈的话：‘因为你是我的女儿，你要坚强！’”

13 岁的黄阳是下岗女工的女儿，她的绝活是“单手顶”，她的胳膊受伤，做过 3 次大手术。一次演出前，她的胳膊肿出 4 厘米高，疼痛难忍，可她咬牙坚持下来。没过多久，她又一次躺到手术台上，再一次看到明晃晃的手术灯，她心里很害怕，因为医生告诉她这次手术会比上次更疼。这时她想起妈妈常说的话：“因为你是我的女儿，所以你要坚强！”就这么简单，让黄阳浑身充满力量。

黄阳告诉我：“我当时就想，妈妈说得对，既然选择了杂技就选择了付出，我不能后退，一定要实现我的理想，在赛场上夺魁。”

“因为你是我的女儿，所以你要坚强！”这句朴实的话，出自一个下岗女工，她用自己坚强的心培育了女儿，这样的人生格言比金子还宝贵！

那么，在孩子人生的道路上，您给了他们什么样的忠告呢？

“相同”变“不同”——为孩子喝彩

“你瞧人家！”

这是今天的父母最爱说的话，也是今天的孩子最不爱听的话。

其实，你的孩子和人家的孩子是不同的。就像天下没有一模一样的树叶，人间也没有一模一样的孩子。

孩子有不同的父母，不同的遗传基因，所以有不同的智商，不同的潜能，不能要求所有的孩子都达到同一个水准。

有位父亲天天冲孩子喊："你瞧人家考100分，你才考80分；人家当大队长，你才当小队长；人家比赛得第一名，你才得第十名，我怎么养了你这么个不争气的儿子！"

儿子生气了，也冲父亲喊："爸，你瞧人家李叔叔当局长，你怎么才当小科长？人家张叔叔每月挣五千，你怎么才挣两千？人家隔壁王大哥家有个'大屏幕'，咱家电视怎么那么小呢？我怎么有你这么个爸爸？"

爸爸一听急眼了："小子，别跟人家比，人比人，气死人！"

儿子说："那你怎么老拿我和别人比呀？"

爸爸哑口无言，聪明的孩子用其人之道还治其人之身。

仔细想想，生活中不就是这样：自己过自己的日子，用不着和别人家比。他家有什么和你家没关系，中国老百姓都懂得这点，所以大家心平气和地享受着各自的生活。

对孩子也是同样！

教育的目的，在于让"不同"孩子的潜能最大限度地发挥出来；孩子接受教育的目的，也是寻找"最真实的自己"。不必总让自己的孩子与别人家的孩子竞争，应该在乎的是你的孩子明天要比今天更棒！

"你真棒！"这句话，正是开启孩子心灵宝藏的一把金钥匙。

我常常对孩子说：你的爸爸有上亿的精子在和你妈妈的卵子的结合中都壮烈地牺牲了，只有一个最棒的精子和你妈妈的卵子结合成功了，创造了人，而这个人就是你！你生下来就是最棒的，你来到这个世界上的任务就是把你"棒"的地方奉献给这个社会，让世界因为有了你而更美丽！你没有理由瞧不起自己，即使大家都瞧不起你，你也要对自己说："我是最棒的，我一定能行！""走自己的路，让人家去说吧！"

天下的孩子相貌不同，个性不同，但有一点是相同的——渴望听到喝彩。

美国有一个家庭，母亲是俄罗斯人，她不懂英语，根本看不懂儿子的作业，可是每次儿子把作业拿回来让她看，她都说："棒极了！"然后小心翼翼地挂在客厅的墙壁上。客人来了，她总要很自豪地炫耀："瞧，我儿子写得多棒！"其实儿子写得并不好，可客人见主人这么说，便连连点头附和："不错，不错，真是不错！"

儿子受到鼓励，心想："我明天要比今天写得更好！"他的作业一天比一天写得好，学习成绩一天比一天提高，后来终于成为一名优秀学生，成长为一个杰出人物。

这就是孩子。你说他行，他就行；你说他不行，他就不行。你为他喝彩，他会给你一个又一个惊喜；你说他不如别人，他会用行动证明他真的很笨。大人就是这样用语言来塑造孩子的。

记得我儿子三四岁时，我妈总对我说："你儿子就是懂礼貌，来客人还会给人家倒水呢！"姥姥越这么讲，儿子越发懂礼貌，一来人就忙乎。一个大热天，一位老爷爷来家里串门。儿子见了，立刻找来一个大芭蕉扇给老爷爷扇。老爷爷高兴极了，摸着儿子的头说："这孩子可真懂事，这么小就会照顾人！"爷爷走时，儿子一直跟到门口。老爷爷对儿子说："留步吧，孩子，别送了，你这么小就会送客了，真懂礼貌！"儿子瞅着老爷爷手里的扇子说："爷爷，我给您的扇子还没留下呢！"大家笑成一团！儿子就是在这样和谐的环境中长大的，以后也形成了他幽默的性格。

成人的评价对孩子的成长有至关重要的影响。在这方面我有切身的感受。

我小时候有两大爱好，一大爱好变成了"特长"，一大爱好变成了"特短"。小时候我爱画画，5岁时，照妈妈养的鸡画了一只彩色大公鸡，在北京市幼儿园评奖中获得一等奖，得了五张彩纸，我非常高兴，兴冲冲跑回家跟妈妈说："妈，我得奖了。"妈妈笑眯眯地说："太好了，我早就说过，你画的公鸡比我养的公鸡还漂亮呢！"我特得意，觉得自己很棒，更爱画画了。每次画完画，最先欣赏的是妈妈和大姐大哥，他们说我是画画的天才。我这个"天才"终于上小学了，上学第一天老师问："谁会画画？"没有人举手，我傻乎乎地举起手："我会。"老师很高兴，说："那好了，黑板报就交给你了。"我从一年级画黑板报一直画到六年级，从初一画到高三，到农村插队给农民办报，后来就办了《中国少年报》。我至今对画画有着浓厚的兴趣。

但我还有一个爱好却变成了"特短"。小时候我爱跳舞，还去区里参加过演出。但是，到五年级的最后一个学期，北京市舞蹈学校到我们学校招生，选了四个女孩，其中有我。我们到舞蹈学校面试，把外衣脱掉，穿着小裤衩、小背心，手背后，脚跟并上，脚尖朝外站直。我刚站好，有个老师从我身边走过，瞟了一眼，说："哼，腿都不直还跳舞呢！你瞧人家！"我一看别人，真是自惭形秽，人家女孩子两腿一并，一条直线，我倒好，上面一个洞，下面一个洞，回家后对着镜子照自己的腿，左看不直，右看更不直。再跳舞时，耳边总响起老师的话："腿都不直还跳舞呢！你瞧人家！"以后就完全没有了自信心，干脆不跳舞了。后来当短跑运动员去了。等我插队回来，像我这样年龄的人，大部分都学会了交际舞，我总学不会。在舞场上，男士们恭恭敬敬地说："请您跳个舞。"我总是客气地说："对不起，我不会跳。"我在舞场上仔细观察，发现比我腿还不直的人有的是，有的人还是罗圈腿呢，照样跳得很有兴致。我更加明白一个道理，一个人从小生长在"你不行"的环境中，慢慢地把"你不行"内化为"我不行"，他就真的不行。如果一个人生活在"你能行"的环境中，慢慢地把"你能行"变成"我能行"，他就真的能行！

对孩子来说，有没有天分并不重要，重要的是有没有兴趣，有没有自信。特长并不一定都能发展为职业，但可能发展为爱好。爱好广泛的人，生活会更多彩，思想会更活跃，可施展才华的舞台会更广阔。

大胆为你的孩子喝彩吧！别瞧人家！请相信，你的孩子会创造奇迹！

对抗变对话——别跟孩子"较劲"

十几岁的孩子爱跟父母对着干，你让他朝东，他偏向西；你让他干这，他偏干那。爸爸妈妈困惑极了：曾经那么熟悉的孩子，怎么突然变得陌生？

四五十岁的父母爱跟孩子较劲。“我叫你干，你为什么不干？”“我叫你好好考，你为什么不好好考？”“你是不是成心要气死我？”男孩女孩苦恼极了：曾经那么通情达理的爸爸妈妈怎么突然变得不讲理？

这种现象奇怪吗？并不奇怪。就像宇宙间的星球，在一定条件下会相互碰撞，青春期碰撞更年期也是大自然的规律。只是今天的孩子早熟，青春期提前；今天的父母太累，更年期也提前。

江苏镇江市的王伊雯同学，曾经给《知心姐姐》杂志社寄来一封她写给爸爸的信。信中，她把与父母之间的“对抗”描绘得活灵活现：

> 记得有一次吃晚饭的时候，我滔滔不绝地对您（指爸爸）说，一个歌星唱的歌挺好听的，我很爱听。可是我刚说完，您就发火了，一拍桌子吼道：“不把心思用在学习上，专做这种无聊的‘追星族’！你有没有出息啊！”
>
> 倔强的性格让我喊了一句：“我爱听歌，并不代表我就是‘追星族’！我是‘追星族’也不代表我就没出息。您什么意思啊？总把我想得那么差！”
>
> 您听了，真火了，拿起筷子顺手给了我一下，我委屈地哭了。说实在的，我不是“追星族”，我真的很委屈。可我知道这时候越向您解释，您就打我打得越凶，所以，我干脆不解释了，把委屈埋在心里。
>
> 还有一次，您提着两个包回来，一个拎进了房间，一个放在电视机旁。我好奇地跑去翻开看，原来是一张碟片。您见我翻东西，便给了我两下，然后横眉竖眼地教训我：“告诉过你多少遍了，别碰大人的东西！”
>
> 我反驳说：“我又不知道这是什么东西。”
>
> “你不知道的东西还多着呢！”您越发凶了。

“对抗”就这样发生了！孩子与家长各执一端，完全不去考虑对方的想法，只想改变别人，不愿改变自己。

提早进入青春期的孩子正处在成人感迅速增强，但心理却并不成熟的阶段，渴望得到成人的尊重，但他们对成人尤其是父母缺少基本的信任，总觉得父母“跟自己过不去”，也因此形成强烈的逆反心理，心灵的大门朝着同龄人开放，却对成人紧闭。这时候的孩子特别需要心灵关怀，需要理解和尊重，需要知心朋友。

提早进入更年期的父母，由于工作、生活压力很大，面对孩子常常心急气躁。这时的父母同样需要关怀，需要理解和谅解，需要知心朋友。

所以，处于不同年龄阶段的两个特殊生长期的两代人，有着共同的需求：理解、尊重和沟通！双方都改变一下自己，情况就大不一样了。

《中国中学生报》小记者、北京高二学生董诚和他的妈妈杜女士都是我的老朋友。他们母子俩就是在“碰撞”中磨合成为好朋友的。

在和我的聊天中，他们讲到了三条秘诀。

秘诀一：对抗变对话，从亲子相互欣赏开始。

杜女士说：“以前逛商场，儿子要看光盘，我要看服装，总有矛盾。后来，我看中什么衣服，就请儿子当参谋。我偷偷看儿子一眼，他点头我就试穿。我觉得儿子有男孩的眼光，会把妈妈看得很美，妈妈衣服选得好不好，他一下就能看出来。儿子是我最好的参谋。”

董诚说：“跟妈妈出去特别轻松。妈妈能让我当参谋，我当儿子的当然得有自信。”

秘诀二：对抗变对话，亲子互相支招儿来转变。

杜女士说：“我把孩子当成最好的朋友，我有什么话跟他说，他有什么话也跟我说。儿子大了，有他的思想，要了解他就必须学会倾听。儿子有时候背着书包进门：‘妈，我跟您说个事。’我不管多忙都听他说完。如果你说：‘炒菜呢，哪有工夫听你说。’就等于拒绝，下次儿子就不会跟你说了。”

董诚觉得在家里茶余饭后聊天是最好的沟通。有一次，他想给学校提意见，不知道妈妈赞成不赞成。所以先试探妈妈：“有节课老师讲得很不好，班里有个同学带头向学校反映，您觉得他这样做对吗？”

妈妈说：“你是班长，应该由你来替大家反映。”妈妈当时并不知道儿子说的是自己，可她帮儿子支了招儿，却正合儿子的意。

我问董诚：“妈妈给你支的招儿，你觉得灵吗？”

董诚说：“还挺灵的，特别是有时候我火气比较大，说话直来直去，妈妈让我学会了婉转表达。”

秘诀三：对抗变对话，关键是亲子相互理解。

能坦率地表达自己，又能设身处地对待别人，在这方面，杜女士和她儿子董诚都深有感触。

杜女士说：“从当妈妈那天开始，就不光孕育了一个生命，更是多了一个朋友。这个朋友一点点长大，我一点点了解他。现在我 40 多岁，孩子 15 岁，更年期碰撞青春期，我有时也挺有失落感。儿子总是问：‘妈，您现在怎么变得这么絮叨？’我说：‘我也不知道，其实还是挺想让你心疼妈妈的。’儿子说：‘以后我会好好孝顺您。但我现在大了，是一个男孩子，我有自己的事情要做。’”

妈妈向儿子交心，这使儿子非常感动。对于怎样愉快地接受走向更年期的妈妈，董诚做得不错，说起妈妈，他的脸上洋溢着幸福。

“妈妈跟我非常平等，而不是高高在上。我已经不喜欢依偎在妈妈身边，但喜欢妈妈挽着我的胳膊走，因为妈妈就是那样挽着爸爸走的。妈妈从来不干涉我的事情，女生给我打电话妈妈从来不问。‘三八’妇女节那天，我跟同学一起给各自的妈妈买花，花不是很好，但是妈妈特别高兴，说没白养我这个儿子。”

这对平凡母子总结的三个秘诀，的确意味深长。

岁月流逝，孩子一天天长高，父母一天天变矮。孩子要学会俯下身去，倾听父母充满爱的“唠叨”，而父母完全可以放下长者之尊，高兴地说：“终于长得比我们高了！”

第三章　关注孩子心灵的成长

心灵成长的七个需求

“把头抬起来！”——心灵成长需要尊严

一个人心灵的世界是靠尊严支撑的。不怕没有钱，就怕没有尊严。

我们要从小培养孩子有骨气、有尊严。

尊严可以改变一个人的命运。

有一个乞丐跪在地铁通道摆着铅笔摊乞讨。来了一个商人，丢下一美元，匆匆离去。一会儿，这个商人又跑回来，认真地对乞丐说：“咱们都是商人，都是卖东西的，我刚才付给了你一元钱，没拿东西，现在我要拿走。”说着，蹲下来，挑了几支铅笔走了。

商人的话，让乞丐大为震动。他第一次听到有人称他“商人”，第一次听到有人说他“卖东西”，他一下子找到了做人的尊严。他迅速站立起来，掸掸身上的土，开始认真经营起他的铅笔摊。经过几年的努力，他成了名副其实的商人。一次，他衣冠楚楚地去参加一个商界聚会，在那里，他又见到了那位商人。他毕恭毕敬地走过去，深深地鞠了一躬，充满感激地说：“谢谢，先生！是你让我找回了尊严！”

尊严有如此大的力量，它能让乞丐变成商人，也能让一个人变成失去灵魂的乞丐。

马加爵就是一个精神乞丐。他虽然以高分考入大学，但是他的心理却发生了严重扭曲，他自我封闭，极端压抑，极端自私，始终以自我为中心。他残酷地杀害了四名同学，也断送了自己的青春年华。

马加爵杀人惨案，给人们敲响警钟：对青少年进行心理健康教育和人格尊严的教育势在必行。

一个孩子是不是有尊严，不取决于家里物质条件的好坏，而在于他们生长和教育的环境。

美国斯坦福大学的学生顾盼，就是一个自信自尊的中国女孩。

顾盼出生在一个特殊家庭。她的父母身材矮小，父亲身高只有1.3米。顾盼从小就生活在别人的非议和嘲笑中。但是，她从不自卑，因为她有一个很有尊严的父亲。

我第一次见到顾盼，是在中国教育电视台《知心家庭》演播室。当顾盼领着父母走进演播室时，在场的人都惊呆了。站在矮小的父母中间的，是一位个子高高的、眉清目秀、眼大有神的美丽女孩！她脸上带着微笑，热情开朗，青春洋溢。身材矮小的父母和清秀高挑的女儿之间的极大反差，让在场的人充满好奇。

顾盼说："我跟父亲出去的时候，街上经常会有一些人对我们指指点点，我觉得非常不好受，并不是埋怨父亲长得矮，而是觉得，为什么这些人会以这样的眼光看人?！可是，我父亲面对这些目光，非常坦然。所以我觉得，我的开朗跟父亲的坦然有很大关系。父母为了我的健康成长付出了很多，从小我就把父母的辛苦看在眼里，也记在心上。我不会因为父亲不能让我像其他孩子一样享受而自卑，因为父母给我的一切已使我感到满足。"

女儿说着，顾先生不时地点头，面带笑容地说："我很开心！很多邻居、朋友、同事羡慕我女儿成绩好，长得漂亮。但是，最令我欣慰的是我女儿的为人。她没有现在独生子女那些普遍的弊病，比如：任性、自私、骄傲、自以为是、不能和人家融洽相处……我是一个残疾人，身高只有1.3米左右，有时也招来一些惊异的眼光。但是我想，我对工作是兢兢业业的。我希望能好好地教育女儿，使她成为一个各方面都比较优秀的人。我是一个有心人，很注意向别人学习，不断改进。所以我能够顺利地走到今天。"

我问顾先生，教育孩子的核心是什么？顾先生说：“我教育孩子第一理念就是：育人先育德。我认为，良好的行为习惯培养是品德培育的基础。我从培养她良好的行为习惯入手，培养孩子的爱心。她才几岁时，中国大熊猫濒危，我就带她去捐款。那时，我们杭州有一个‘援助孤儿’行动，我也带她去捐款。我认为大人有爱心，孩子就有爱心。”

这位残疾父亲给予孩子的是精神上的财富！他个子不高，却有着崇高的人格。女儿从父亲那里接受了人格的教育。

这使我想起一个真实的故事——《泪湿土琵琶》。在一个非常贫困的地区，一位农民一心要让儿子上大学。为了儿子的学费，他弹着土琵琶在街头卖唱。有一次，他到学校去看儿子。儿子见到父亲，却跟同学介绍说“这是我老乡”。

对这个故事，顾盼有自己的看法，她说：“我想这可能跟父母的教育有关。父母从小给他灌输的思想就是，你能上大学，你就变成凤凰，就高人一等。我觉得我能够有一个平常的心态，首先是因为我的父亲有一颗平常的心。”

“父母的生活态度和看法直接影响孩子。”顾先生回忆了母亲对自己的教育，“小的时候，我面对别人的讽刺和异样的眼光，心里很不舒服。有一次为这个还跟人家打过架。但是我的父母开导我要自强，向古代的晏子学习。后来长大了，我心态就变得比较平和。不是整天愁眉苦脸，而是快乐开朗。”

顾先生讲了一个深刻的人生道理：孩子的心灵成长需要自尊自强。这“自尊自强”能够享用一生！“没有人能打倒你，除了你自己。”有尊严的人永远有动力。父母给予孩子的这份人生礼物，比给孩子金钱要珍贵得多。

正是父母给予了女儿这份人生的财富，顾盼才拥有了健康美好的心灵和乐观的心态。

顾盼说：“我觉得，一个人能够成功，跟心理因素、思维习惯、智力因素都有关系。我感谢父母给我的一切。”

人人都需要尊严。尊严是人生的丰碑，尊严的丰碑树立起来，人生就会创造辉煌；尊严的丰碑一旦倒塌，心灵就会被践踏。贫困、残疾家庭出生的孩子需要尊严，那些学习差的孩子也需要尊严，有时这些父母、老师眼中的“差生”，缺的不是分数，而是人格尊严。

一群全校闻名的捣蛋鬼，毕业前被集中打入“差班”。“差班”第一天上课，新班主任的开场白是这样说的：

“同学们，把头抬起来！人生好比一场马拉松，暂时的落后并不代表最后的失败。从今天开始，我和你们一同起跑……”

这些话犹如春风拂过荒原，犹如暖流涌向冰川，这些“差生”的心灵被强烈震撼，就在这堂课上，一颗颗“顽石”下定了努力向上的决心。

从此，“把头抬起来”成了这个班同学的常用语。现在，他们都已长大成人，每逢过年，他们之间还通过手机短信把这句话互相传递。他们说：“这普普通通的五个字，充满了强烈的情感和深刻的人生哲理，改变了我们的人生道路。”

“把头抬起来！”这五个字唤起了孩子的尊严！

“我听你说”——心灵成长需要宣泄

我问过一个踢球的男孩：“你为什么爱踢足球？”

男孩对我说：“我爸爸经常揍我，每次挨了打，我心里憋了一肚子气，就出去踢球。我把足球看成是我爸的脑袋，每踢一脚，我就高喊一声我爸的名字，一会儿我就解气了。回到家一看，我爸一点没事儿。”

男孩天真坦诚的话把我逗笑了。

每个人心中都会产生不满，这种不满情绪要有发泄的渠道。如同气球，只充气不放气，迟早会爆炸。人如果不及时将不良情绪宣泄，同样会爆发。

不良情绪在人体内滞留的时间越长，危害就越大。

发泄不良情绪最好的办法有三个：一是运动。运动可以消除心理疲劳，也可以疏解心中的不快。那种不让孩子运动的父母是最不明智的。二是释放。找个知心朋友谈谈心，聊一聊，把心中的不满、抑郁释放出来。所以孩子们有时和同学在电话里、网络上交流并不是坏事，当然要控制时间，有节制。三是要忍耐。忍一时风平浪静，退一步海阔天空。有句话很经典：“难管之理宜停，难为之人宜厚，难处之事宜缓，难成之功宜智。”劝解人不要钻牛角尖，很难的道理先不用讲，很难处的人先让着他，很难做的事先缓一步，很难取得的胜利用智慧去获取。

如果孩子从小学会化解自己心中的烦恼，也就得到了进入快乐大门的钥匙。

一些学生学习成绩很好，但并不意味着他心理就是健康的。成绩好可能将一个孩子潜在的心理问题掩盖起来，这也许不会影响他升大学，但对他全面的发展会造成负面影响。

一次，我应一所师范学校邀请去给父母做“关注孩子心灵的成长”报告。上午大会一结束，我被要求签名和咨询的人团团围住。一位年轻女士神色紧张地对我说：“快救救我表妹，她上高二，学习拔尖，可她天天想跳楼自杀！下午我带她来见您。”

大会结束已是傍晚，我心里一直惦记那个女孩，不时环顾四周。

终于，我见到了她。她站在人群中，眼中带着深深的忧郁。我对她笑笑，示意她等我一会儿。

人们走后，我把她拉到身边，仔细打量，发现她长得端庄秀美，可大大的眼睛里却噙满泪水。

“听说你学习很棒？”我微笑着问她。

“不好！”她果断地说，“在年级才排第六。”

“够棒的了！”我叫了起来。

“我没得第一，对不起我妈。她对我太好了，她总希望我考第一。我考不了第一，不如死了算了，我每天都在想死。”女孩低声说，委屈得想哭，看来她已经压抑得太久，妈妈的爱已化作巨大的精神压力。

我走近她，紧紧地拥抱她。“哭吧，孩子，哭出来，你会好得多！”

女孩开始只是默默地流泪，后来，放声痛哭。

“以后，想哭就哭，别压抑自己。天下所有的妈妈都爱孩子，如果你真死了，你才真对不起你妈呢！她把你养这么大，多不容易。”

“我正是想到这点才舍不得死。”

“这就对了！考试有无数次，而生命只有一次。用生命做考试的陪葬太不值了。你妈妈要的不是分数，而是女儿。振作起来，你一定行！”

我拉着她的手，把她送到大门口。我发现她冷峻的脸上有了一丝暖意。我向她伸出大拇指，示意：你真棒！

她向我挥挥手，消失在人群中。

面对女孩的背影，我的心久久不能平静。

她的妈妈可能还在为女儿的成绩而焦虑，却不知道，更需要她关注的是女儿的心灵世界！孩子心中的压抑你知道吗？

2003年世界精神卫生日的主题是“抑郁影响每个人”。调查表明，抑郁是所有心理问题中最为普遍和顽固的，目前青少年学生中，患抑郁症的比例与日俱增。

那么，父母怎样避免抑郁对孩子的影响呢？以宽容的心态给孩子宣泄和倾诉的机会。正如一位著名心理学家所说：“父母让孩子把所有的感情——积极的和消极的——都表达出来，是送给孩子最好的礼物。”

我的一位好友是地级市的市委副书记，她聪明能干，靠实干和突出的政绩，从一个普通农村女孩，成长为一名领导干部。一次我和她谈起她的女儿，她一下显得异常激动，讲述了一件刚刚发生的事：

品学兼优的女儿要出国深造了。临行前一天晚上，她打电话约妈妈早点回来。妈妈平时工作很忙，很少跟女儿交谈。这次她早早回家，要与女儿深情话别。没想到女儿一上来就开始了对妈妈的“控诉”，她列举出妈妈的种种“罪行”：哪一次妈妈冤枉过她，哪一天妈妈怠慢了她的同学，哪一回妈妈伤了她的自尊……女儿边说边哭。

“我怎么也想不到我的乖女儿会对我有那么多怨恨，她说的那些事，我怎么一件也记不起来呢？”我的朋友委屈地说。

“这就叫‘不经意’伤害了孩子。后来呢？”我想听下文。

“我耐着性子听，心里想，明儿天一亮女儿就远走他乡了，就宽容她，让她把一肚子‘苦水’全倒出来吧，省得背着走怪沉的。”这位书记妈妈拿出了平日对待别人的宽容。

妈妈耐心地听，女儿足足讲了4个小时，夜深了，人静了，女儿“痛说”完了，伏在妈妈怀里大哭起来，妈妈也哭了。

妈妈搂着女儿问：“孩子，这些话你怎么不早跟妈妈说呀？”

“您不是忙，老没时间嘛！”女儿抽泣着。

第二天一早，女儿向妈妈告别，她紧紧拥抱了妈妈：“妈妈，我会想您的！”

那天，女儿没哭，妈妈哭了。“这些年我自以为给了女儿很多，可我唯独没有拿出时间听她述说，我真觉得对不起她。”妈妈内疚地说。不过，她还是欣慰地告诉我，如今远在大洋彼岸的女儿已成了她的网络朋友。

让孩子以不伤及他人的方式宣泄，是孩子心灵成长的重要需求。倾听孩子的诉说是一把开启孩子心灵之门的“金钥匙”，有利于帮助孩子营造一个健康的心理环境，促进他们身心的良好发展。

有时，许多父母不能坐下来听孩子诉说，理由就是一个字：忙。

一次，我给父母们做家教报告，许多孩子也来听。我问坐在头排的一个小女孩：“你的爸爸妈妈怎么没来呢？”

“他们都忙，没时间，我替他们来了。”女孩轻松地说，看来她很乐意来。散会了，她把一个小纸条塞在我手里：“回去再看！”她朝我笑笑，跑了。

回到宾馆，我急忙打开纸条，只见上面写着：“知心姐姐，您讲得真好！可惜我爸我妈没来。他们从来不听我说，可他们听知心姐姐的。”我鼻子酸酸的，真后悔刚才怎么没送她一本我写的书，让她带回家给爸爸妈妈看。

上海一所小学曾搞过一个调查：在一次“十分钟中队会”上，就“你在生活中有烦恼向谁倾诉”这个问题展开讨论，结果有 90%的孩子回答：写在日记上，保留在电脑里，写在纸飞机上飞出去……几乎没有一个答案是向父母、老师倾诉。这一结果令老师大为吃惊。

成长中的儿童需要倾诉，他们希望成人能听听自己的心声。

在 2002 年全球“支持儿童”签名承诺活动中，中国有 2000 万人参加。活动选出了在本国儿童问题上面临的最紧迫的三个问题。其中 12 岁到 17 岁的中国儿童特别关注的问题就是：倾听儿童的心声。他们说：“不是儿童没有声音，而是你们没有倾听。”许多成人和孩子都提出同样的理念：“放大儿童的声音。”

最近日本东京街头出现一件新鲜事：一个化名枚方的倾听者在广场上摆出自己的小招牌，上面写着“我听你说”。29 岁的枚方并不是靠做倾听者来谋生，他是免费听人们诉说。他已经为 12000 多人提供过倾听服务，平均每周 100 人。枚方实际上是一名教师，他的愿望是当一名优秀的喜剧演员。3 年前，他在台上发现，台下的观众似乎更喜欢向他说心里话，而不是听他说俏皮话。

出现这个新职业绝非偶然。尽管东京的人口越来越多，但东京人的孤独感却与日俱增。所以使这个新职业——倾听者应运而生。

大人都渴望有人倾听，何况那些孤独的孩子呢，多么希望有一天，你在家里也挂一个牌子：我听你说。

“孩子，你真棒！”——心灵成长需要肯定

如果你问我：“今天的孩子最渴望什么？”

我会回答你：“渴望被肯定。”

如果你再问我：“今天的孩子最缺少什么？”

我会回答你：“缺少被肯定。”

一天，一位年轻的妈妈讲了一件令她沮丧的事：“上二年级的儿子很调皮，经常挨老师的批评，从未受过表扬。一天，儿子兴冲冲地跑回家，高兴地对

我说：‘妈！今天老师表扬我啦！’我喜出望外，忙问：‘老师表扬你什么啦？’儿子说：‘老师说我的检讨写得不错！’我一听，差点把鼻子气歪了！”

我听了，鼻子酸酸的，心里对这个男孩产生了深深的同情。

孩子的心灵像干涸的小苗，渴望被肯定，渴望得到积极的评价！

有的父母担心，一味地肯定孩子，会使孩子经不起批评和挫折，会令孩子很在意别人怎么看自己，结果影响了孩子的发展。这种想法的产生，是因为没有把鼓励和表扬区别开。

鼓励与表扬有很大的区别。表扬是把注意力放在孩子身上，而鼓励是注重孩子所做的事情以及得到的满足感和成就感。

有些父母认为鼓励就是说好听的，或者简单地戴高帽子。其实，这样做往往会引起孩子的反感。有个女孩曾对我说：“爸妈不在家的时候，我一个人把家收拾得干干净净，想给妈妈一个惊喜。妈妈一回来，高声说：‘你真是一个爱劳动的好孩子呀！我没要求你做这些，你却做了，我太爱你了，你很自觉嘛！’一听这个，我觉得扫兴极了，马上说了一句：‘真没劲！’”女孩还补上一句说：“我妈特假！”

孩子为什么觉得扫兴呢？女孩得到的只是诸如“伟大”这样干巴巴的表扬。她认为：妈妈之所以爱我，是因为我打扫了房间，如果我没这样做，她还会爱我吗？从长远来看，孩子可能由此得出这样的结论：自己的价值完全依赖于自己怎样做才能满足父母的要求，怎样努力才能得到别人的表扬；只有得到了表扬，个人价值才会提升。这样发展，孩子长大成人，会很在意别人的看法，适应社会的能力很大程度上也取决于他人如何评价自己。然而，真正的幸福不是依靠别人的关注得到的，而是产生于自信，而孩子的自信来自父母和老师的鼓励和肯定。

我妈妈就很会鼓励人。记得我五六岁时，常常爱在家里没人的时候收拾房间。妈妈回来了，总是惊讶地问：“哇！这么干净啊！这是谁干的？”于是，我从门后跑了出来。妈妈欣慰地说：“真没想到是你干的，你可真能干！比我收拾得都干净！”我高兴极了，很有成就感，下次妈妈出门，我还继续收拾。我洗碗不小心打碎一个碗，妈妈安慰我说：“没关系，别把手划破了。”妈妈给我的印象就是，无论我是成功还是失败，都不会影响妈妈对我的肯定和爱护。所以，我做事从不害怕挨批评、受训斥，也从没有那种成功了才能得到爱的压力。于是，我养成了做事大胆而充满热情的习惯。

长大后，我渐渐明白了一个真理：肯定孩子就是给孩子提供机会。

一位著名的国际妇女活动家曾说过：“现代人类最本质的动力不是追求物质与感官的享受，不是满足生理上的需求，而是满足成长的需求和发挥个人最大的潜力。”

做父母的对孩子最大的期望是什么？我想，最大的期望应该是让孩子有一个完整幸福的人生。无论他（她）将来从事什么职业，有多少收入，只要发挥了自己的最大潜力，实现了自己的生命价值，做父母的就尽到了自己的责任，就应当为自己的孩子感到骄傲。

如何开发孩子的潜力呢？

在孩子自我意识形成的时刻，父母的看法会给孩子留下深刻的印记。可以说，孩子是通过父母的眼睛在看自己，如果父母能够用鼓励、欣赏的眼光看待孩子，那么孩子的潜力将能得到最好的发挥。

2002 年 5 月，我参加了教育部、团中央和全国妇联组织的“更新家庭教育观念报告团”，认识了一位优秀的母亲王玲玉。她有一个很有才气的女儿，叫张茗，16 岁时诗文集《阳光女孩》就出版了。王玲玉述说的女儿写诗的故事，让我看到一个女孩的才华是怎样被激发出来的。

王玲玉常对女儿说：“孩子，妈妈是你永远的读者。”正是这样忠实的读者培养出了这样的少年诗人和作家。

张茗第一次写诗时才 7 岁。那时，张茗在寄宿制学校读书，学校不让带玩具，细心的妈妈悄悄地给女儿带了一面小镜子。没想到，镜子竟成了陪伴女儿度过寂寞时光的伙伴。为了宣泄想家的情绪，女儿写了一首小诗《镜子的美丽》：

当你发闷的时候，是谁在陪伴着你？

不错——是镜子！

镜子，一个多么响亮的名字！

当你发闷的时候，有镜子陪伴，镜子发闷的时候，有谁在陪伴它？

不错——没人！

它只有默默地想着和小主人在一起的情景，

只要小主人一进家门，

镜子就又露出了笑脸。

当时，张茗还不大会写字，许多字是用拼音代替的，可她却兴奋不已。星期六一到家就大声对妈妈说："妈妈，你看我写的诗！"妈妈看了一遍后，非常激动地说："太棒了！我的女儿会写诗了！我要把它珍藏起来。"

妈妈的鼓励，让女儿信心大增，写诗方面的潜能逐渐表现了出来。以后，女儿又陆陆续续地写了第二首、第三首……后来又开始写散文、小说。

不管多忙，不管在什么地方，只要女儿有新的作品要"发表"，王玲玉都会放下手头的事，听女儿读，给她提意见，做她的第一听众、第一读者。没想到，这位特殊的"读者""听众"，大大发掘了女儿的潜能，培养了女儿的自信，帮助女儿爱上了写作。

每逢生日、新年，张茗总要给爸爸妈妈送张贺卡。起初，女儿送给爸爸的贺卡是这样写的——将心中沉沉的爱意化作深深祝福，祝愿爸爸生日快乐，永远快乐！贺卡封面上画了一只小狗和一只小老虎，小老虎手上捧着一颗心给小狗（妈妈和女儿属虎，爸爸属狗）。

爸爸看了，心里很感动。但想到父爱是"大气磅礴"的，不应轻易显山露水，他只是喜悦地说了句："哟，女儿长大啦，记住爸爸的生日了，谢谢你！"随手把贺卡放在桌子上。

张茗对我说："在后来几天里，我发现那张贺卡一直放在桌上，一动没动，我很伤心，以后我给爸爸的贺卡越写越简单，最后就剩下一句话了：祝爸爸身体健康，工作顺利。"

但是，张茗给妈妈写的贺卡却年年不同，真挚感人。因为妈妈能读懂女儿的心。

张茗送给妈妈的第一张生日贺卡是这样写的——

谨送您一张很小的卡，说上一句很真的话，不必说母爱是丰满、是美好或伟大，只因它洋溢在每一个平凡的日子，就已是最美的神话。妈妈，生日快乐！

卡片醒目的地方画了一大一小两只老虎，欢爱之情跃然纸上。妈妈激动极了，热烈地向女儿致谢："妈妈太感动了！我要把这张贺卡永远保存！"

这本来是妈妈真情的流露，但是对女儿的鼓励却是巨大的。王玲玉下一次生日那一天，女儿的贺卡上是这样写的——

妈妈：任岁月如水滑过，任时光从身边流逝，当一切事情都黯然失色，当所有的容颜都失去光泽，母爱的光辉却永不褪色，它像一首恒久的诗篇，在天地间无悔地闪烁！

每当王玲玉与丈夫分享这些快乐时，丈夫都颇有微词，认为女儿对妈妈比对爸爸用心。王玲玉对丈夫说："同一个孩子，给你写的贺卡流于形式，而给我写的却感情充沛，这便是肯定和欣赏的作用啊！"

张茗对我说："妈妈的欣赏是我写作最大的动力！"

可见，用欣赏的眼光看待孩子，是现代父母送给孩子最好的礼物。父母若期望孩子成人、成才、成功，最佳的办法就是：永远做孩子的欣赏者，培养孩子的自信，欣赏孩子的才华。

“跌倒了，爬起来”——心灵成长需要磨难

人要经历磨难之后方能成大器。

6年前，河北雄县一个名叫王猛的11岁男孩，因为一场意外的大火，造成全身75%的三度烧伤，生命垂危。

6年后，这个男孩不仅从死亡线上坚强地站立起来，而且以全县第一名的成绩考入县初中。

那是一个可怕的夜晚。

1998年的一天晚上，11岁的王猛帮爸爸看果园，点着煤油灯在小窝棚看书。看着看着王猛睡着了，煤油灯被风吹倒，小窝棚燃起大火。

等爸爸赶到时，王猛已经被烧成黑炭色，全身肿胀。住院之后的头几天，每天早晨4:00他的父母都会收到一张病危通知书。一个亲戚对他的爸爸说：“别给他治了，好了也受罪！”王猛的爸爸流着泪说：“我办不到，我不会放弃！”

王猛在北京积水潭医院治疗时，我的小学同学臧小平正巧去这家医院办事，见到了王猛。她马上给我打电话，说有一个重度烧伤的男孩特别坚强，从不落泪，还经常帮助别人，可他才需要帮助。

我立刻赶到医院。

王猛的脸、手、颈部都已严重变形。可他的脸上却露出淡淡的微笑。他妈妈对我说：“在王猛治疗的过程中，经常是我一哭，王猛就说：‘妈你别哭，我什么都能承受得住，就承受不住你哭。’每次换药，一流血我就躲出去。伤口结的硬痂，大夫用钳子往下揭，疼极了，他嘴里就咬着一块毛巾，毛巾咬破了，他也不哭。当妈的恨不得自己去替他承受！”

听了母亲的介绍，我非常感动，立刻以《王猛不哭》为题在《中国少年

报》上报道了这件事。全国许多小朋友看了都很感动，纷纷把自己的零花钱捐出来，还给王猛写来上千封信。有的同学在信中说："我们非常佩服你的坚强，我们要向你学习。"我把这些信拿到医院读给王猛听，王猛感动极了。主治医生说，在王猛的治疗过程中，这些信是最好的药物。

王猛说："小伙伴的支持，给了我巨大的力量。烧伤之后腿一直充血，起水泡，再加上创面流血，我很痛苦。可我想，难道我真的不能走路了吗？我不能靠爸妈一辈子，我一定要战胜自己！记得我刚下地的时候，在医院的走廊里走，后来医院清洁工在地上发现了一条血印，问那是不是我的血，我说是。妈妈知道后特别心疼，但我继续走。支持我走的力量，是父母的爱，是伙伴的爱，是知心姐姐的爱！我没有认为我站不起来，或者像有的大夫说的，即使治好了也不能自立。现在证明这个大夫说的话不对，人的力量是不能低估的。"

王猛的妈妈说，支撑王猛的还有一种力量——学习。王猛昏迷后刚醒就说"我要上学"。他的病床上搁了好多书。看书的时候，因为手抬不起来，只能趴着，看一页，妈妈给他掀一页，趴两个小时，就翻两个小时。趴累了，就躺着看，妈妈就给他举着书。

王猛终于出院了，然而他被烧得面目全非。接踵而来的是如何面对日常生活，如何面对老师和同学。

王猛的父亲心情沉重，为了给儿子治病，欠下了一身债，他觉得日子很艰难，有些灰心。

"六一"前，我带了两位北京小记者，组成小小慰问团，驱车去河北雄县农村看望王猛。我们送去全国各地小朋友们的捐款两万三千多元，我自己也捐了两千元。王猛的父亲见我们来了，激动得要跪下，他流着泪大声说："我原来觉得天黑了，没路了，没想到，我的救星来了！"

当我们走进村子的时候，全村的老乡、孩子都出来了，大家挤到大队部的院子里。我当众讲了一番话："王猛烧伤了，脸很难看，但王猛是英雄！因为面对这么大的痛苦，他很坚强，他没有哭！希望大家不要用异样的眼光看他，在我们心目中他是最棒的！”

我们走进王猛家，两个北京来的孩子见到王猛的样子，吓坏了。我走到王猛身边，王猛把头扭开，他不想让我看到他。我看见他流泪了。

“很疼，是吗？”我轻轻地问。王猛抽泣着说：“我想上学，可我这个样子，同学们都会害怕。”

我对他说：“没有谁能击败你，除了你自己！别人怎么看是别人的事情，自己要看得起自己。生活就像镜子，你对它笑它就笑，你对它哭它就哭，你要永远对它微笑！别人都帮不了你，最终还要自己帮助自己！跌倒了，自己爬起来！这才是王猛！”

王猛笑了，对我点点头。他的母亲后来告诉我，王猛刚出院的时候，让我把他锁起来。他说：“不是我不叫人看，这怎么看呀？我这个样子会让人害怕的！”后来知心姐姐来了，小朋友们也给他来信，大家都鼓励他，他慢慢想开了。他说：“知心姐姐不是说了嘛，我跟正常人一样，我还能上学去呢！”半年之后，他走进了学校。考初中时，他考了全县第一名！

“王猛，你真棒！”我心中一直默念着这句话。

2002年夏天，王猛来京植皮整容，我再次去医院看望他。

走进病房，只见地上铺着纸板。原来陪床的母亲为了省钱舍不得租床，每天晚上都睡在冰冷的地上。我硬塞给她500元钱。“你是王猛的精神支柱，你可不能倒下！”我对她说。

王猛见我来了，脸上依然挂着动人的微笑。

当我祝贺他考取全县第一，并问他原因的时候，他说：“因为我是王猛！”

说得多棒！这是一个面对过“天塌地陷”的孩子啊！

人内在的精神需要在磨难之中才能真正显现出来。当孩子在人生的路上遇到挫折与失败时，正是焕发这种精神的极好时机。作为父母，用不着沮丧，用不着埋怨，只要对孩子说声“跌倒了，爬起来！”你就赢了，你就知道什么叫“胜利”了。你的孩子就会从苦难中奋起。

孩子心灵的成长需要磨难。

没有经历过饥饿的人，不知道什么叫温饱；没有经历过寒冷的人，不知道什么叫温暖；没有经历过苦难的人，不知道什么叫幸福。

“自古英雄多磨难”，世界上成绩卓著的人，都是身经磨砺，百炼成钢的。

日本松下集团的创始人松下幸之助先生的体会是：“逆境给人宝贵的磨炼机会。只有禁得起环境考验的人，才能算是真正的强者。自古以来的伟人，大多是抱着不屈不挠的精神，从逆境中挣扎过来的。”

镭的发现者居里夫人说过：“我的最高原则：不论对任何困难，都决不屈服。”

“你的奇思妙想真不错”——心灵成长需要自由

有一次，在为哥伦布发现新大陆举行的宴会上，一些贵族认为哥伦布发现新大陆完全出于偶然。

哥伦布没有辩驳，他在宴席上拿起一个鸡蛋，对这些贵族说：“诸位先生，你们能把这个鸡蛋立在桌子上吗？”

那些贵族拿起鸡蛋，左立右立，怎么也立不起来，只好请哥伦布来立。

哥伦布把鸡蛋朝桌上一磕，鸡蛋立住了。

贵族们很不服气，说这样他们也会做。

哥伦布笑笑说：“问题是你们这些聪明人，谁也没有在我之前想起这样做！”

虽然这是一个笑话，但却说明一个道理：创新的行为往往产生于“奇思妙想”。有创新能力的人提出的问题常常“出乎意料”，思考的结果往往“与众不同”。

这就是发散性思维，也可以叫作创造性思维，具有这种思维能力的人是今天我们这个时代奇缺的人才。创新是民族的灵魂，会创造的人是民族的珍宝。

人们常常感叹，我们今天的时代，这种具有发散性思维的人才太少了，原创性的东西也太少了，为什么呢？

原因当然有很多，但其中有一点不可忽视：我们没有给孩子心灵足够的自由空间。

自由是心灵成长的基础，是创新思维的源头。自由好比人体里的水一样，一时一刻不能少。人体缺了水，细胞就会枯萎；心灵缺少自由，头脑就会僵化，灵感就会消失。所以有位作家说："我不愿有一个塞满东西的头脑，而情愿有一个思想开阔的头脑。"

我听过一个很有趣的故事：

老师问同学们："树上有10只鸟，开枪打死1只，还剩几只？"

这是一个传统的脑筋急转弯，不够聪明的人会老老实实地回答"还剩9只"，聪明人会回答"1只不剩"。但是有个孩子却是这样反应的——

他反问："是无声手枪吗？"

"不是。"

"枪声有多大？"

"80分贝至100分贝。"

"那就是说会震得耳朵疼？"

"是。"

"在这个城市里打鸟犯不犯法？"

"不犯。"

"您确定那只鸟真的被打死啦？"

"确定。"老师已经不耐烦了，"拜托，你告诉我还剩几只就行了，OK？"

"OK，树上的鸟里有没有聋子？"

"没有。"

"有没有关在笼子里的？"

"没有。"

"边上还有没有其他的树？树上还有没有其他的鸟？"

"没有。"

"有没有残疾的或饿得飞不动的鸟？"

"没有。"

"算不算怀孕的雌鸟肚子里的小鸟？"

"不算。"

"打鸟的人眼有没有花？保证是10只？"

"没有花，就10只。"

老师已经满头是汗，但那个孩子还在继续问："有没有傻得不怕死的？"

"都怕死。"

"会不会一枪打死2只？"

"不会。"

"所有的鸟都可以自由活动吗？"

"完全可以。"

"如果您的回答没有骗人，"学生满怀信心地说，"打死的鸟要是挂在树上没掉下来，那么就剩1只，如果掉下来，就1只不剩。"

这位学生的话还没说完，习惯于标准答案的老师已经晕倒了！

从这个看似笑话的故事中，我们可以看到，一个人的思想在没有禁锢、没有限制的情况下，是多么自由奔放、充满生命的活力！

伟大的科学家爱因斯坦说得好："提出一个问题往往比解决一个问题更重要，因为解决问题也许仅是一个数学上或实验上的技能而已，而提出新的问题、新的可能性，从新的角度去看旧的问题，却都要有创造性的想象力，而且标志着科学的真正进步。"

爱因斯坦之所以能成为一个伟大的科学家，是因为他的一个突出的特点是爱提问，用他自己的话说"我没有什么特别的才能，不过喜欢寻根刨底地追究问题罢了"。他认为"想象力比知识更重要，因为知识是有限的，而想象力概括着世界上的一切，推动着进步，并且是知识进化的源泉”。

培养“有创造性的想象力”，需要一个自由、宽松的发展空间。那些“很棒”的孩子，很有创造力的孩子，身边都有一个“善解人意”的妈妈，或本身就有创造能力的爸爸，也或者是某个很赏识他的创造才能，对他的“奇思妙想”很感兴趣的人。温帆就是这样一个幸运的孩子。

温帆是武汉科技大学电子信息工程专业的大学生。他从小就爱提问、爱动手。在校读书期间，他有四项发明获得国家专利，比如“带打气筒的自行车”。温帆说，我不是把打气筒捆绑在自行车上，而是让自行车在骑的过程中自动打气，这会给繁忙的人和懒得打气的人带来很大的方便。我的发明只是雏形，我之所以发明它们并申请专利，是因为想展现一下我的创造能力。

温帆的妈妈是一名老师，她很注重对孩子创新思维的培养。她对我说：“我觉得孩子的创新思维与生俱来，只看父母会不会发现和培养。”

温帆很小的时候，爸爸妈妈花了两个月的工资买了一台收音机。一天妈妈下班回家，忽然发现儿子把收音机拆了。

“你怎么拆了？”妈妈问。

“阿姨在里面唱歌，我想看看阿姨在里面怎么唱歌。”温帆说。

妈妈一听，不仅没生气，反而很高兴，她对儿子说：“你的奇思妙想真不错！阿姨在很远很远的地方唱歌，不管是天上、地下、海里，你都能听得见。这是为什么呢？你可以尝试自己找出答案！”

温帆的想象力和好奇心一直得到妈妈的鼓励，他对无线电、电子、电波越来越感兴趣，上大学时就报考了电子信息工程专业，从某种意义上说是对他童年的好奇心的回应。

温帆的妈妈像大发明家爱迪生的妈妈一样，当孩子站在创造发明的路口的时候，不怕他闯祸。孩子把东西拆坏了，愚蠢的父母会生气责骂，这样就会扼杀孩子创造的欲望；聪明的父母会坐下来跟孩子一起把坏了的东西修好，让孩子心灵中神奇的鸟儿飞得更高更远。

思想活跃的孩子，课堂上表现也很活跃。温帆就是如此。他常常因为在课堂上讲话，受到老师的批评。温帆幽默地对我说：“我爸说我作文写得好，主要是因为检讨写得比较多。写检讨是因为初中时我上课喜欢讲话。有时候三天要写两篇检查。事情经过只能写200字，但老师要你谈600字感想，怎么谈呢？天天都是一样的事情，要说，那只有一个办法，就是‘往深挖掘’。所以我爸的话有一定道理。”

妈妈对儿子“写检讨”表示理解，她说：“我们在读儿子检讨的时候，并没有一味地指责。他和别的孩子不一样，他思维很活跃，老师讲到精彩之处的时候，往往引起他思想的共鸣，他按捺不住就会找人交流，所以就老讲话。”

对“不一样”的孩子，用不一样的方法，“棒”的孩子才能产生。温帆的妈妈能从“拆收音机”和“写检讨”这些事看到孩子的思维发展，没有责怪孩子，而是欣赏孩子，这是非常难得的！孩子有自己的兴趣，加上父母的支持与督促，造就了孩子敢想敢做的创造性品格。我觉得，作为父母，能够抛弃对孩子不好的评价而看重他们潜在的优势，能够放开思想的桎梏而任其放飞，孩子就一定大有可为。

“自由”地想象与“动手”操作是不可分的。只去想，不去做，就是空想；只去干，不去想，就是傻干。

温帆的父母培养儿子的创新思想，不仅给予他“心灵的自由”，还经常夸奖他：“你的奇思妙想真不错！”爸爸在修自行车时让他当助手，对他说：“跟我修这一次以后，下次可就交给你了。”所以当温帆自己做事的时候，就会产生许多新的想法。他的一项获国家专利的发明“可以转换多种锤头的锤子”，就是他在挂窗帘的时候得到的灵感。

这是一条成功的经验！父母让孩子去做事，让孩子“发现生活中的不方便”，激发他去创造、去改变的愿望。“把生活的不方便变为方便”，这是创新思维产生的动力。

温帆的体会是：“爸妈让我多动手做实验，多观察别人的做法。看得多了，在做同样事情的时候，我就想：能不能做得更好，把它提高一个档次。”

“我能做得更好”，这是创新思维的发展动力。

温帆小时候有问题喜欢问父母，而父母总要反过来问他。温帆的妈妈说：“反问他，他知道的，给我们解答一遍可以巩固已学的知识；如果不懂，为了在我的面前显示他的能干，他就会主动地去探究，这样就扩大了他思维自由的空间。”

这又是一条很好的经验：父母不是一个永远的解答者，而是一个提问者。向孩子提出问题，孩子便有了探索的目标，探索完了再去告诉父母，孩子本身也有一种成就感。

大作家列夫·托尔斯泰向人们提出忠告：“如果学生在学校里学习的结果是使自己什么也不会创造，那他的一生将永远是模仿和抄袭。”

给孩子松开翅膀，让他们自由飞翔吧！

“我已经原谅你”——心灵成长需要包容

“包容”能培养孩子的情怀，使他不回避错误又能善解人意。在包容中长大的孩子将会极富耐心。

包容是孩子心灵成长的氧气，如果没有充足的氧气供应，人很快就会窒息甚至丧失生命。

我看过一篇叫“容纳”的文章，讲的是越战结束后一个美国士兵的故事。这个士兵打完仗回到国内，从旧金山给父母打了一个电话。

“爸爸、妈妈，我要回家了！但我想请你们接受我的一位朋友和我一起回来。”

“当然可以。我们见到他会很高兴的。”父母回答道。

“有些事必须告诉你们，”儿子继续说，“他在战争中受了重伤，他踩到地雷，失去了一只胳膊和一条腿。他无处可去，我希望他能来我们家和我们一起生活。”

“我很遗憾听到这件事，”妈妈说，“孩子，也许我们可以帮他另找一个地方住下来。”

“不，我希望他和我们住在一起。”儿子坚持。

“孩子，”父亲说，“你不知道你在说什么，这样一个残疾人将会给我们带来深重的负担，我们不能让这种事干扰我们的生活。我想你还是赶快回家来，他自己会找到活路的。”儿子挂了电话。

父母再也没有得到他们儿子的消息。几天后，他们接到旧金山警察局打来的一个电话，被告知，他们的儿子从高楼上坠地而死，警方认为是自杀。

悲痛欲绝的父母立刻飞往旧金山。在陈尸间里，他们惊愕地发现，他们的儿子只有一只胳膊和一条腿。

看了这个故事，我的心情久久不能平静。

我想，假如拒绝“他的朋友”回家的是别的什么人，儿子也许不会自杀，因为他还有最后一线曙光，即父母的包容；然而，让残疾儿子回不了家的不是别人，正是自己的父母亲，因为他们把话说得那么绝，“一个残疾人将会给我们带来深重的负担，我们不能让这种事干扰我们的生活”。孩子绝望了，最后一线曙光消失了，终于使他走上了不归路。

假如，这对父母对“残疾人”有一点点包容，有一点点同情，有一点点怜爱之心，他们的儿子也不会走这条路。

因为，父母的包容是孩子心灵最后的港湾，最后的希望！

联想到我们身边的那些爱犯“错误”的孩子，他们何尝不是在企盼着父母的包容呀！

是孩子就可能会犯错，父母要给他改错的机会。每个孩子都是在不断地犯错、认错、知错、改错中成长的。当孩子犯了错误，要允许他改正；当孩子犯了罪跑回家，你要给他做顿饭，等他吃饱了送他去公安局自首；当孩子成了少年犯，进了少管所，你要常去看他，不要放进去就不管他，更不能说跟他断绝亲子关系，法律上能断绝，亲情上却断不了，因为那是你的孩子！

我多次去过北京、杭州等地的少管所。在少年犯的寝室里，我看到他们中多数人的床头摆放的是爸爸妈妈的照片，有的男孩子摆放的是女朋友的照片，还有一个男孩摆放着姐姐的照片。他说，他从小没有爹娘，是姐姐把他养大，姐姐为他早早嫁人，他对不起姐姐，他盼着她能原谅他并且常来看他。

一个儿子犯了罪，他的母亲辞了职，穿着一件大红的毛衣，天天跑到离少管所不远的山上，站在山头上高喊儿子的名字。儿子被震撼了，整个少管所里的少年犯都被这位母亲震撼了，他们集体跪下给这位母亲磕头，哭喊着："妈妈！妈妈！你回去吧！我们对不起你呀！"

这位母亲用自己博大的爱感动了一大批少年犯，他们痛改前非，重新做人，进步很快。后来少管所还为这位母亲发了奖。

这就是亲情包容的结果。

当一个人绝望的时候，最需要的是亲人的包容。爸爸妈妈永远是孩子心中最后的底线，家庭永远是浪迹天涯的游子最后的归宿。

成人能包容孩子，孩子就有胆识直面错误，有胆识改正，有胆识尝试新的事物。在这方面，中国伟大的教育家陶行知先生为我们做出了榜样。

陶行知先生在育才学校当校长时，发生过这样一件事：一天，他在校园里看到男生王友用泥块砸自己班上的男生，陶行知当即呵止了他，并让他放学后到校长室去。

放学后，王友早早站在校长室门口准备挨训。陶行知走过来，一见面却掏出一块糖果送给王友，并说："这是奖给你的，因为你按时来到这里，而我却迟到了。"

王友惊愕地接过糖果。随后，陶行知又掏出一块糖果放到他手里，说："这第二块糖果也是奖给你的，因为当我不让你再打人时，你立即就住手了，这说明你很尊重我，我应该奖你。”

王友更惊愕了，他眼睛瞪得大大的，不知道校长想干什么。

陶行知又掏出第三块糖果放到王友手里：“我调查过了，你用泥块砸那些男生，是因为他们不守游戏规则，欺负女生。你砸他们，证明你很正直善良，且有跟坏人做斗争的勇气，应该奖励你啊！”

王友感动极了，他流着泪后悔地喊道：“陶……陶校长，你打我两下吧！我砸的不是坏人，而是自己的同学啊……”

陶行知满意地笑了，他随即掏出第四块糖果递给王友，说：“因为你能正确地认识错误，我再奖励你一块糖果，只可惜我只有这一块糖果了。我的糖果没有了，我看我们的谈话也该结束了吧！”

多么高明的校长！他用以奖代罚的方法触动了孩子的心灵。“亲其师，善其道。”当一个孩子被校长宽阔的胸怀所包容时，他内心产生的是深深的感激和强烈的震撼，那将会使他终生难忘。在这种情况下，不必“批评”，不必“指责”，孩子自己就已经心悦诚服地知错了。

陶行知“包容”学生的教育思想如今已得到广泛的传播与弘扬。北京光明小学刘永胜校长就提出了“无错原则”。他要求每个老师都认识到，学生是正在成长的尚不成熟的个体，要以科学的态度对待学生在学习中可能出现的各种错误，要从发展的角度发现和理解这些“错误”的某个方面的价值。要允许、容忍学生的错误，进行延迟反应，将重点放在弄清出现错误的原因与改进上。为此，刘校长提出，在课堂上“不让敢于发言的学生带着遗憾坐下”，“让每个积极发言的同学都画上满意的句号”。

许多老师合理地运用了“无错原则”，只要学生思考了，无论答案如何，都不批评。这样就使学生在课堂的学习活动中有了安全感，减轻了心理负担，敢于发表自己的见解。对于说错的同学，许多老师不是生硬地说一句：“坐下！”而是问别的同学：“有不同的意见吗？”大家讨论后再问这个同学：“你同意这个意见吗？”或：“你能再说一遍吗？”给孩子改正的机会。课堂上老师评价学生读书时，也一改过去由学生去挑错的做法，而是改为先看优点，再提不是，并且在肯定优点的基础上，使用“如果能……就更好”等语言。

“无错原则”极大地调动了学生和孩子的积极性。如今，北京光明小学已成为全市最热门的小学之一，父母都希望自己的孩子能在这样的教育环境中成长。

我们提倡包容孩子，是给孩子一个自省的机会，这对孩子人格的培养大有好处，可以使他们拥有健康的心态，面对挫折与失败时采取积极的人生态度。

如果说老师的包容让孩子乐学，那么父母的包容会给孩子带来什么呢？当你读了《知心姐姐》杂志刊登的安徽合肥市第五实验小学孙玉萌同学的文章《在等待最后“审判”的时间里煎熬》，你自己就会得出结论。

我的“死期”到了，因为期末考试结束啦！我的成绩很不理想，就连父母给我规定的最低分数80分都没达到。我急得不知所措，脑子里全是回家后该如何应付老爸老妈的对策。一个声音传来，打断了我的思绪。抬头一看，班主任正站在讲台上传达：“同学们，就要放假了，学校准备晚上召开家长会，请同学们回家后立即转告父母。”

什么，家长会？不就是告状会吗？我的脑袋“嗡”的一声，闪现出的全是被“枪决”时的凄惨情景。事到如今，跑得了和尚跑不了庙，还是硬着头皮耐心等待最后的“审判”吧！

晚饭做好了，老爸让我等老妈回来后再吃，他去开家长会。要是在平时，面对这桌子好吃的菜我早就狼吞虎咽地吃起来了，就算是突然在我眼前出现一幅恐怖镜头我也会照吃不误。可今天却不同寻常，老爸开家长会还没回来，我的心提到了嗓子眼儿，肚子早就唱“空城计”了，可我还是勒紧皮带坐在沙发上一动不动，坚持到底就是胜利。我一边安慰我的肚子，一边急切地等待老爸归来。

当时钟指针指到了 8：30 的时候，老爸还没回来。我饿得晕头转向，但我还是坚持着“革命”。一会儿跑到房间看看电视，一会儿跑到厨房看看桌子上早已令我垂涎三尺的饭菜。噢！不，应该坚持。我一边咽着口水一边默念：“爸爸呀爸爸，噢，亲爱的爸爸，您慢些走，小心路滑，您女儿愿挨饿挨困也不愿挨打呀！”忽然一阵脚步声触动了我的脑神经，我腾地一下子站起来，吓了妈妈一跳。妈妈把我按在椅子上说：“不是你爸爸，看把你吓的。”接着楼道里又传来几声咳嗽声，我一惊又猛地从椅子上跳了起来。这回妈妈对我这种反常的神经质动作起疑心了，皱着眉头说：“不至于吧？从没见你这么害怕过你爸爸。莫非考得不好？”“啊，不……不……”我给自己打了一针镇静剂，慢慢地坐下来。头脑里又想象着爸爸进门后的情景：“咚”地一脚把门踹开，没好气地将手提包往沙发上一扔，凶神恶煞地瞧着我。我瑟瑟发抖，像乞丐一样任凭狂风暴雨的吹打，伴着几声凄惨的告饶声。想到这儿我不禁打了个寒战，赶紧把身体向暖气片靠了靠。

饿得受不了了。我紧闭着眼大口大口地咽着口水。不管了，就算是死了我也不能成为饿死鬼呀，“临终前”这点小小的要求我想老爸是会成全我的。终于我忍不住拿起筷子像饿狼似的吃了起来，“真香！”忽然，几声有力而又熟悉的咳嗽声使我惊呆了，夹在筷子上的菜掉在桌子上，强而有力的紧箍咒使我全身的每块肌肉都蜷缩到了最大限度，好像马上就要爆裂似的。不料，爸爸进门后，笑盈盈地对我和老妈说：“天怎么这么冷？走时忘穿毛背心了……你瞧我这么粗心大意，唉，真是的。”老妈看着老爸那痛苦的神情，“扑哧”一笑，霎时间我极度紧张的思绪才放松开来。最后我等待的“审判”也不了了之。

没有阳光，爸爸脸上依然灿烂！

“放飞你的梦想！”——心灵成长需要梦想

童年是梦想的故乡。

梦想是鸟儿飞翔的翅膀，不展开翅膀，你永远不会知道你究竟能飞多远。一个人心中拥有了梦想，就会在希望中生活，并不断地创造生命的奇迹。

童年是多梦的季节，一个真爱孩子的父母应当精心保护孩子的梦想，这样梦想的种子才有可能长成参天大树。因为任何一个成功都是从梦想起头的。黎巴嫩著名诗人纪伯伦说：“我宁可做人类中有梦想和有完成梦想的愿望的、最渺小的人，而不愿做一个最伟大的无梦想、无愿望的人。”但是很多父母面对孩子的梦想，会说那是不切实际的“好高骛远”。他们不明白，正是有了梦想，不切实际才有可能变为实际。梦想就像人体成长所需要的微量元素与氨基酸，缺少它，大脑的营养就跟不上，思维就会迟钝，没有想象力、创造力。父母要学会呵护孩子的梦想，让孩子充分发挥想象力与创造力。

关于“梦想”，有这样一个故事。

多年前，一位穷苦的牧羊人带着两个年幼的儿子以替别人放羊来维持生计。一天，他们赶着羊来到一个山坡，这时，一群大雁鸣叫着从他们的头顶飞过，并很快消失在远方。牧羊人的小儿子问他的父亲：“大雁要往哪里飞？”父亲回答说：“它们要去一个温暖的地方，在那里安家，度过寒冷的冬天。”他的大儿子眨着眼睛羡慕地说：“要是我们也能像大雁一样飞起来就好了。”小儿子也对父亲说：“做只会飞的大雁多好啊！”

牧羊人沉默了一下，然后对两个儿子说：“只要你们想，你们也能飞起来。”

两个儿子试了试，并没有飞起来，他们用怀疑的眼光看着父亲。牧羊人说：“让我飞给你们看。”于是他试了两下，也没有飞起来。牧羊人肯定地说："我是因为年纪大了才飞不起来，你们还小，只要不断努力，就一定能飞起来，到任何想去的地方。"父亲的话使两个儿子产生了飞起来的梦想，并坚持不懈地努力。一天，牧羊人带回一个小玩具，拉扯橡皮筋产生动力，使它飞向空中。两个儿子觉得很好玩儿，照着仿制了几个，都能成功地飞起来。他们因此兴致倍增，并引发了造飞机的想法。经过反复试验，世界第一架飞机诞生了。

他们就是美国的莱特兄弟。

为什么似乎不切实际的梦想可以实现？因为梦想会使人心中产生一种激情，这是一种可贵的心灵动力，它会最大限度地激发人的潜能，从而实现自己的目标。

人类总是对未来充满幻想，对明天充满激情——尽管这些幻想有许多不确定的因素，尽管有些孩子的梦想永远都不能实现，但是，每一个人都在憧憬着未来，并为着这或远或近的"未来"投入他们全部的努力。

但遗憾的是，今天的孩子离梦想是那么遥远！

《知心姐姐》杂志在"知心调查"问卷中设计了一个比较具体的问题："今后你想做什么？"来自北京、上海、安徽、云南等8个省（市）的2855名中小学生参加了调查。

我们猜想，几千名孩子给出的答案一定是五花八门，令人眼花缭乱，充满激情和想象。

但是，结果却很令人失望！我们只能从7.29％的答案中看到激情和想象的影子。这些答案中有"周游世界，飞越万里长空，研究奇形怪状的生物、宇宙、外星人，到别的星球去工作……"这些都是让人怦然心动、心驰神往的事情。可惜这样的人生设想太少了。92.71％的中小学生的回答几乎千篇一律是这样的"标准答案"："上一个好大学，找到一份好工作。"

中小学生本应该是充满童真、充满童趣、富于幻想的，对于他们来说，今后想做的或喜欢做的事情太多太多了。可是面对问卷，大部分孩子似乎忘记了自己的年龄，所有原本属于他们的激情与幻想都无影无踪，似乎他们一下子就变成了一个要考虑工作与生存的小大人。

为什么有92.71%的中小学生会回答今后要“上一个好大学，找到一份好工作”？“知心调查”得出的结论是：孩子受父母急功近利的生活态度影响太深。

从父母的答卷中我们可以找到答案。“您希望您的孩子将来成为一个什么样的人？”父母的回答是：

1. 取得最高学历。
2. 好好学习，事事争做No.1。
3. 出国留学。不学习，就是死路一条。
4. 一直学下去：学士、硕士、博士……
5. 想让他好好学习，为我们争口气。
6. 出人头地。

父母把这种生存的压力过早地传递给了孩子，孩子也就自然开始压制自己内心的激情与渴望，甚至对生活淡漠，他们过早感受到了生存的压力。一旦“大学”不是父母眼中的“最好”，工作不是自己心中的“最佳”，就开始抱怨，开始灰心丧气，觉得活着没有意思，甚至寻死觅活，这是十分可悲的。

多彩的梦想是人生的宝贵财富，人的一生能走多远，很大程度上取决于童年的天地有多大。有梦想的人，天地就广阔。梦想一旦萌发，就魂牵梦萦，无论能不能实现，始终是一种激励。

孩子的梦想是一个民族创新的灵魂。我们的祖辈和我们自己，如果小时候没有梦想，国家就不会像今天这样强大；我们的孩子一旦小小年纪就把心淹没在功利之下，那么，我们民族的明天就会失去创造的动力，未来的太阳就会失去光泽。

浙江有个农民的儿子叫张潮，他家祖祖辈辈都是庄稼人。张潮从小喜欢科学实验，他和爸爸比赛种菜，结果张潮在实验田里种的蔬菜比爸爸种的大很多，村里的老农民都向他伸出大拇指，夸他有出息。小小的成功让他萌发出一个美丽的梦想——长大当个农业科学家。

他当选为“全国十佳少先队员”来北京，我问他：“你打算怎样去实现自己的梦想？”他坚定地说：“先上农业大学，再当农业科学家！”几年后，他如愿以偿，考入中国农业大学。同样是上大学，张潮是奔着“当农业科学家”的梦想而去的，并不是盲目追求“上一个好大学”，所以他能够感受到成功的幸福与快乐！

“找个好工作”是许多父母和孩子的希望。但什么是“好工作”，想法不尽相同。我认为，“好”的工作是自己想干、爱干、适合干的。许多小朋友经常问我：“你是怎么当上‘知心姐姐’的？”我总是高兴地告诉他们：“这是我童年的梦想！”

我从小是读着《中国少年报》长大的。在北京史家胡同小学读书时，我是中队的宣传委员，收订和分发《中国少年报》成了我最乐意干的工作。为此，我还专门做了个小钱包，用来盛放收来的订报款。每一期新出版的《中国少年报》，就是通过我的手，一张一张发送到同学们手中的。我对每期报纸都爱不释手，一字一句看了一遍又一遍。

1960年，《中国少年报》上出现了一个专栏人物——“知心姐姐”。她梳着两根小辫子，脸上挂着永远不落的微笑，耐心地回答着小朋友们提出的各种问题。我爱上了“知心姐姐”，每期报纸来，先找“知心姐姐”。

有一次，我悄悄地给“知心姐姐”写了一封信，信的大意是：“我在《中国少年报》上看见许多学校的活动见了报，我们中队的活动也搞得很好，怎样才能见报呢？”

“知心姐姐”竟然很快给我回了信。信是这样写的：

卢勤小友：

你的信我收到了，你们中队想给报社投稿，我们很欢迎。只要你们中队搞的活动很新鲜，报上没登过，就可以写下来，寄到报社。一时没有发表，也不要泄气，只要继续努力，总有一天会成功。

知心姐姐

第一次给“知心姐姐”写信，就收到回信，而且被称为“小友”，我心里美滋滋、甜蜜蜜的，觉得是从未有过的成功！五年级时，我们五（3）中队的活动果然上了《中国少年报》。

从此，我成了“知心姐姐”的追星族。11 岁时，我立下一个志向：长大到《中国少年报》当记者，当“知心姐姐”！

报花上的“知心姐姐”是梳着两条小辫子的，为了像“知心姐姐”，我悄悄留起长发，也梳起了两条小辫子，还特意跑到北京照相馆，照了生平第一张“标准照”。

取相片那天，我乐得屁颠儿屁颠儿的，可打开照片一看，差点气晕了。照片上的人，哪里像“知心姐姐”呀，脑袋上光秃秃的，倒有几分像“小和尚”！

我满脸不高兴地问照相馆的人：“怎么照得这么难看？”

照相馆的叔叔说了句“名言”：“长什么样，照什么样。”

一句话把我逗乐了。我想他说得当然有道理，照相馆嘛，不就是“原版复制”？

回到家，我照着镜子，终于想出了好办法：把头顶上的小碎发先梳成小辫，然后再编到下面的辫子里。这样一来，头发显得多了，可是左看右看，还是不大像。

后来慢慢发现，我缺的是“知心姐姐”那种可信可亲的微笑。从此，我学着微笑，见人就笑，还热心地帮同学解除烦恼。时间长了，我居然有了“亲和力”，和同学们的关系更加融洽了。小学毕业时，《北京日报》记者司马小萌来学校采访我，拍了好多照片，每一张我都笑得挺“灿烂”。文章刊登出来，第一句话便是：“卢勤总是笑眯眯的……”没想到，微笑竟成了我与人交往的“见面礼”。

15 岁那年，我成了北京女一中初二年级的第一批共青团员。我当了三年的团支部书记，发展了 20 多名同学入团。下午放学经常要和同学们谈心，你说我听，我说你听，“知心”的感觉真好！我经过慎重的考虑，决定：报考中国人民大学新闻系，毕业后到《中国少年报》报社当记者，当“知心姐姐”。

19 岁那年，正当我要报考大学时，“文革”开始了，大学校门关闭了，《中国少年报》也停刊了。我当“知心姐姐”的美好愿望一时化作泡影。于是，我和千千万万北京知青一起，远赴吉林省白城地区镇赉县东屏公社巨丰山生产队插队。23 岁时我被抽调到白城地区知青办工作，入了党，四年后担任了副处级的地区知青办副主任。

然而，当“知心姐姐”的情结却像醇酒一样在我心中越酿越浓，直到 1978 年 11 月的一天傍晚，我从广播里听到《中国少年报》复刊的消息时，我激动极了，立刻拿起笔给报社写信，表达了我的夙愿，盼望报社能够答应我当记者的请求。

好梦成真了！ 1979 年 6 月，我终于跨入《中国少年报》报社的大门。记得那天，我哭了，我的理想实现了，我下决心要在这里奋斗一辈子！ 1986 年，我当上了“知心姐姐”栏目的主持人。幸福钟情于不懈追求的人。

来到报社，我最先从事的工作就是以“知心姐姐”的名义，给小读者复信。每天，我都有一种神圣感，好像有千千万万“卢勤小友”在企盼着回信，我也亲切地称他们“小友”，因为我知道，“知心姐姐”的回信对孩子来说分量有多重，它会让一个天真的孩子萌发出美丽的梦想。

记得有一次我去山东农村采访，走进一所小学校，一个小姑娘一直悄悄跟在我身后。我停住脚步问她为什么要跟着我，有什么事。

小姑娘含着眼泪低声问我：“知心姐姐，你的辫子哪儿去了？”

我随口说："剪了。"

"你什么时候剪的？"小姑娘又问。

我不知怎样回答，只好说："昨天。"

没想到，小姑娘的泪水一下子涌了出来。我惊呆了，马上蹲下身，拉着她的手。这时我才发现，她梳了两条大辫子。我一下子明白了，这也是一个和我小时候一样的"知心姐姐"的追星族呀！

我的眼睛湿润了，轻轻地抚摸着她的辫子说："你的辫子真好看，我要不剪就好了，明天我一定留起来！"

这个梳辫子的小姑娘激动、惋惜的目光，一直深深留在我的记忆中，想起来就好像欠了她什么，我真后悔当初剪辫子，尽管那是报上的形象，可童心不可欺呀！

当"知心姐姐"时间长了，心中装满了这样那样的孩子，我觉得自己越来越富有。1987年，我去香港参加香港与内地青少年问题研讨会，联欢会上，我即兴作了一首小诗，诗的开头几句是：

朋友
假如你要问我
世界上谁最富有
我要骄傲地告诉你
是我
因为我有许多许多的朋友
在我的朋友中
有小朋友、大朋友、新朋友和老朋友……

当时，我的"诗"赢得了香港朋友的热烈掌声，他们说："真是太羡慕你了！你真富有！"

童年给了我这样的启示：梦想是心灵世界的阳光，目标是人生路上的动力。

2000 年的 9 月 12 日，中秋节，也是我 52 岁的生日。就在这天晚上，中央电视台《新闻联播》节目播出我荣获韬奋新闻奖的消息。当时，激动的泪水涌出了我的眼眶，一个人童年的梦想得到了这么高的回报，心情难以平静。

在韬奋新闻奖颁奖大会上，我激动地说："'知心姐姐'是天底下最有魅力的事业，是我生命的全部。假如让我再做一次人生的选择，我仍然要选择'知心姐姐'。我将永远做小读者们的'知心姐姐'！"

第四章　从“心灵尘暴”到“知心春风”

不同的土壤不同的收获

“家有徐母”——催逼教育挤压了孩子的生存空间

2000年1月17日，在浙江省金华市，发生了一起震惊社会的惨痛事件：金华市某中学高二学生徐力，用铁榔头打死了生他养他的母亲！

4月30日，浙江省金华市中级人民法院以故意杀人罪判处被告徐力有期徒刑15年。

为什么一个17岁的“好学生”，会使用如此极端手段对待自己的母亲？为什么爱儿子的母亲会死在自己儿子的手中？产生悲剧的根源究竟是什么呢？

3月10日，我同《中国少年报》《中国中学生报》的两名记者，与浙江共青团省委少年部部长俞能一起来到金华市，想听听徐力的诉说，试图走进孩子心灵的世界，寻找产生悲剧的根源。

3月11日，天阴沉沉的，下着蒙蒙细雨。走过一段石板路，就绕进了金华市的看守所。这是我平生第一次走进看守所，只觉得院子里每堵墙都冒着寒气。

在看守所一间光线暗暗的屋子里，我们见到了徐力。他身穿蓝毛衣，头上戴着黄褐色的毛线帽。如果不是他手上的铁铐，谁能相信眼前这个瘦弱高挑、脸庞白净、表情平静温和的男孩，竟然是打死自己母亲的凶手。

我们面对面坐着，离得很近。徐力开始有点紧张，低着头，大半个脸被毛线帽子遮住了。

“你小时候读过《中国少年报》吗？”我轻声问他，想唤起他童年的美好记忆。

“读过。”

“你知道‘知心姐姐’吗？”金华市少工委副主任施彩华问徐力。

“知道。”

“和你说话的这位阿姨就是‘知心姐姐’。”

徐力忽然抬起了头，望了我一眼，眼光里闪过一丝惊喜和友好。刹那间，我看到的是一双大大的、仍纯净明亮的眼睛！

“谈谈你的家和你的妈妈好吗？”我平和地对徐力说。

“好。”

徐力用平静的口气开始了他的叙述。我们没有间断地交谈了100分钟！

徐力的每一句话，都深深刺痛了我的心。从看守所出来，我们谁也没开口说话。我只觉得眼在流泪，心在流血！

一个好端端的花季少年的青春年华就这样被葬送了！一个艰难的母亲的生命历程就这样悲惨地结束了！我的心中，好似刮了一场“沙尘暴”，究竟是谁杀死了谁？谁应该对谁负责？孩子的成长究竟需要什么？

冷静地想一想，我们今天的家庭究竟出了什么问题？我们应该怎样科学地教育孩子？又应该怎样科学地教育父母？

“少年强则国强”，今天人人都希望少年强，问题是少年怎样强？是逼着少年强，还是让少年自强？是给他们施以巨大的压力，还是给予他们成长的“推动力”，调动他们的“内动力”？

2000年2月1日，江泽民同志就教育问题发表了重要谈话，提出“正确引导和帮助青少年学生健康成长，使他们能够德、智、体、美全面发展，是一个关系我国教育发展方向的重大问题”。江泽民同志号召全社会都来关心教育工作，为少年儿童的健康成长创造良好环境。可以说，这不仅是百年大计，更是当务之急。

今天的教育既要适应未来社会发展对人才的要求，又要适应孩子自身成长的需求，符合孩子成长的需要。应该承认，孩子的内心世界对我们来说依然是一片神秘而陌生的“森林”。徐力事件的发生，使我们听到了孩子心灵的呼唤，了解了孩子成长中不可忽视的五大需求。

徐力第一句话就说：“在家里，我没有一点儿秘密，我很压抑。”

“我和父母的关系不是太好，他们总是把我当小孩看，把我管得很死。我家是两居室，我有自己独立的房间，但是我没有自由的天地。我家没有一张桌子是带锁的。我以前有写日记的习惯，有时候把不愿讲的事情写在日记里，放进抽屉。但我的任何东西母亲都要翻看，我一点儿小秘密都没有。有一天，我偷偷出去和同学溜冰，母亲在我外出时偷看了我的日记，发现了这件事。等我回来，她骂我怎么这么不听话，狠狠地打我的脸、打我的腿。我从此再也不写日记了。”

“你和妈妈的矛盾，是什么时候开始尖锐化的？”我问。

“是上高中以后。在家里，我感到母亲处处在监视我。家里的电话铃响了，我没有资格去接，都是她先去接。有时同学打电话找我，她总是说‘你是谁，你找徐力有什么事’，问得清清楚楚之后，才把话筒给我。我跟母亲说过不要这样，但是她说，你可能在外面交坏朋友，根本听不进我的话。后来，同学们都不敢给我打电话，还嘲笑我说：‘徐力呀，谁敢给你打电话，你妈太厉害了！’我有时候觉得孤独，想打电话给同学，母亲就说：‘有什么事在学校都讲完了，还有什么好说的，打什么电话？’”

如果没有刻骨的仇恨，孩子应该是不会打死自己的母亲的。于是我问：“你是否因此恨你的妈妈？”

徐力说：“恨谈不上，只是压抑感越来越强。我很爱打球，可母亲不让我打球，只让我在教室里学习。读高中后，每天都有晚自修。晚自修前有一段时间，同学们可以在外面打打篮球。这时母亲经常到学校来，监视我是在学习还是在玩。她希望我把所有的时间都用来看书学习，课外活动时间也学习。我有时多玩了一会，晚了十分钟回家，妈妈也要骂我、打我。她经常打我，用棍子、用皮带、用扫帚，有时把扫帚都打断了，我也不还手。我曾经跟她说过我的理由，但她从不听。”

我问徐力：“你在家挨打的事，同学们知道吗？”

“同学们不知道。家里的事，不可宣扬。我也不想找人谈心，基本上是把心事憋在心里，或者到外面去大喊几声，排除内心的苦闷。”

徐力说：“妈妈平时最多的语言就是关心学习。考不好，她就骂我：‘你这么笨，为什么学不过别人？别人能学好，你为什么不如人？’妈妈一个朋友的儿子，每次都是全年级前两名，她便总是把我跟人家比。在学习方面，父母是站在一条战线的，他们对我的要求都非常高，让我考北京大学、清华大学，至少要考上浙江大学。根据我自己的能力，根本考不上。但只要我尽力，不管上什么大学，本科是能够考上的。”

“你从什么时候开始对妈妈不满的？”

“上高中以后。初中升高中时，我考进了学校的重点班。第一个学期，我的排名在全班倒数第二名，到第二个学期，我的成绩跃到了第十名。母亲十分高兴，要求我每次期中、期末考试的成绩都要排在班级的前十名，考不到，她就打我、骂我。我感到母亲管得太严了，怨恨就在慢慢滋长。我感到，长这么大，她还以对小学生的方式管我，我心里非常难受，非常压抑。我喜欢踢足球、看书、看电视，但妈妈认为这些都影响学习，老是阻止我。在学校与同学交往，他们谈些新闻、电视剧之类的，我什么都不知道，插不上嘴。我想看看报纸，妈妈又说，高考又不考报上的内容。周六和周日她也不让我出去玩，每天就是让我学习。我厌倦了，太单调了，我觉得学习学得很不开心，活着没有什么意思……”

“你和母亲的矛盾是怎么激化的呢？”问题越来越接近事件的发生，我的提问便越来越小心。

“那天中午，吃过午饭，我见到母亲开着电视在卧室里织毛衣，就想过去看几眼电视。母亲像往常一样又开始说我：‘我告诉你，考不上大学，我不会给你第二次考大学的机会，期末考不到前十名，我就打断你的腿。反正你是我生的，打死了也没关系……’我心里很委屈、很愤恨，我觉得我已经很用功了，她怎么还这么说我。我一声不吭拎起书包往外走，走到门口看见鞋柜上有一把铁榔头，于是我冲进卧室，就……”

这时，徐力的声音越来越低。我没有继续往下问，不忍心再让他想起那惨痛的一幕。

“事情发生后，你又做了些什么呢？”我很想知道，一个十几岁的少年打死母亲以后究竟是怎样的心理。

“做了那事后，我一个人在大街上跑了两个小时。我不能理解自己为什么会做出这样残忍的事情。我的脑子里一片空白，头也很晕。跑着跑着，我忽然想起，那是我妈，我得去救她！等我跑回家，我妈已失血过多，生命不可挽回了……”

屋子里一片沉寂，仿佛空气也凝固了。

“看到母亲的样子，我害怕极了，”他继续说，“这时，我看到一个放衣服的箱子，就把衣服掏出来，塞到床底下，把母亲的尸体放进箱子。然后我去了录像厅，我以前从来没有去过那里。”

“你在那里看到了什么？”

“什么也没看到。当时我只想找个地方冷静一下。半小时以后，我去学校待了两个小时。那天晚上，我没敢回家，去了一家旅馆，80 块钱一个晚上。”

“这钱是平时妈妈给你的吗？”

“每周六妈妈都给我两块钱，让我去买早点吃。每次我只花一块五，留下五毛钱。”

“你在旅馆里睡着了吗？”

“哪里睡得着呀！在朦胧中我以为这一切只是一场梦，一切都不是真的。当我看清这里不是家里时，我才清醒，一切都晚了。”

“星期五，父亲回来了，他每周只回来两天。我没有勇气告诉父亲发生的事情。我说，妈妈出差了。我想，拖一天算一天吧。星期五、星期六我睡在家里，妈妈的尸体就在我房间的隔壁，我一直觉得心惊肉跳。爸爸一走，我锁上门也走了，住在同学家里。1 月 26 日，爸爸又要回来了，我再也不敢回家，就去了义乌。其实，我在义乌没有任何亲人和熟人。义乌的旅馆 30 元一个晚上，我刚刚住下就被抓了。到现在，我再也没有见过父亲。”

屋子里又是一阵沉默。

“你知道你是怎样长大的吗？”我问。

“在看守所里，我常常想着自己是如何长大的。”

“记得上学时一个晚上，我忽然发高烧，要马上送医院。那时，妈妈一把背起我一步一步走到医院。我小时候很胖，妈妈背我很不容易。妈妈生我的时候，本应该剖宫产，但她听人说剖宫产对胎儿不利，硬忍着巨大的疼痛把我生下来。那时，她走路都非常小心。她爱吃辣的，但当听说辣东西对胎儿不利，便再也不吃辣的。每当想到这些，我就非常感动。我觉得母亲对我花的心思比对自己的还多。”

来之前，我以为徐力不知道这些，没想到妈妈对他的爱，他心里还是很清楚的。我便对徐力说：“你想过没有，在这世界上，有不少孩子生活在不幸的家庭中。有的孩子的父母长期瘫痪在床上，有的身有残疾，但是这些孩子却很孝敬父母，在身边伺候他们，为爸爸妈妈洗脸、做饭，哪怕有再多的委屈。因为他们知道，父母生我养我不容易！”

听到这里，徐力哭了，哭得很伤心。他说：“我是个畜生，竟然用自己的双手把亲生母亲‘送走’了，我十分后悔……”

看守所的工作人员告诉我们，徐力自从进了看守所，从来没有掉过眼泪，这是他第一次掉泪。也许，是我这句话，唤醒了在他心中沉睡了许久的一个儿子对母亲的责任意识。

当天下午，我登上了全国少工委和金华团市委、少工委共同举办的素质教育报告会的讲台，我报告的题目是“为孩子们的今天和明天”。能容纳 1700 人的会场里坐满了人。

报告会后，一个初二的女生走上台，满脸庄重地对我说："我看过中央电视台《新闻调查》节目对徐力事件的报道。我当时就对我妈说：'妈，我怎么越看越觉得您像徐力他妈呀？'我妈说：'那你也用铁榔头把我打死算了。'我对她说：'我不会像徐力那样把您打死，可您的确很像徐力他妈！'"

这个女孩的话，使我倒吸了一口凉气。更让我感到震惊的是，在金华，我听到许多类似的说法。

徐力的同学说，他妈妈也像徐力的妈妈一样，整天逼他学习，他的家庭也类似徐力的家庭，没有欢笑，没有交流，没有自由的天空。许多孩子说："我的家庭有徐母。"有的同学甚至说："徐力怎么不早点儿把他妈妈杀死，这样我们就可以早点解放了！"

他们同情徐力，是因为他们同徐力一样，在家里有一种压抑甚至是窒息的感觉。的确，徐力从小是在非常压抑的环境中长大的，在家里他没有秘密，没有自由，没有应该属于他这个年龄的快乐——这种环境的制造者正是徐母。强烈的占有欲和过高的期望值，使徐母对儿子的爱扭曲了。她把儿子看成自己的私有财产，生下了他，就拥有了他的身体，他的一切行动都要听自己的指挥；养大了他，就应该占有他的思想，将自己的意志强加给他，甚至认为"反正你是我生的，打死了也没有关系"。在这种错误心理的驱使下，徐母把对儿子的关爱，扭曲成监视和压迫，使儿子在生活中失去了自由，在同学中失去了面子，人格尊严受到了严重的伤害。

孩子的心灵世界是靠人格尊严支撑的，而在高压之下，孩子永远没有被尊重的感觉，他的这种被尊重的需求也就永远得不到满足。如果一个人没有被尊重的感觉，他就不会去尊重别人，不会去尊重社会的规范。从小到大，徐母对儿子的看管、监视、打骂，早已把儿子的尊严消磨得荡然无存，逼得他一天天地走向毁灭！"哀莫大于心死"。事实上，徐力的心，已经在打死母亲之前被母亲打死了。失去了尊严，正是在压抑中长大的孩子更容易做出暴力行为的原因，也正是这场心灵的沙暴兴起的根本原因。

“家有徐母”，成为一种发人深省的说法。原来，徐力的事件不是什么个案，相似的家庭蕴藏着相同的危机，许多家庭里正隐藏着悲剧的隐患！更令人担忧的是，我们从孩子那里听到了一种可怕的声音：“哪里有压迫，哪里就有反抗！”“不在沉默中爆发，就在沉默中灭亡！”

在如今的家庭中，有徐母这种心态的人不止一个，有徐力这种心态的孩子也不止一个。在物质生活条件越来越丰富的今天，孩子成长却出现了“三大三小”的现象，即：生活的空间越来越大，生长的空间越来越小；房屋的空间越来越大，心灵的空间越来越小；外界的压力越来越大，内在的动力越来越小。

治理孩子心灵的荒漠，要从解放孩子的空间开始。著名教育家陶行知先生早就呼吁过，要给予孩子健康的生活，“解放儿童的创造力，解放儿童的头脑，解放儿童的空间，解放儿童的双手，解放儿童的时间，解放儿童的嘴”。如果我们做父母的，把给予孩子自由的时间看作是对孩子的施舍，那便是对孩子心灵的摧残。因为从小在压抑和施舍中长大的孩子失去的不仅是自由，还有人的尊严。

解放孩子的前提是尊重孩子。在家庭中建立起亲情的乐园，创造和谐、宽松的环境，要从尊重孩子开始，要从尊重孩子的秘密开始。

“活着没有意思”——失去理想的孩子心灵一片黑暗

理想，是孩子心灵世界的阳光，失去了阳光，心灵世界就会是一片黑暗。“活着没有意思”，是徐力从失望走向绝望的思想根源。

在交谈中，我问徐力：“上学时，你想过将来做什么吗？”

“我也不知道什么适合我干。如果我真没考上大学，我也就没有了生活、没有了出路。父母说，我若考不上大学，就不管我了，不要我了，我觉得这些都是真话，我不知道我能不能过上幸福的生活。”

“你指的幸福生活是什么样子呢？”

“我想幸福生活应该是稳定的工作，收入比较高。我觉得，我的父母生活得不幸福，他们整天为赚钱而奔波。他们之间沟通比较少，没有共同语言。母亲看不起父亲。因为母亲是大学生，父亲只是初中毕业生。母亲觉得父亲没用，嫁给父亲太委屈自己了。所以，母亲经常对我讲，不要像父亲那样没出息，一定要考上大学……我觉得母亲活得太累了……”

徐力在 17 年的生命中，从来没有体验过生活的美好，他甚至天真地认为，“母亲活在世上太可怜了，整天为我的学习操心，如果母亲死了，可怜的母亲也就可以解脱了”。

孩子们说的“不在沉默中爆发，就在沉默中灭亡”正是事实。徐力在母亲过多、过强的期望下，长期被压抑的怒气终于爆发，他的理智不复存在，于是打死了他的母亲……

但是，另一批孩子却在沉默中走向了“灭亡”。

作为“知心姐姐”，我曾接过好几位想要自杀的少年打来的电话。他们的共同感受是“活着没有意思”。

一个自杀未遂的女孩对我说：“早死晚死，早晚都得死。早死了，一切都能解脱，您说是不是？”

我说：“道理是这样的，人总是要死的。但是并不是为了死而活着呀。董存瑞炸碉堡时喊的是‘为了新中国，冲啊’，而不是喊什么‘为了死，死呀’。‘人固有一死，或重于泰山，或轻于鸿毛’。意思是那些为了人民做了好事的人，死了还被人民纪念；那些尽做坏事或者没做什么好事的人，活着没有价值。你才 13 岁，正是大好的年华，又那么聪明、善良，以后会有机会做许多事情，你现在死了，该有多可惜呀！”

女孩说：“您说得也对。可我活着，我妈和我爸太累了。我妈工作那么忙，还整天为我操心，天天还要管我，我死了她也就省心了。长痛不如短痛，我死了，他们顶多难过几天，可一辈子就轻松了！”

“傻孩子，”我被她的话感动，又觉得她太幼稚，“你想得太简单了！你想想你爸爸妈妈就你这么一个孩子，你死了，他们会痛苦一辈子的呀！”

这位被从死神手中夺回生命的女孩，是那样善良，又是那样幼稚。她不明白的是，一个人活着，到底有什么意义，生命的价值究竟在哪里。

这又让我想起另一个 14 岁的少年，他身材高大、相貌英俊，是学校的三好生、班里的班长。他在生活中也遇到了与所有同龄人相同的困扰。

有一天，他看了一个电视节目，记者采访一个偏远山区的放牛娃。

“孩子，你在这儿放牛做什么？”

“让牛长大！”

“那牛长大以后呢？”

“娶媳妇，生娃。”

“生了娃呢？”

“让他也来放牛呗！”

没想到，电视节目里的几句简单的回答，却触发了这个少年的死亡。死前，他在日记中写道：“看了电视，我想到了自己——我为什么读书？考大学。考上大学又为了什么？找一份好工作。有了好工作又怎样？找一个好老婆。然后呢？生孩子，让他也读书、考大学、找工作、娶媳妇……生命轮回，周而复始。”

“这样的生活没有意义，这样的生命没有价值。”——这个 14 岁的少年做出这样的结论。夜里，在与父母一墙之隔的自己房间里，他饮毒自杀。

就在新世纪的第一个春节里，我听到一个令人震惊的消息：2001 年 1 月，在中国最高学府，两名大学生相继跳楼自杀。其中，一名大三学生因为自己学习成绩从原来的第六位退到第十四位；另一名即将毕业的学生是因为几门功课不及格补考时请人代考被发现……

有一名学生得了精神分裂症，老师劝他回老家休息，不要再读了，这个学生说：“我妈能同意吗，我妈还等着我考研究生呢！”一个小学生考试没考好，老师让他把卷子拿回去让家长签字，第二天，老师问他，你父母有什么想法。这个男孩说："昨天晚上，我遭到一顿'男女混合双打'，反正该出手的都出手了！"

一个个花季少年的自杀，一朵朵花蕾的过早凋谢，冷酷的现实给只关注孩子成绩的父母敲响了警钟：决定孩子一生命运的，不是分数，是理想。今天，面对学历至上的社会，家长们也很无奈。谁不希望自己的孩子上个好大学，找个好工作，有个好前途呢？可是靠考试得到的高分数就能得到美好的生活吗？

父母过分高的期待、过大的压力，使许多家庭"穷"得只剩下"分"了——感情贫乏，亲子之间的话题只有考试，考试，考试！成绩，成绩，成绩！家里失去了欢乐，也失去了应有的亲情。全家人围着分数转，孩子考试分数高，全家便喜洋洋的；孩子考试分数低，全家人的心情就会变得十分低落，家庭关系也变得十分紧张。就像一个孩子形容的那样——家里处于"一级战备"状态，"战争"一触即发。

设身处地地为孩子想一想，这样的环境中，哪会产生美好的理想？

理想的种子，要生根、发芽、长大、开花、结果，必须有阳光雨露的滋润。在这种没有"阳光"、没有"雨露"的生活环境里，理想的种子想要发芽、生长、开花，难！太难了！

其实，家庭正是培育孩子美好情感和理想最好的温室。在童年和少年时代，孩子在家庭里生活的时间最长，和父母在一起的时光，应该是他们一生中最美好、最难忘的记忆，是他们播撒理想种子的最佳时期。父母对人生的态度，直接影响到孩子。如果父母整天活得很累、很悲观，每天向孩子发出的都是负面信息，那么孩子自然会产生"活着没有意思"的想法。一个家庭快乐不快乐，不看这个家庭有没有钱，孩子是不是能够考上大学，而是要看家庭成员有没有积极向上的生活态度。

有什么样的家庭，便有什么样的孩子。"问题"父母会培养出"问题"少年或者心理不健康的孩子，快乐父母会塑造出快乐少年或者心理正常发展的孩子。

因此，根治孩子情感世界的荒漠的办法是改变成人对人生的态度，丢掉补偿心，找回平常心，“顺其自然，无为而治”。

要知道，孩子自有他们自己的世界，也有属于他们自己的未来。让孩子快乐地做自己，他们自然会体会到“活着真好”。

“我不行”——缺乏自信的孩子难以成功

今天，许多孩子心灵世界之所以荒芜成沙漠，就是因为他们从未或者很少有过“我能行”的体验。

我问徐力：“在你记忆中，你有哪些值得自豪的事情？”

徐力说：“我曾经是班上的班委，但母亲说会影响学习，让我辞去了班委的职务。我自己其实很乐意去做，因为能有发言权，能做一个管理人员。初二的时候，我入了团。我曾经是学雷锋小组的成员，经常去一位孤独的老奶奶家打扫卫生、烧菜做饭。从初二开始，每星期去一次。老奶奶无儿无女，走路都很困难，我们都很可怜她，老奶奶也需要我们的帮助。我想，以后总有一天要独立生活，烧菜做饭不能不会，学着帮助老奶奶，就是提高我的能力。但母亲知道这事后，说这样会影响学习，不准我再去。可是我很愿意去，在那里我觉得我很行。”

“你觉得，你妈妈有没有很需要你的时候？”我问他。

徐力说：“在家里，母亲不要我帮她做任何事，只让我学习。不过也有需要我的时候。妈妈身体一直不太好，每当父亲不在家的时候，她就让我帮着搬煤气罐。这时，我觉得自己长大了，还有点用，像个男子汉……不过，这样的机会不多。”

在徐力 17 年的记忆中，只有两件事让他感到自豪：一是帮无儿无女的老奶奶做饭，一是帮生病的妈妈搬煤气罐。做这些事让他有同样的感受：我还有点用！我能行！这是一个男子汉成人的开始。遗憾的是，徐母没有认识到这种感觉的可贵，反而认为这样的事与考大学无关，阻止儿子继续去做。而她做梦也没有想到，自从阻止孩子去帮助别人那天起，她就在孩子心中埋下了无情的种子，关闭了孩子走向幸福的大门。因为，爱是一个口袋，你往里面装时是满足感，往外拿时，才会有成就感。人在帮助弱者时，最能体验个人的价值。

21 世纪是以人为本的时代，中央关于素质教育的文件中明确提出“要将个人价值的体现和服务祖国人民统一起来”。追求体现个人价值，是人类进步的表现。当我们每个人在回忆自己童年生活时，记忆深刻的往往不是哪次考试得了 100 分，而是自己亲身经历的事情，自己亲自设计、参与过的活动，自己“秘密”地做过的那些事情，无论是好事还是淘气的事，只要是自己想干的、爱干的、干成的，都会终身不忘，这就是体验。

江泽民同志说得好：“人才的成长最终要在社会的伟大实践和自身的不断努力中来实现。”

实践的体验，对一个人的成长至关重要。对于一个未成年的孩子来说，成功的体验，要比失败的体验更重要。因为，你不跑起来，怎么知道走是多么慢？作为成人来说，如果你真爱孩子，就要帮助孩子去实现他人生第一次“我能行”的体验，而不是让他在“我不行”的心态中长大。

今天，我们在帮助孩子去体验“我能行”时，有三个问题特别要引起重视。

第一个问题，是重做“官”，还是重做事？

2000 年 2 月，河南省安阳市一个学生的家长因为自己的儿子没有当上班干部，没有被评上“三好学生”，就带人对班主任大打出手。这反映出今日父母的另一个误区，那就是把当干部看成是成功的标志。这是大错特错的！孙中山先生说过：“人不能立志做大官，人要立志做大事。”要教育孩子从小学会做人，学会做事。

同年 4 月，我去了湖北省宜昌市得胜街小学，发现他们做得很出色。在素质教育中，他们提出一个“让我们自己来”的口号，在班级实行“事事有人做，人人有事做”的办法，把班级所有的事情分给每个学生。比如：有的同学是“玻璃保管员”，有的同学是“黑板管理员”……有个孩子自豪地对我说：“我被选为‘吸尘器’，其实就是‘小小垃圾管理员’！”

小岗位，让孩子有了大责任，唤醒了孩子们沉睡的主体意识，这对成长中的孩子来说，比高分数更重要。

第二个问题，是重结果，还是重过程？

徐母阻止孩子看书看报、参加课外活动，有一个不变的理由——“考大学也不考这个”。这正是中美教育的差异。今天，美国的家长关注的是，“今天你学到的东西，明天你用到什么地方”，而中国的家长关注的是，“今天你学到的东西，明天考大学考不考，你能考多少分”。于是，孩子变成考试的机器，变为装知识的容器。家长的要求十分简单：“只要你能考高分，考上大学，我一切都可以给你！”甚至为此可以牺牲包括自己的工作和幸福在内的一切。正是父母的短视，剥夺了孩子去体验过程的权利；也正是由于孩子从小很少有机会去体验过程，于是他们的心灵世界荒芜成了沙漠。

第三个问题，是替孩子干，还是让孩子自己干？

有个初中女孩和当记者的妈妈一起去参加夏令营，下火车时，她把重重的行李交给妈妈扛，妈妈欣然接受；到营地，记者出去采访，女孩到处找妈妈，说药放在妈妈那里了。妈妈回来受到女儿的责怪，还一个劲儿自我检讨，承认是自己的过错。我看不太懂，问这个女孩：“行李为什么不自己拿着？”女孩坦然地说：“这些事从来都是妈妈干的。”

许多父母就是这样心甘情愿地为孩子干这干那，而孩子却不领情，天天喊着“我很烦”，认为这一切都是父母的过错。今天的父母累就累在不知道自己该干什么。

有个中学男生要去山里参加为期两天的野营。临行前，妈妈问儿子是否需要帮助。儿子骄傲地说：“我会照顾自己。”晚上，妈妈悄悄检查了他的行李，发现没有带足够的衣服，因为山里要比平原冷得多。也没带手电筒，这是野营时必须带的东西。但妈妈并没有多说什么。

第二天，儿子要出发了，妈妈问儿子："东西都带齐了吗？"

"全带齐了，您就放心吧！"儿子自信地说着，出了家门。

妈妈目送儿子上路，什么都没说。

几天后，儿子回来了。

妈妈问："怎么样？玩得开心吧？"

儿子说："玩得很开心，就是我的衣服带得太少了，而且我没带手电筒，每天晚上要向别人借才能出去，这两件事让我很狼狈。"

"为什么衣服少带了呢？"

"我以为那儿的天气和这儿的一样呢，没想到山里会比这儿冷。下次再去，我就知道该怎么做了。"

"那手电筒又是怎么回事？"妈妈又问。

"我想到了，老师也告诉我们要带手电筒，可是我忙来忙去，就给忘了。我想，下次野营时，应该先列一个单子，就像爸爸出差前准备东西一样，这样就不会忘记了。"

错误也是很好的学习机会。这位妈妈懂得让孩子在失败中学习的道理，她没有包办代替，也没有横加指责，而是让孩子去承受由于自己的粗心和考虑不周而带来的麻烦。于是孩子获得了人生中最珍贵的礼物——体验。这种体验是用金钱买不来的，也是大人代替不了的。大人可以代替孩子干这干那，但代替不了孩子成长。

"我想到法院起诉（妈妈）"——缺少交流的家庭问题多

与成人沟通，是今天的孩子，尤其是独生子女特殊的精神需求。他们从小生长在"成人世界"里，是家庭的"个体户"，他们渴望被尊重、被信任、被理解，更渴望与父母沟通，与父母建立伙伴关系。但父母并不理解孩子的心，他们很奇怪："你想要的我都给你了，你还想要什么？"久而久之，孩子渴望沟通的大门关闭了，有的甚至永远也打不开。

徐力从小生长在一个缺少沟通的家庭里。他的父亲在铁路部门工作，每周只回来一次。徐力主要和妈妈一起生活。

在交谈中，我问他：“在家里，你跟妈妈交流过吗？”

徐力说：“平时，我们不说话，吃饭也不交流。有时，我见她不开心，想问她是什么事情，她总是说：‘不要吵，我心里很烦！’我知道妈妈不开心是因为单位的事。母亲的单位效益长期不好，好几个月都没发工资了……”

我感到，徐力还是个很懂事的孩子，便说：“家庭也是一个世界。在这个世界里，你想对天下的父母说些什么？”

“希望父母给孩子一个成长的空间，能理解孩子，多和孩子沟通——不要强迫孩子做某些事情。应该放手让他们做他们喜欢的事情。小孩的心里有一些秘密，大人不要去揭穿，让孩子心里藏着一些秘密，让他们心灵空间大一点，多理解孩子内心的想法。家里人应该多坐在一起谈谈心。”

我想知道，发生了这样的事情，徐力将永远不能回到母校，他对此又是怎样想的呢？于是，我便提出来最后一个问题：“你想对你的同学说点儿什么？”

徐力沉默了一会儿，慢慢地说：“心烦的时候，多和父母沟通，多向他们述说自己的苦恼，不要藏在心里，因为我们毕竟还小，有些问题不能独自解决，父母见识广，能够为我们分担一些苦恼，说出来比憋在心里好受！”

徐力讲得十分连贯和动情。看来这些话已经在他心里憋了很久了。

徐力在给自己的同班同学的信里写道：“我真诚地希望同学们以我为戒，绝对不能再干这种灭绝人性的事。人在失去的时候，才更懂得珍惜，这次我是深刻体会到了。我希望你们珍惜现在的学习机会，不要在失去的时候再去珍惜。在看守所里，我时常梦到你们，梦见我们共同学习的教室，梦见我们一起讨论问题，梦见我们一起在操场上狂奔，梦见我们……但一觉醒来，才发觉这只是梦。我多么希望这不是梦，但事实摆在我的面前，我不能不面对。在这里，我只能祝愿你们能够实现自己的愿望，能够努力奋斗，为自己的明天创造更多的机会。但我也希望你们不要有过多的压力，尽量把压力化为动力，给自己一些空间。同学们，我想你们。假如有一天能够出去，我希望能够看到你们个个成才，个个成为国家的栋梁，我将会为你们感到由衷的高兴。”

从这封信中可以看出，这个 17 岁的中学生会与同龄伙伴沟通，但他更渴望与父母沟通！他曾试图走进母亲的心灵世界，但没有成功。徐母的内心，早已是一个“太糟了”的世界，别的人无法走进去了。

其实，徐母何尝不想与儿子沟通？徐母翻看儿子的日记，接听儿子的电话，到学校去监视儿子，窥视儿子的行踪……这一切的一切，是想了解儿子的内心世界，怕儿子学坏，怕儿子不好好学习，并非想加害儿子呀！然而，她的做法却适得其反，不仅害了儿子，也害了自己！

走近孩子的心灵，不是靠怀疑、监视，而是沟通。良好的沟通能使我们在家庭中建立良好的人际关系，反之，不良的沟通则会破坏人与人的关系。

云南有个 17 岁的男生，看了我写的《写给年轻妈妈》那本书，通过中国妇女出版社写给我一封信，信中说：

“敬爱的知心姐姐，在痛苦中认识了远方的你，是你帮我认识了自己的妈妈。有一个问题在我心里很久了，每当我收到远方朋友的来信时，心里总是有一点害怕。有一回我没在家，等我回来的时候，看见我的信被撕开了，放在桌上，拿起信一看，是我的好朋友写来的。我忍住怒气走出卧室，来到客厅。妈妈说：‘这一切都是为了你，你是我的儿子，看你的信是应该的。’我说：‘你这种做法不对，是违反法律的。’妈妈越说越有理，我转身跑进卧室。知心姐姐，我很想去法院起诉，但是我现在身无分文，告了父母我就没有生活来源了，请知心姐姐告诉我应该怎么做才好。”

这个男孩在信的最后说：“我等待你的回信，我想你一定很忙，你可以给我打电话。”

他留下了家里的电话号码。一个星期六的上午，我在家里拨通了他的电话，得知他爸爸是医生，妈妈是教师。他告诉我他已经上高中，身高一米七，他喜欢文学，将来想当记者。

“你知道当记者要什么本领吗？”我问他。

“知道。”他说了三条，“第一，文化素质要高；第二，要有责任心；第三，要对职业认真。”

“你说得好！”我鼓励他，“但要加一条，记者要学会与人沟通，与人交流，能了解别人的心，也能把自己的心里话告诉别人，比如，父母、老师、同学，他们每个人说话都不一样，你要留心把不同的人说的不同的话记下来，这样时间长了，你就能够听到别人听不到的话，看到别人看不见的事，这就是记者与别人的不同之处。如果你想当记者，从现在开始，就准备一个小本子，记下你发现的不同，主动走进别人的心。”

“谢谢你，我会这样去做的。”

我答应送他一本我刚出版的《做人与做事》一书，他立刻把学校的详细地址告诉了我。

其实，沟通并不是一件多么难的事，只要双方都能够发光发热，冰雪一定会融化。

后来，在金华市人民大会堂，我进行了“知心姐姐”讲座。讲座刚刚结束，我还没下台，就被家长和孩子团团围住。一位50多岁的男士拨开人群，流着眼泪对我说：“给我一点时间，我要带儿子来见您。”原来，就在前一天晚上，他为儿子半夜归家而第一次动手打了儿子，扫帚都打断了，但儿子宁可忍受疼痛，也始终不肯说出自己去了什么地方。

望着这位年龄与我相仿、面容憔悴、泪流满面的汉子，我没有任何理由不满足他的要求，尽管我的时间安排得很紧。我们约好下午5：30到6：00与他儿子见面。

5：30，他一家人都来了，每个人都是眼泪汪汪的。夫妇二人把儿子领到我的房间，就出去了。

这是一个胖胖的男孩，正上初二。男孩一脸稚气，用手托着脸坐在我对面的沙发上，那神情很像我的儿子。

“昨晚到哪里去了，让你爸爸那么着急？”我直截了当地轻声问。

“去网吧了。”男孩向我道出实情，“昨天是周六，我和一个男同学约好 5：30 在路口见面，一起去玩，可他失约了，没有来，我一个人待着没劲，就去网吧了。”

“网吧的环境不太适合中小学生，那里有些东西对你们影响不好……”我担心地说。

“我对别的不感兴趣。我主要是玩游戏攻关，攻下关来好跟同学去吹牛。”男孩的坦白让我对他很理解。是呀，哪个男孩不想在同学面前表现出自己很行呢！

“可是，我玩着玩着忘了时间，一共玩了 5 个小时，一看表已经是深夜 1：00。”男孩开始讲述头天晚上的事情，我在静静地听。“我很害怕，硬着头皮往家走，走到家门口，我不敢进去，跑到河边站了很久，最后还是回去了。”

“回家以后怎么样呢？”

“我爸在外面找我找了好几个小时，也刚刚回到家。他又急又气，问我去干什么了，我说去同学家了。我爸就拿来把扫帚狠狠地打了我……”

“那是你爸爸第一次打你吗？”

“是的。”

“听你爸说，扫帚都被打断了。一定很痛吧？打什么地方了？”我关切地问他，好像挨打的是我自己的儿子。

“打了大腿和屁股中间。疼倒是没有什么，只是我第一次看到我爸这么着急，我很难过……”男孩说着，用手捂着脸，呜呜地哭了起来。我连忙递给他一条毛巾，可不知怎么回事，我的泪水也跟着流了出来——自己挨了打没在乎，在乎的是让爸爸着急了，多么善良的孩子！

“你能体会爸爸的心就好。你爸爸都 50 岁了，你才上初中，你爸爸是老来得子，能不爱你吗！你跟他说实话了吗？”

“没有。”听我讲了这番话，孩子哭得更伤心了。

“待会儿马上把实情告诉爸爸妈妈，请求他们的原谅。你要爱他们，就不要让他们再为你操心呀！你家里有钱买电脑吗？”为了让他不再哭，我换了一个话题。

“二手电脑3000元一台，我家才攒了1000多元。”男孩回答。

“慢慢攒。攒够了钱买一台，自己在家里玩会安全得多。”

“我会节省钱的，我以后不会让父母操心了。知心姐姐您相信我吗？”男孩用渴望的眼光望着我。

“你是个善良诚实的孩子，知心姐姐当然相信你。我想，你爸爸妈妈也会相信你的。一会儿就把实情告诉他们，好吗？”我拍拍他的肩，给他鼓励。

“好。”男孩点点头。这时，时针已经指向6：00。男孩的爸爸妈妈走了进来。

“你有一个好儿子。”我对男孩父亲说。

这位父亲深深地给我鞠了一躬，泪水不停地往下流。

“如果今天没有见到您，真不知道这件事怎么收场，不知道应该怎样再跟儿子相处。”

“没什么。以后家庭中不管出现什么问题，父母、孩子都坐下来谈一谈，做父母的要用心听孩子说，而孩子呢，也要实话实说。”

当父亲听了我买电脑的建议，便说马上去买。我制止了他：“事到如今，只能等攒够了钱再买，教育也要有个过程。”

一家三口终于高高兴兴地离开了。

事后我想，假如我没有与他们一家人相遇，事情会发展成什么样子呢？

所以说，学会沟通，对父母跟孩子来说，实在是太重要了！

父母和孩子之间要及时沟通，有什么话，坐在一起谈谈。父母用心地倾听孩子的故事，用期待的目光鼓励他诉说；而孩子也要打开心灵的大门，听听大人们的心事、大人们的故事，在信任中达到理解。沟通是什么？沟通就是去分享，建立共识——通过亲子间的相互交流，是可以达到心灵沟通的目的的！

“你太没有出息了”——被否定的孩子没有了上进心

在与妈妈共同生活的17年中，徐力听妈妈讲得最多的话是：“你真笨！”“你太没出息了！”“你怎么不如人家？人家考试能考前三名，你为什么不能？”……可以说，徐力是在妈妈的责骂声中长大的，他的内心感受是什么呢？他气愤被责骂，因而产生了反抗的心理。这种反抗的心理越来越严重，最后终于爆发出来了。

出事那天，因为看电视这点小事，徐母又开始了无休止的唠叨：“我不会给你第二次考大学的机会，你考不上重点大学，我就打断你的腿！反正你是我生的，打死也没有关系！”

当时，徐力感到委屈至极，他想的是：“我已经尽力了，你为什么老对我这样！”冲动之中，他举起铁榔头，朝母亲的头上打了下去……

悲剧就这样发生了。责骂，在父母看上去是平常的小事，但是对于孩子来说，父母每日不休的责骂，便是自己“世界的末日”。因为，孩子的成长需要肯定，肯定是孩子生命中的阳光。

齐齐哈尔有位母亲，说她从电视上看到介绍我的书，很想买一本送给孩子，但是没有买到，她费了好大劲儿找到了我的电话。

“有什么急事吗？”我关切地问。

“我的女儿上初一，考试时总是马马虎虎，老是丢分，我瞅她就上火，每次都要狠狠地说她，可是她就是不改，怎么办？”

我问这位母亲：“孩子认真的时候，你表扬过她吗？”

“可是她很少有不出错的时候啊！”

“是啊，你的孩子只听到过因为马虎过失所导致的责骂，而没有品尝过因细致成功而带来的肯定与夸奖，那她当然不会有进步的愿望了！细致，应该是女孩天生的优点。我希望你能找回孩子失去的优点。办法只有一个：肯定她！”

“你讲得对，可是我的孩子就是没有上进心啊！”

“丧失上进心的孩子，是因为在有上进心的时候没有得到及时的肯定和夸奖。我建议你改变一下自己的眼光，关注孩子的优点、进步，让孩子寻找到被肯定的感觉。”

“谢谢你的建议，我一定试试。”这位母亲十分虚心。

几天以后，她又打来了电话，高兴地告诉我：“知心姐姐，真的很感谢你。你的办法真灵，我尽量肯定她的长处，她的学习果然有了很大的进步，也真的有了上进心！”

许多父母总是认为，严格要求就要靠责骂，只有这样，孩子才能进步，其实不然。两位心理学家曾经做过一次心理测验：把孩子分成A、B两个组，分别让他们做同样的考题。过了三天，再度去那所学校，告诉A组同学：“上次考试成绩非常好，今天再考一次，你们千万不能输给上次，好好写吧！”又对B组的同学说：“你们上次成绩很差！怎么行呢？这次必须反败为胜才行！”

结果，原本成绩相当的两组，得到肯定和夸奖的一组，第二次测试成绩很好；责骂后再考的那一组，成绩很不理想。

美国一位教授曾使用一种能量测定器，来证实夸奖与肯定比责骂与否定更有效果。他一直以测定器研究孩子课业与疲劳的关系，结果发现，夸奖与肯定对消除疲劳非常有效。

在测定中，他们对用功写作业而疲劳的孩子说：“哇！你做得很好！你真能干！”

结果发现，因疲劳而下降的测定能量曲线一下子升了上去。相反，当孩子受到责骂和嘲笑时，那曲线就会明显下降。测定器的指针表明：一方面，透过夸奖和肯定可以消除疲劳，使用功的效率上升；另一方面，责骂与否定只能得到相反的效果。

有的父母虽然明白了“责骂孩子不好，肯定和夸奖才会使孩子变得更好”的道理，可是自己却做不到。眼看孩子不用功学习，甚至捣乱，不骂他反而夸他，这的确很难做到。此刻最重要的是，必须充分地理解孩子，相信孩子。

浙江万里教育集团董事长徐亚芬，是一位事业上十分成功的女性，同时也是一位出色的母亲。一次我去宁波参观她办的学校，在共进晚餐时，她告诉我，她对"知心姐姐"可以说是"情有独钟"；而我对徐亚芬也可以说是"十分佩服"。在闲谈中，她对我谈起了自己教育孩子的事情，令我大受启发。

徐亚芬的儿子在寄宿制小学上学，语文成绩很好，但不爱学数学，所以成绩比较差。一次，儿子从学校回来，对妈妈说："学校给我们测智商了。老师说我右脑比左脑发达，形象思维能力强，数字概念差，所以我的语文成绩比数学的好。看来，我的数学成绩是上不去了。"

徐亚芬惊讶地问："是这样吗？有空我去问问老师。"

她真的去了学校，找了班主任，并暗地里与班主任达成了一致。几天后，徐亚芬十分认真地对儿子说："儿子，告诉你一件大事，我去学校问过老师了，老师说他搞错了，你是左脑比右脑发达，学数学会比学语文强多了！"

"是真的？老师真是这么说？"儿子睁大了眼睛，好像哥伦布发现了新大陆那样兴奋。

"是呀，老师说，他看错结果了，他说的是另一个同学而不是你，你的左脑比右脑发达。"

儿子信以为真，真的认为"我的数学一定能够学好，我很行"。这个结果完全改变了他对自己的看法，从此，他在学数学的时候，恢复了自信，提起了精神，数学成绩很快超过了语文成绩。

所以，对父母来说，重要的是信任孩子所拥有的潜在力量，只要能充分发挥这一力量，任何孩子都能成为了不起的孩子。

夸孩子也要会夸。不能简单地戴高帽，那样会引起孩子的反感。

孩子小时候，你可以直截了当地说："你真了不起！"但是如果他长成青少年了，你再这么说，他们八成会认为你要叫他们做事而不理你。所以，最好的办法是把他们做的事情带着夸奖的口气说给别人听，但又要让他们听见，让他们感到“骄傲”。

有一位企业家曾对我说过，他的妈妈在这方面很在行，她会让他偷听到她所说的话，她知道许多话直接跟孩子说，孩子是不会听的。“记得有一次，妈妈跟她的一个朋友谈话（我后来猜他们是事先约好的），妈妈说‘我拥有这条胡同最棒的孩子’。当时，我真的就想，我一定要当这条胡同最棒的孩子！后来，我成了一个出色的企业家。你看，我妈妈的那些话多管用！”

每一个成长的孩子都渴望被父母肯定，被老师肯定，被社会肯定。只要能针对孩子的优点去夸他、肯定他，他必然会变得更好。

我经常听到父母因为孩子的差劲大伤脑筋而发出的叹息声。这是因为父母认为让人伤脑筋的孩子很差劲，这是因为你想着他很差劲，所以他才真的差劲。如果你能换一种想法，确信“孩子哪有差劲的道理”，并用这样的心情去指导孩子，我想他一定会变得更好。因为孩子不可能由父母或老师来改造他，必须让他自己来改善自己。不管你心里对孩子有多少企盼，想如何去改造他，并且用各种方法改造他，仍是徒劳无功的。因为你想改造他这个想法错了，即使你多方面为他设想，他也好不了。如果你不去为他多方面设想，他反而自动好了。因为必须相信这一点，放手让孩子自己去改善自己，他不想变化也是不容易的。面对我们身边那些脑子慢或爱捣蛋的孩子，绝对不可以打骂，他们需要的更多的是肯定。对于那些犯了错误甚至犯了罪的孩子来说，充满希望的鼓励会使他们扬起生活的风帆。

“我真的不想让这种悲剧重演”——知错的少年呼唤家庭沟通

人是环境的产物。环境可以塑造人，也可以改变人。良好的环境可以帮助人成功，恶劣的环境可以使人窒息。

环境是人创造的。家庭环境是父母和孩子共同创造的。宽松、和谐的家庭环境，培养的是身心健康、性格开朗的孩子；紧张、压抑的家庭环境，培养的是有心理障碍、内向寡言的孩子。

作为父母，我们谁不爱自己的孩子？有的真可以说是“爱你没商量”，把孩子爱得“死去活来”，自己还觉得爱得不够。但是，这种“超重的爱”把孩子压得喘不过气来，他们一天天远离了我们，有的甚至永远离开了我们。可怜的孩子们同时生活在“天堂”和“地狱”里，他们一方面获得了更多的爱，另一方面又感到压力过大，过早、过多品尝到了人生的不幸、生活的重负和竞争的惨烈。面对一幕幕悲剧的发生，难道我们不应该认真想一想，我们给予孩子的爱适不适当？我们今天的教育方式是不是科学？我们有没有勇气为了改变孩子生长的环境而首先改变我们自己？我们有没有决心让每一个孩子都喊出“我能行”？

有一点我们可以确定，要让今天的孩子成为社会主义建设伟业的人才，必须调整我们教育孩子的方法，改善孩子成长的环境。

2000年3月，全国少工委、中国少年儿童新闻出版总社共同创办了“知心家庭学校”。我们倡导这样一种理念:在“知心家庭学校”里，爸爸妈妈和孩子，既是同学，又是朋友，大家相互信任、相互沟通、相互学习，建立起一种新型的家庭关系。全国第一个挂牌的城市就是金华市，我荣幸地担任了“金华市知心家庭学校”名誉校长。

时隔8个月，“知心家庭学校”如雨后春笋，在金华市各中小学校建立起来。11月11日，全国“知心家庭学校”现场推进会议在金华召开。我欣喜地看到，金华市刮起了“知心风暴”。

徐力曾读书的金华四中率先建立起“知心家庭学校”，开办了知心信箱、知心报、知心辅导室、心灵之桥演播室、知心热线等以知心为主题的心理健康教育系列。“知心家庭学校”不定期地以座谈会、专家报告会、家长现身说法等形式进行家庭教育方面的知识传授。针对家庭中母亲与子女接触较多的现状，“知心家庭学校”开办了“现代母亲素质讲座”。金华四中的知心信箱就挂在学校通知栏旁边。同学们学习上、生活上的烦恼，对同学、老师、学校的建议等都可以写在信上，投进知心信箱。知心信箱为每一位来信的同学保密。知心信箱的辅导老师，通过信函的形式尽快给来信的同学答复。普遍的问题，还在学校的知心报上予以解答。

目前学校收到的来信中有诉说自己感到孤单没有朋友的，有询问学习方法的，也有讨教如何与同学、老师、父母相处的，内容涉及学生生活的方方面面。“知心家庭学校”对每一封来信都有回复，而且有专人送到来信人手中。

“知心热线”曾接到一位爸爸的来电，问该如何教育他的儿子。经询问得知这是一个单亲家庭，父母离异后，已懂事的儿子整天郁郁寡欢，觉得在同学面前抬不起头来，经常把自己一个人关在房间里。接热线的老师问这位父亲：“可以和您的孩子谈谈吗？您先问问儿子愿不愿意。”父亲小心翼翼地询问儿子，儿子慢慢地走过来，拿起话筒，辅导老师就与他商量能否与他交个朋友，与他谈谈知心话。那孩子答应了，第二天来到了“知心辅导室”，在辅导员的耐心开导下，终于解开了多年的心结。

这样的学校在北京，在辽宁营口，在山东青岛，在全国许多地方都建立了起来。

在金华，当我提出再去看看徐力时，我听到一个好消息：徐力已由原来的十五年有期徒刑改判为十二年，现在已经转到杭州少年管教所。可是，我听人说徐力说，十五年和十二年对他来说都是一样的。

我心里很不安。看来徐力对自己的前途尚没有信心。我想，别的少年犯有父母去看望，而徐力呢，没有了妈妈，他更需要的是母爱。于是，我便决定推迟一天返京，去杭州看他。

我要让天下的父母都相信一个事实：环境可以改变人！好的环境可以把孩子变好！阳光可以融化一个少年心头的冰雪！

11 月 16 日，我来到杭州少年管教所。在探视室里，少管所负责人说，徐力刚来半个月，表现很好。所里组织少年犯学习时，他朗读文章，还会出板报。听了这些，我十分高兴。

一会儿，教官把徐力带来了。他剃光了头发，身穿少年犯的服装。

“你认识她吗？”教官问道。

“知心姐姐！”徐力亲切地叫着，脸上露出好看的笑容。

天天都会听见有人叫我“知心姐姐”，不知怎么，今天听到徐力这样叫我，我心里的滋味却不寻常。看得出，在徐力的内心世界里，“知心姐姐”占着多么重要的位置！

我们并排坐着。我仔细端详着他：比起八个月前，他白了，也长胖、长高了，令人欣慰的是，他苍白的脸上有了红晕。

“听说你减刑了，祝贺你。”我真诚地对他说。

“是的，同学们联名上书法院要求为我减刑，我爸也到处奔走为我说话，终于减了三年。我很感动也很难过，我犯的罪，判多少年也不算多啊！”徐力低下头动情地说。

我的心放下了，原来徐力所说的“十五年和十二年对我来说都是一样的”，并不是出于自卑，而是自责。

“这说明大家对你还抱着很大的希望啊！你要有决心重新开始！你在少管所每天都做些什么呢？”

“上午学习政治文化，下午劳动。我只要有空就学习，我叫我爸把我的书包和课本都带来了，我要好好学习，出去还要考大学。”徐力坚定地说。

“你很有志气。少管所也是一所学校，你只要珍惜大好时光，会学到好多知识。方志敏烈士生前在国民党的监狱里，条件那么恶劣还写下了《可爱的中国》那样不朽的篇章，因为他坚信共产主义的理想一定会实现。你现在的条件比他好不知多少倍，又有那么多人关心你，你可不能虚度年华，要相信，命运掌握在自己的手里，将来出去要为祖国效力，没有科学文化知识不行！再说，这也是你妈一生的希望……”

一提到妈妈，徐力的眼睛红了，眼眶里噙满了泪水。“我会努力的，知心姐姐您放心。我还让我爸带来了《红岩》《钢铁是怎样炼成的》，我还借给别的人看。我还要学习外语和电脑，21 世纪是高科技时代，没有本领不行！”

“有志者事竟成，你一定行！需要什么的话，你可以给我写信。”

俗话说：浪子回头金不换。我相信，十二年后的徐力会成为一个堂堂正正的男子汉。我让徐力抽空把他和他母亲的事情写成书，用来唤醒天下的“徐母”，也用来警示天下的“徐力”。

临走前，我们把事先买的毛衣、袜子、水果塞到他手里，徐力又惊又喜，连声说“谢谢”。

我和徐力并肩照了一张照片。回来洗出来看时，照片上，徐力的脸上露出了甜蜜的微笑。每每看到这张照片，我这个做母亲的心中，仿佛又多了一份对儿子的牵挂！

当新世纪的太阳升起的时候，我收到徐力从少管所寄来的信。可以说，这是进入 21 世纪以来最让我高兴的一件事。信是这样写的：

知心姐姐：

您好！

由于时间安排的原因，我直到现在才给您写信，我在这里先说声“对不起”，希望您能谅解我。

当我时隔半年在少管所再次见到您时，除了惊讶，更多的是激动。惊讶的是我没想到您“不远千里”来看我这个失足少年，激动的是我终于又见到了心目中的“知心姐姐”。

您在谈话中对我的开导和教育使我受益匪浅。当我得知您以我们四中为基点建立了一个“知心家庭学校”，建起了我们与父母沟通的桥梁，我的喜悦不言而喻。我们终于能够找到与父母沟通的途径，通过“知心家庭学校”的建立，我们逐渐拉近了与父母的距离，虽然我没有机会深切体验，但我更感到这种可贵。知心姐姐，我一定会尽我所能支持这项活动，把我的亲身体验和感受告诉大家，避免再发生我这种“悲剧”。

我觉得现在的孩子对父母普遍存在着距离感。主要是孩子与父母沟通的时间不多，心中的一些不悦和困惑无人倾诉。再加上现在的父母在对孩子的管束上普遍偏紧，特别是在学习上，只注重孩子的成绩和名次，不去了解孩子的内心世界。这种过高的要求会使孩子的压力越来越重，并且在一定程度上造成心理上的畸形，这对于孩子的成长将构成严重的影响。所以我希望全世界的父母能够多关心孩子，不仅在“物质”上，更重要的是心理上的抚慰。让孩子真正拥有一个倾诉的对象，在孩子与父母之间建起一座沟通的桥梁。

我也希望孩子们能多与父母沟通，也许最初的沟通会充满苦涩，但基于父母对你和你对父母的那份爱，沟通的最终结果一定是圆满的。由于你与父母之间久未交流真实思想，要一下子面对面交谈会很难，下面我建议几种办法供你们参考：

1. 给父母写一封信，把自己的想法写出来，用自己喜欢的方法让他们收阅。

2. 写几篇日记，诉说自己的苦恼，有意放在父母可以看到的地方。

3. 请老师、阿姨等你和父母都信任的人向父母说明你的状况。

上述办法的作用是引起父母对你的状况的关注，创造你与父母进一步沟通的条件，请相信，当你的父母明白了这一切后，一定会认识到考重点高中、重点大学远不如让儿女身心健康、拥有幸福快乐更重要，而你卸下了沉重的包袱后，不但心情会愉快，学习也会变得轻松。

我就是没找到与父母沟通的正确途径，所以才造成今天的悲剧。我真的不想让这种悲剧重演。我希望知心姐姐能把我的切身体验告诉所有的父母和孩子，这也是我现在唯一的心愿。

知心姐姐，新年将至，我希望你们一定幸福美满，也希望所有的人都拥有一个幸福的家庭。

我希望在新的一年里能再次看到您那慈祥和蔼的面容。现希望您能组建更多的“知心家庭”。就此搁笔。

祝

家人幸福！

徐力

2000 年 12 月 28 日

徐力的心愿，也是知心姐姐的心愿：

让所有的孩子都拥有一个幸福的家庭！

让所有的家庭都成为“知心家庭”！

春节前，徐力的爸爸给我打来电话，他泣不成声地感谢“知心姐姐”两次去看望他的儿子，答应一定常去看徐力，鼓励他重新做人。

我相信，“知心春风”一定会压倒“心灵尘暴”。当和谐的家庭氛围建立起来，当父母与孩子成为“知心朋友”之日，家庭将成为“知心的小屋”，而不是“沙尘暴”的发源地。

让我们期待着那一天早日到来，让“知心春风”刮得更猛烈吧！

第五章　给孩子一个什么样的世界

培养幸福孩子的九种环境

和谐是美——给孩子一个和谐的世界

和谐，是美最高的表现形式。

和谐的环境，能够塑造出孩子美好的心灵，充分挖掘出孩子的潜力。

我的母校——北京市史家胡同小学，一直坚持开展“和谐教育”。前校长卓力是个有心人，他一直致力于建设整体和谐的校园环境，他提出，校园虽小，但“小场地要做大文章”，“让校园处处会说话”。你看，校园里处处是亲切的“提醒”——

花草、果树对你说：“你要对我好，我就冲你笑。”

水龙头对你说：“关紧我，别让我流泪。”

厕所对你说：“我干净，你也高兴。”“来时匆匆，去时冲冲。”

游乐场对你说：“小心对待我，愁少欢乐多。”

楼道对你说：“从我身边过，请你爱护我。”“你爱清洁，说明你讲文明。”

校园里到处是充满和谐思想的提示语，像“礼貌使你变得高雅”“助人能使你得到快乐”“谦让能使你增添美德”。

想象得出，在这样的校园里学习的孩子是多么幸福、快乐！

和谐的环境，培养了和谐的人，在史家胡同小学，学生爱学，教师爱教。

其实，作为孩子来说，他们不仅希望自己有个和谐的校园环境，还希望自己有一个和谐的家庭环境。但是，今天，许多孩子的家庭环境不容乐观。

一次，我作为嘉宾，参加了中央电视台《交流》节目，担任“专家点评”

的角色。这次节目的话题是：从李玲玉的家庭教育看中外家庭教育的异同。

演播厅里，坐满了黑压压的观众。大家熟悉的青年歌唱家李玲玉坐在主宾席上。几年前，李玲玉嫁给一个加拿大人，生了一个儿子。舞台上光彩照人的歌星，舞台下竟是那样平和、自然。

主持人问她："这几年没见你在舞台上露面，你在做什么？"

"相夫教子。"李玲玉脱口而出。

"在教育孩子的问题上，你和你的'洋先生'杰瑞有过矛盾吗？"

"矛盾很大。在该不该打孩子的问题上矛盾尤其大。"

"你打过孩子吗？"主持人问李玲玉。

"打过。"李玲玉坦白地说，"儿子 3 岁就有小脾气，很倔。有一次，在我父母家，全家人吃饭时，儿子用上海话骂我'傻瓜'，我妈竟在一边笑着说：'孩子会骂人了！'我很生气，就顺手用筷子抽了孩子的脸，儿子脸上顿时出现了两道红印。我妈急了，冲我喊：'有你这么教育孩子的吗？'我不服气，心想，小时候，你不是也打过我吗！杰瑞也说我不对。我更生气了，大喊着：'我教育孩子时，你们谁也不许管！'我把孩子拖到浴室，狠狠地教训了他。用小时候我妈打我的方法：拧大腿内侧，那里最疼。孩子惊呆了，瞪大了眼睛看着……我心里好疼。"

事后，杰瑞找到李玲玉谈心，对她说："如果今天的事发生在加拿大，你的孩子完全可以拨打 911 求助，儿子就要被政府收养了，你就没有当母亲的权利了！"

"那你来管！"李玲玉没好气地说。

杰瑞真的"上场"了，他担负起带孩子的责任。

李玲玉外出一段时间回来，发现儿子变了。她说："儿子能主动用英语和别人交流，有了错误，会主动说'Sorry'，会用商量的口气和我说话，比如：'你能带我出去玩吗？'杰瑞不在家时，儿子很想他，我问他为什么爸爸不在就想，妈妈不在却无所谓？儿子平静地说：'爸爸和我一起玩。'

“我很诧异，仔细观察杰瑞，发现他跟儿子像朋友一样，装猪、扮狗，滚爬到一块儿。我也开始学着他的样子和孩子一起玩。有时我错了，儿子会认真地对我说：你说声‘对不起’才能救命！”

和谐，建立在平等的基石上。“和孩子一起玩”，这就是和谐。

儿童一降生便有着巨大的潜能。这种潜能的开发，不是靠说教、打骂，而是靠“和成人一起玩”。对儿童来说，“和爸爸妈妈一起玩”是父母对他最高的褒奖。

李玲玉的儿子就是在父亲杰瑞创造的和谐环境中，懂得了游戏的规则，学会了与人相处。而那种“以大欺小”的教育方法，往往使孩子对世界产生恐惧。

我曾去张家口市一所小学和同学们交流，一个男孩告诉我：“我爸最爱看的书就是《钢铁是怎样炼成的》，我每次考试考坏了，他就把我狠狠揍一顿，然后严肃地说：‘记住，钢铁就是这样炼成的！’”

在这种急功近利的恶劣环境中长大的孩子，往往厌恶学习，计较得失，很难与他人友好相处，甚至心怀仇恨。

儿童教育家蒙台梭利经过实验发现：“成年人有时会表现出毫无原因的恐惧，这种情况大多来自幼年时期的暴力事件。”她告诫父母：“我们一个行为都会对儿童产生影响，不仅会影响现在，而且会影响儿童的将来。”《科技日报》曾发表了一篇有关人脑的最新研究文章：一个人在童年受到肉体或是精神的伤害，成年后脑突触就会停止发展，不但会造成智力上的减退，也会造成心理素质低下，形成精神的恐慌。儿童需要的是一个和谐的世界。因为和谐是儿童心灵的营养，只有在和谐的土壤中，儿童的心灵才有可能得到健康成长。

人与自然的和谐，也是和谐教育中重要的组成部分。

在孩子的眼睛里，动物和植物都是人类的好朋友。

我在报上看到一则消息：北京动物园里一只可爱的大白熊死了。北京授水河小学的少先队员听说，大白熊是吃了游人扔的塑料食品袋，患肠梗阻死的，大家都很伤心。他们成群结队地来到动物园为大白熊送葬。孩子们向熊山挥撒着花瓣，大声呼喊着：“对不起，大白熊！”他们劝阻游人再也不要向动物投掷东西，更不要把塑料袋丢进熊山，因为那里是大白熊的家！

“对不起，大白熊！”我被孩子们发自内心的呼唤震撼了。孩子的心和动物的心是息息相通的。同情心正是爱心的基石，大人种种不文明的行为，伤害的不仅是动物，还伤害了那些爱护动物的孩子纯洁、善良的心灵。

紧接着，我又在电视里看到这样一个情景，一位电视台的主持人问几位幼儿园的小朋友：“你们希望小鱼待在水里，还是待在岸上？”

一位小朋友说：“我希望小鱼待在岸上，因为水早被污染了，又黑又臭，小鱼会生病死去的。”

另一位小朋友说：“我希望小鱼待在水里，因为小鱼一上岸就会被人吃掉，人最可怕。”

还有一位小朋友说：“我希望小鱼待在家里的鱼缸里，因为鱼缸里有喂给它的食物，还不会被人伤害，最安全了。”

…………

自然规律是不可抗拒的，“适者生存”的法则不仅适用于其他生物，同样也适用于人类自己，如果人类一意孤行，总有一天会被大自然惩罚。

人类自以为是这个星球的主宰，对动物乱捕滥杀，对植物乱砍滥伐，陶醉于征服大自然的一个个暂时的胜利，却忘记了恩格斯的告诫：“对每一次这样的胜利，大自然都报复了我们。”细菌向我们进攻，病毒找我们决斗，动物愈来愈少，草木日渐稀疏。

怎样把孩子的爱心留住，怎样让他们在保护动物爱护植物中认识到人与自然的关系，是每个成人都要面对的问题。

在孩子爱心的感染下，1996 年，我带头发起了以“手拉手，捡回一个希望，用小行动保护大地球”为口号的“中国少年儿童手拉手地球村”活动，这项活动马上得到了全国少工委、国家环保总局、中国文化扶贫委员会的大力支持，得到孩子们的热烈响应。7 年来，全国数百所中小学建立了

“手拉手地球村”，孩子们的回收款超过百万，已经为贫困地区的小伙伴建立5所手拉手环保小学，上千个“手拉手书屋”，并建立保护母亲河的“中国少年世纪林”。

“手拉手，捡回一个希望”的活动向世界表明，中国孩子创造了一个用自己劳动的双手帮助小伙伴、奉献爱心的奇迹。

当人们以全球的观念环顾这个世界时，才发现人与自然必须和谐相处。人与其他生物是平等的，小到细菌，大到鲸鱼，都是生命的一分子，共同分享地球的空间和资源。营造一个和谐的世界，要从营造孩子幼小的心灵世界开始。

一个因纽特老猎手对来北极考察的自然科学家说，他打了一辈子猎，从来不杀幼小的、带崽的，或者有病的动物。他们的祖先留下了一张图，画的是一个手掌，手心却有一个窟窿。就是说，在打猎时要手下留情。这其中蕴含着深刻的哲理：要想自己活得好，必须要让别人活，人类要想活得好，也须让其他生物活下去。

“幼吾幼以及人之幼”，爱自己的孩子的同时，也要爱他人的孩子，也要爱动物的孩子，人与动物和谐相处，才能组成和谐的世界。

平安是福——给孩子一个平安的世界

圣诞节，我收到一份极不平常的礼物。

下午，一位年轻貌美的女士来到了我的办公室。她身穿红色外套，皮肤白白的，眼睛大大的，脸上带着一丝忧伤，俨然一位“女神”。

“真美！”我暗自赞叹。

“我听过您的报告。我是为我的孩子来的。”“女神”平静地说。

“你有孩子？我看你自己还像个孩子，这么年轻，这么青春！”

“谢谢！”她轻声说，“我听您在报告中说，贫困地区的孩子没有课外书，他们渴望读到课外书。今天，我带来了一万六千元钱，想以女儿的名义捐赠给

‘手拉手书屋’。”

“我代表农村孩子谢谢你的女儿，她上几年级了？”我又惊又喜，充满感激。

“我女儿今年 8 岁，上小学三年级，她非常爱看书，只是……她再也看不到了，她死了……”

我惊呆了：“她怎么了？出了什么意外？”

“女神”妈妈极力控制自己的悲伤，含着泪讲述着：“今年中秋节的前一天，金星离月球最近的那天晚上，我女儿到窗口看星星，不小心从六楼的窗户掉下去……我进屋的时候只看见桌上摊着写了一半的作业……”

怎么会这样？

“出事前，她有没有不愉快的事发生？”我担心有别的原因。

“没有，完全没有。她学习很好，跟同学们处得也很好，她很快乐，也很漂亮。这一切完全是意外，我真希望……”“女神”妈妈终于抑制不住，哭出了声。

我的心一下子沉了下来，泪水夺眶而出。好像一颗闪亮的星星突然陨落，美丽的女孩，就这样离开了世界，谁能接受这样残酷的现实？

“这一万六千元钱，是她的保险金，钱不多，她还在的时候，就想为贫困地区的孩子做些事。现在她不在了，我唯一能做的就是帮她完成这个心愿。”

“今天是圣诞节，我选择今天来，是想将它作为圣诞礼物送给我的女儿，也送给那些和我女儿一样爱看书的农村孩子。”“女神”妈妈声音颤抖。

“你希望把书送给哪里的孩子呢？”

“我是重庆人，带女儿去过重庆的巫山，她很喜欢那里。那里很美，但很穷，我想，就把书送给那里的五所小学的孩子和老师吧，女儿一定会开心的。”

说完，她从包里拿出一个厚厚的信封，递给我，我双手接过来，沉甸甸的，仿佛捧的不是钱，而是一个生命。

我紧紧拥抱了这位“女神”。“谢谢你！谢谢你的女儿！你失去了一个月亮，你将得到无数的星星！”我对她说。

临走时，我问她还有什么要求。她摇摇头，表示没有，只是希望天下有更多爱看书的孩子有好书看，这是当妈妈的能为天上的女儿做的最后一件事。

“女神”妈妈走了，我坐在办公室里默默地流泪，许久、许久。我心里又难过又感动。我多么希望这是安徒生童话里的一个故事，而不是真实的。虽然我相信，重庆巫山的孩子一定会珍爱这些用生命换来的图书；虽然我相信，女孩和她妈妈的爱心，一定会化为满天星斗，给无数大山里的孩子带来梦想。可我却永远不愿相信，这轮美丽的月亮就这样陨落，这位善良的妈妈就这样失去了心爱的女儿！

春节时，我以“知心姐姐”的落款，给“女神”妈妈发出手机短信：“祝你平安！”

“祝你平安！”除夕之夜，家家户户、亲朋好友之间都在传递着同一个祝福。

“祝你平安！”春节期间，手机短信中使用频率最多的一个声音。

是啊，没有平安，哪有幸福？没有平安，哪有快乐？

可是，每年、每月、每天，不该发生的事却在发生！在家里，在学校，在社会，像这样的悲剧仍在重演。

儿童意外伤害已成为我国儿童死亡的头号杀手，给个人、家庭和国家都带来重大损失。1994 年 12 月 8 日，新疆克拉玛依油田友谊宫发生特大火灾，325 人遇难，其中有 288 位少年儿童。这场灾难几乎波及克拉玛依的每所学校、每个单位、每幢居民楼房。父母失去了孩子，老师失去了学生，学生失去了老师，同学失去了伙伴。

克拉玛依市第八小学受灾最为惨重，几位校领导全部遇难，在场的 96 名小伙伴只有 7 名生还，其中三年级 2 班的 43 名孩子，除两名重伤幸存，其余全部遇难。

刘莹，一个可爱的小女孩，夏天刚随父亲来到北京。在长城上，她让父亲给自己拍照，她说最喜欢长城。10 月，刘莹过 9 岁生日；12 月，她却永远地离开了父母。爸爸妈妈让小刘莹带走了那张照片，还有她的书包、文具和上百本的课外书。

二年级维吾尔族小姑娘玛迪拉，得知哥哥阿斯拉遇难的消息，扑在学校的课桌上哭了整整一个上午。阿斯拉 12 岁，他还没来得及修好妹妹的旅游鞋，就匆匆走了。妈妈阿米娜的眼泪哭干了，玛迪拉伏在妈妈怀里流泪。“妈妈，别哭，哥哥哭不回来了。他是和好多小朋友一起走的，哥哥不会害怕。”

白亮，13 岁的班干部，重度烧伤。他的话让每个人的心滴血：“阿姨，我要早点叫同学们跑就好了。我早点叫他们跑，他们就不会死。”护士阿姨转过身去擦眼泪，“白亮，这不是你的错，不怪你。”

灾难发生的时候，我正担任《中国少年报》编辑部主任。去现场采访的记者吴峥岚，这位刚毕业不久、才华横溢的女大学生，泪水涟涟：“太惨了！真是惨不忍睹！孩子们的墓地离居民楼不远，每天哭声一片。那些活着的父母，今后该怎样活下去？那些烧伤的孩子今后该怎样见人？”报道在《中国少年报》头版头条刊出后，在全国的小读者中引起极大反响，许多善良的孩子纷纷写信，要给克拉玛依失去孩子的父母当儿当女。

事情虽然已经过去快十年了，当年的年轻女记者已经接替了我的职务，担任起《中国少年报》编辑部主任。但克拉玛依失去儿女的双亲那斑白的头发，已长大但至今都不敢照镜子的青年，依然警士着我们。

我请《知心姐姐》杂志的编辑田玉彬，将“女神”妈妈的故事在“中少在线”网站“知心论坛”上发表出来，主题是：女孩遗愿，送书给巫山。仅 7 天时间，共有 626 名同学参加，110 人跟帖。

一位小网友在给“女神”妈妈的信中说：“我听说了您的故事，十分感动。您送书的举动和您女儿的爱心、善良都深深感染着我。这次号召不仅对山区的孩子，而且对我们都有很大帮助，让我们懂得应该学会珍惜生命、关爱他人，您应该为您有一个好女儿感到骄傲！

“人生本来就有不测风云，您也不要太过伤心，早点振作起来！我想，您的女儿看到您已经帮助她实现了愿望，一定十分高兴。”

“女神”妈妈，你听到孩子们的声音了吗？

我想，你的心中一定在说：“给孩子一个平安的世界吧！”

“给孩子一个平安的世界”已经成为全世界共同的声音。

2003年，由共青团中央、教育部、公安部、全国少工委主办，联合国儿童基金会支持，中国少年儿童新闻出版总社承办，中国平安保险（集团）股份有限公司协办的“中国少年儿童平安行动”在全国展开。全国有500万中小学生参加了这次活动，喊出了“我自护，我平安”的口号。

一大批“平安使者”进入学校，向孩子们传播安全知识，孩子们争当“平安娃娃”，学习自护自救的本领，用火眼金睛查找安全隐患。孩子们自护自救的本领大大增强，还锻炼了救别人的本领。

一天晚上，山西省晋中市榆次区寿安里的邢根荣同学，跟父母散步回家，突然，一辆疾驰的汽车从背后冲来，将这一家三口撞倒在地，而肇事司机却逃之夭夭。

当时，邢根荣的爸爸身受重伤，昏迷不醒，他的妈妈满脸是血，焦急无措，爸爸的手机也被撞坏了。邢根荣被撞得阵阵发晕。但这时，他没有惊慌失措，他想到了在“中国少年儿童平安行动”中学到的安全自护常识。他先和妈妈一起把爸爸平放在地上，头部上抬，又帮妈妈简单清理了伤口。他一边恳求过路人拨打120急救电话，一边拦截过往的车辆。很快，一辆过路车把爸爸妈妈送到了医院。小根荣重伤的爸爸在第一时间内得到了抢救，脱离了危险。几天后，酒后违章驾车的司机被抓获。

在人民大会堂“平安好队员”颁奖大会上，小根荣已经恢复健康的爸爸含泪激动地说：“是11岁的儿子给了我第二次生命。”

2004年是“中国少年儿童平安行动”的第二年，教育部将活动主题定为“预防校园侵害，提高青少年儿童自我保护能力”。活动倡导创建“平安校园”，查找不安全的隐患，提高孩子自护能力。

来自校园的侵害包括：学校环境隐患、校园暴力、抢劫勒索、性侵害、不当教育方法和管理方法以及同学之间的语言暴力等。预防校园侵害，一是要提高自我保护的能力，二是要共同创造一个平安的世界。

愿每个校园都成为“平安校园”！每个家庭都成为“平安家庭”！

平安是福。

自信是根——给孩子一个自信的世界

2000年，4000名精英报考了清华大学国际MBA（工商管理硕士），最终，62人入选，其中就有才华横溢的高才生王海翔。

海翔的妈妈张培祯是我的老朋友、北京翠微小学的退休干部。说起海翔的成长，张妈妈感触最深的是“没有什么能比自信对孩子的成长更重要了”。

的确，自信，是人生最宝贵的财富。

法国教育家卢梭曾经说过：“自信心对于事业简直是一种奇迹，有了它，你的才干便可以取之不尽，用之不竭；一个没有自信的人，无论他有多大的才能，也不会抓住一个机会。”

美国的心理学家曾对150名很有成就的人的性格进行过研究，发现他们都具有三种优秀的品质：一是性格坚忍；二是善于为实现自己的目标不断进行成果的积累；三是很自信，不自卑。

海翔就是一个“很自信，不自卑”，善于“抓住机会”的人。

清华大学MBA分普通班和国际班，考入国际班的学生英语水准很高，英文听说读写成绩都在80分以上。海翔没有在外语环境中工作过，口语也不如别人好，所以一开始他就面临很大压力。

细心的妈妈看在眼里，劝他说：“要不行咱们就回到普通班？”

张培祯是个心地平和的人，她很欣赏自己的儿子，也从不给儿子增加压力。她对海翔说："你已经是大学本科生了，又考上清华大学 MBA。只要那个位置适合你就好，上普通班、国际班都是研究生，不必太勉强自己。"

海翔却不同意调班，他说："我相信自己的能力，下功夫不会有问题。"

这之后，海翔用数倍于别人的努力去学习。第一年坚持下来，学年考试就获得优秀，在清华大学 MBA 国际班里拿到了光华奖学金。

海翔的自信正是来自妈妈对儿子的信任。当儿子"爬坡"时，妈妈从不给儿子任何压力，而是在一旁赞赏儿子已经走过的路程，帮他"数脚印"。妈妈的这种"欲擒故纵"（儿子语）的做法，大大激发了儿子继续向上攀登的愿望："人家行，我为什么不行？让我试试吧！"

那些整天"逼"孩子学习的父母缺少的正是对孩子的信心。那些对孩子"推着、压着、吵着、骂着"的父母，恰恰是缺少对孩子的信任。

自信的人并不是没有压力，不是盲目地自以为是，而是面对压力"知己知彼"。刚刚进入清华，学校里开展了一次拓展训练，其中有一个项目是：站在一个 9 米高的木板上，从一块木板跨到另一块木板。海翔起初有些害怕，他去问教练："两个板之间的距离有多远？"教练说大概是 1.4 米到 1.5 米吧！海翔偷着跑到旁边，在平地试了一下，发现自己使劲跨出去，能跨出一米六七，他心里有数了：到上面有什么好怕的？这样他完成了"知彼"。他又想：上去就当是在平地上，最差掉下来也有防护设施，只不过寒碜点而已，于是，他又完成了"知己"。结果，他一次成功。

海翔因此大受启发：自信来自心中有数，只要做到"知己知彼"，就有成功的把握。学习也是一样的道理。他认真分析了自己的劣势：英语用得少，那么现在就开始用，加大阅读量，在课堂上完全用英语对话；接下来分析优势：自己原本学经济，对其他同学来说，经济是新的学科，而对自己来说是学第二遍。

自信使海翔在学业上取得了成功，毕业后他受聘于一家基金管理公司，工作出类拔萃，还获得公司业务演讲比赛第一名。他到中国教育电视台《知心家庭》栏目当了一次嘉宾，就被导演看中，不久，成了这个节目的业余主持人。

作为一个普通的妈妈，张培祯是怎样帮助儿子树立自信心的呢？

母子俩总结出三条经验。

第一条经验："今天比昨天强！"

海翔小时候刚刚开始学会用毛笔写字，妈妈就开始"收藏"儿子的作品，那些写在废包装纸、废信封上的歪歪扭扭的字，以至现在很像样的书法作品，妈妈都像宝贝一样收藏起来。

不管写得好不好，妈妈总要在儿子写的字上画圆圈，至今已有几千个。她常对儿子说的一句话是："只要今天比昨天强就好。"

对于妈妈的鼓励，海翔记忆犹新，他对我说："小时候，妈妈给我买来字帖，但从来不强迫我练习，我高兴了就拿出来写两页。但只要我一写，妈妈就走过来非常欣赏地说：'这字是怎么写的？很好啊！你什么时候学的呀？怎么比上次提高得这么快？'她老是表扬我，一下子就把我拉到书法这个门里来了。后来我真的爱上了书法。对母亲来说，她已经无法从技巧上再给我帮助了。但我仍然觉得，母亲跟我站在同等的位置上，她作为一个欣赏者，对我很重要。"

现在，海翔在书法方面很有造诣。

孩子的爱好变成特长，其中重要的原因是妈妈的欣赏和鼓励。

自信源于成功的暗示，恐惧源于失败的暗示。人积极的暗示一旦形成，就如同风帆会助你成功；相反，人消极的心理暗示一旦形成，如果不能及时消除，就会影响一生的成功。

第二条经验：孩子需要张扬。

海翔多才多艺，唱歌、弹琴样样都不错。可他小时候并不喜欢音乐。

海翔回忆说："我小时候老爱瞎嚷嚷，嗓音比较哑，一唱歌，老师就不满意，我觉得我唱歌可能真不行。有一次，我们班举行合唱比赛，唱《让我们荡起双桨》。最后一句音比较高，就是‘迎面吹来了凉爽的风’这句，别人都唱不上去，我也不知道哪来的劲，一个高音就唱上去了，结果被同学‘揭发’，后来老师让我领唱。我紧张了，一回家就跟我妈说：‘坏了，老师让我领唱！’我妈说：‘你从来没唱过歌啊，你唱唱。’我书包都没顾得放下，就站在门厅开始‘汇报演出’。我妈说：‘唱得很好啊！’后来这个爱好一发不可收。”

“你看，人一旦被人发现，就发现了自己。”海翔这样说。

孩子在成长中特别需要被“发现”。尤其是对自我还不甚了解的孩子，格外需要有人去欣赏。孩子需要张扬，不要怕孩子骄傲，他张扬的时候就会把个性表现出来，这时候家长与老师要对他说：“孩子，你真棒！”

第三条经验：志不高者智不达。

自信的人往往拥有远大的抱负，志向不高的人智慧也不能获得充分的发展。

海翔进入北京四中的第一天，老校长就在开学典礼上讲了两句话：“以报效祖国为己任，同人民共呼吸。”这两句话，一直伴随着海翔的成长，“报效祖国”的责任感一直激励着他。妈妈把这12个字写下来，压在儿子书桌的玻璃板底下。刚开始儿子不太理解，随着年龄的增长，他懂了：“国家花这么大力气培养你，你就必须成为最好的！你没有理由不优秀。”

“学校有这么好的校训也是我们所希望的。培养孩子应该有方向，家长要不断为孩子导航。”张妈妈说。

父母在乎孩子的分数，孩子就要去追求学分；父母在乎孩子的名次，孩子就会追逐名次；而父母在乎孩子品质的发展，孩子就会成为一个有理想而自信的人。

自信的人无论走遍天涯海角，自信的根基都使他能够扬起理想的风帆。

人生是大树，自信是根。

思考是金——给孩子一个思考的世界

在一所国际学校里，教师给各国学生出了一道题：“有谁思考过世界上其他国家粮食紧缺的问题？”

学生们都说“没想过”。非洲学生不知道什么叫“粮食”，欧洲学生不知道什么叫“紧缺”，美国学生不知道什么叫“其他国家”，中国学生不知道什么叫“思考”。

在“全国世纪父母读书活动”总结表彰大会上，全国人大常委会原委员、教育部原总督学柳斌同志严肃地讲了上面这则“让人笑不起来”的“笑话”，其中包含了对教育的反思。

看看现实，在中学生参加的数理化方面的国际比赛中，凡是死记硬背的题目，中国学生都能得高分，需要独立思考、判断、想象的题目，中国学生往往失分。

审视我们的教育，并没有为孩子学会思考创造更多、更好的条件。学生为了应付升学考试，经常埋头“题海”，老师更希望学生“按正确答案”回答问题，不鼓励学生“别出心裁”。在家庭中，父母有一句口头禅：“好孩子一定要听大人的话。”言下之意，不听大人话的孩子不是好孩子。更多的父母希望自己的孩子“听话”“服从”，不大教孩子“提问”，更不鼓励孩子独自做决定。这样的评价标准，造成孩子从小严重缺少思考的机会和能力。

《知心姐姐》杂志曾做了一次题为“父母心中的好孩子标准”的“知心调查”。全国 18 个省市的 1904 名中小学生的父母回答了这个问题，其中选择“听父母或老师的话”的占 11.8%，而选择“有思想、有主见、有独立思考问题能力”的仅占 1.21%。

越是有思考能力的孩子，求知欲望就越强，学习能力就越强，创造力就越强，终身学习的能力也就越强。

有一位成功的父亲曾向我介绍教育女儿的经验：他总是给孩子“问号”，从不给“句号”。这样，大大激发了女儿的好奇心，从小好发问、好思考，后来女儿获得了博士学位，事业上也取得了杰出的成就。

思考源于好奇。孩子都有好奇心，爱提问是儿童的天性。面对孩子提出来的大问题、小问题、愚蠢的问题、聪明的问题，父母都应该高兴和鼓励。

我儿子 5 岁时最爱问问题。一次他从幼儿园回来，神秘地问我：“妈妈，你知道唾沫是什么味儿吗？”

“不知道。”我坦白地说。

“唾沫是臭的！”儿子肯定地告诉我。

“你是怎么知道的？”

“我把唾沫舔在手心上，一闻，真臭！”说着，他还做了个示范。

我一闻，果然很臭，忙说：“这是一个重大发现！唾沫在我嘴里待了这么多年，我怎么就不知道呢？可能是‘久闻不知其臭’吧！”

儿子很得意，每次从幼儿园回来，都要问一些莫名其妙的问题。长大了，他很有创意，做事也有自己的主张。

提问，是孩子的权利。面对成年人司空见惯的世界，孩子常常会提出绝大部分成年人没想到而且回答不了的问题，这正是孩子好奇心的表现，如果扼杀了孩子的好奇心，就扼杀了孩子的创造力，甚至会给孩子一生带来负面影响。

有个男孩，经常缠着妈妈给他讲故事。一天，妈妈给他讲聪明的小白兔战胜可恶的大灰狼的故事，他不解地问妈妈：“为什么小白兔就是好的，大灰狼就是坏的呢？”

妈妈先是愣了一下，接着狠狠给了儿子一个耳光，声色俱厉地说：“笨蛋，这难道还用问吗？”

男孩“哇”的一声哭了。妈妈不耐烦，又狠狠地抽了儿子两下说：“哭，哭，有什么好哭的，这么笨还好意思哭！”

男孩莫名其妙地挨了打，却不知道自己错在哪里。那天晚上，他躺在床上，心里愤愤地想，你是大人就可以不回答我的问题，就可以不讲理吗？你力气大就可以随便打我吗？

从此他不再缠着妈妈讲故事，也失去了听故事的好奇心，但心中留下了仇恨。13 岁时他因为打架伤人进了工读学校，现在还在工读学校上高二。他那有着研究生学历的妈妈，怎么也不会相信，自己一记重重的耳光，不仅剥夺了儿子的提问权，也打飞了儿子的好奇心，打跑了儿子的自尊心。

学会思考，对一个人的成长极为重要，“思考的启示把人从奴隶解放成自由人”。美国伟大的科学家爱因斯坦也说过：“学习知识要善于思考、思考、再思考。”中国数学家华罗庚对此也有过精辟的论述：“独立思考能力是科学研究和创造发明的一项必备才能。在历史上任何一个较重要的科学上的创造和发明，都和创造发明者独立地、深入地思考问题分不开。”

没有提问与思考，或许蔡伦不会改进造纸术，或许牛顿不会发现万有引力，或许爱迪生也不会发明电灯、电话、留声机。

思考是创造力的源泉，创新是民族的灵魂。学习知识要思考，发明创造要思考，完善人生也需要思考。

广州 16 岁的中学生瞿斐是一个很具独立思考能力的女孩。我俩第一次见面，就有“相见恨晚”的感觉，结为“忘年交”。我很喜欢瞿斐，她像一股春风，给你带来活力。对任何问题，她都有自己独到的见解。她提问题的角度常常与众不同，会给你带来新意，带来新的思考。我和她经常在晚上通电话，双方都有说不完的话，好像我们是多年的老朋友，实际上我们的年龄相差近 40 岁！

瞿斐的魅力究竟在哪里？就在于她有一个会思考的头脑！她能够把握自己的命运！

瞿斐爱学习，但她不盲目。弹琴、跳舞、唱歌、画画、文学、艺术，她样样都爱，门门都会，但她并不觉得负担重。因为，她知道她要的是什么，为什么要学。

在兴趣的路上，爸爸瞿和平从来不逼孩子，只是问女儿：“你愿不愿学？”女儿愿意学，他就支持她。

瞿斐3岁时，喜欢弹电子琴。爸爸就天天背着女儿去上电子琴课。女儿学得很快乐，爸爸也很开心。

瞿斐对我说：“那时我所理解的音乐和我指尖流出来的音乐是一样的。后来转学钢琴后，我常去听音乐会，看演出，接触一些在音乐方面有造诣的老师，跟他们交流，向他们讨教。我始终在思考：钢琴的精神在哪里？”

“钢琴的精神在哪里呢？”我被她提出的问题吸引。

“钢琴的精神其实就是整个人的心平气和，有点像打太极，外柔内刚。你指尖在键盘上飞舞，实际上你并不发力，是用大自然的力，与大自然融为一体，与钢琴融为一体，让音乐从你的指尖流出来。后来我又开始学画画，结果发现这些东西都是相通的。”瞿斐在学习上进入了“自由王国”。

瞿和平说：“她自己愿意学什么就让她去。除了弹琴、画画，她还唱歌、跳舞，在艺术团里，她唱歌非常棒，舞也跳得相当好。”

瞿斐告诉我，上初中后，她就开始思考：“人生会不会有第二种可能，我是不是要走大家都认为好的那条路，什么才是我自己的？”

“你能告诉我，什么才是你自己的？”

“我们学校图书馆有个老师，他总结出的两句话我很喜欢，那就是：‘独立之思想，自由之精神。’我想，爱和自由意志就是我自己寻找的东西。”

瞿斐思考的问题已经达到了哲学的层面。“什么才是我自己的？”这个题目很值得我们当父母的思考：“什么才是属于孩子自己的？”只有把孩子培养成财富，孩子才拥有属于自己的东西。那些身外之物，真的不属于自己，而自己的那种独立的意识，独立思考、独立生存的能力，才最终属于自己。

作为一个中学生，瞿斐思考最多的是“人生”，是如何解决两代人之间的矛盾冲突。

我跟瞿斐讨论过有关父母对子女的培育，问她处在青春期的孩子需要什么？父母怎样做才能和他们一起和谐地度过这个阶段？瞿斐非常认真地在同学中做了调查，并写来一封很有见解的信。在信中，她说：

我在进入青春期面临的第一个问题就是：“我是谁？”我们时时刻刻都要摸索自己的“心理肖像”：我在别人眼中的印象，我的兴趣和志向，我将来会成为怎样的人……我会因为答案的不断变化而很烦恼。我们有着既自卑又自负的心理特征，就好像特别喜欢给事情下结论，对社会上的一些事物有叛逆心理。

在青春期，我们外在的另一个重要特征就是身心发展不协调。我们开始放弃小孩的依赖心理，力求自立。我们有一套一套的理论，甚至有相当不错的理论水平。喜欢判断，喜欢批评。但同时，我们在日常行为中又十分幼稚。刚刚和同学讨论完国家大事，转过头又为吃不成父母答应的麦当劳而生闷气……在面对某一个具体的问题或冲突的时候，父母如果能重视我们的意见，鼓励我们自主思考，跟我们一起学习如何处理，无论怎么样我们都会更多听取父母的意见甚至理解父母。

我们只希望父母能给我们安心、温暖的家庭环境，在我们遇到挫折困难的时候告诉我们：“那没什么！”我们更希望父母能够给予我们最好的人格尊重——不再认为我们无能为力，不再认为能够替我们决定甚至设计任何事情——这样父母能真正发现我们身上的一些非常难得，甚至可以和他们匹敌或超越他们的闪光点。只有这样，父母才能从根本上给我们发展人格的良好家庭环境。在青春期能够获得人格尊严是我们最终的需要。父母是我们成长中非常重要的角色，他们能帮助我们健康地度过这个时期，鼓励我们建立起自信心，树立正确的人生目标。我希望中国每一个家庭的孩子和父母之间能建立起真正的友谊，从而建立一个贴心温暖的家庭，建立一个给我们信心的家庭，建立一个帮助我们发展优良人格的家庭。

请尊重孩子的提问和思考。

思考是金!

财商是富——给孩子一个发展的世界

孩子的理财问题在今天令很多家长头痛。该不该给孩子钱？怎样让孩子学会正确对待和使用钱？如何培养孩子正确的理财观念？这些都是父母困惑的问题。

今天孩子手中的钱多得让人吃惊!

据一项调查表明，北京一所中学一个学生每年平均花销在2万到3万之间，每个月的零用钱都在500元至1000元之间，有的学生甚至超过了2000元！山东青岛一个小学生丢了个书包，价值6000多元。老师一问才知道，其中装了2500多元的零花钱和一部价值4000元的手机。江苏无锡一所中学初一8个班的391名学生，2003年春节收到的压岁钱共计737008元，人均多达1885元!

这些钱，给未成年的孩子带来了什么呢?

有的孩子开始互相攀比，有的孩子在同学面前摆阔，还有的孩子做起了“发财梦”。受社会上一些成年人错误价值观的影响，拜金主义在滋长，给未成年人的成长带来了不可忽视的负面后果。

一个11岁的小寿星过生日，当他吹完蜡烛后，小孩的家人问他许的什么愿，他毫无避讳地说:“我许的愿是买彩票中500万大奖，然后环游全世界，最后再用剩下的钱买个官做做……”他的回答令全场的大人大为吃惊。

《知心姐姐》杂志曾在全国13个省、市、自治区进行了一次关于“零花钱”的调查。在参加调查的2301个学生中，近半数的孩子认为，他们周围存在着攀比、摆阔的现象，他们用生动的语言描述了这些同学摆阔的言行，比如——

他们会把一个大大的钱包拿出来给大伙看，好几百元，并且还拿来叠飞机玩。

有的同学把自己的钱拿出来让我帮他数。

一起外出时，他们总是说："我又是今天带钱最多的人！"

有些同学不小心碰脏了他的衣服，他就会嚷嚷："我这衣服值 ×× 钱呢，碰脏了你赔得起吗？"

他们总是在同学面前摆弄自己新买的东西，就算自己家里并不那么富有，也要逼着父母买贵重的东西。

"我妈是副总，一月挣一万多块呢！"

"这件东西是我爸爸从国外带来的，花了好几千呢！"

他们花钱大手大脚，从来不计算自己花钱的数目，无论什么事都想用钱解决。

经常请同学去麦当劳，对买来的东西想扔就扔。

"帮我买 ××。哦，对了，我忘了你没钱！"

…………

面对孩子中出现的这些问题，有的家长却认为"家里都是一个孩子，谁不希望自己的孩子过得好一点，多给一点零花钱很正常"。这些父母，只知道给孩子钱，而不知引导他们的金钱观，难免使孩子产生摆阔、攀比的心理，结果是孩子不仅不珍惜父母的血汗，还会被同学们轻视和排斥。

面对"金钱"的诱惑，有关专家认为，应加强对中国青少年的理财教育。其中包括：一、理财价值观的教育，涉及对金钱、人生意义的正确理解和价值认同；二、理财基本知识的传授，包括经济金融常识及个人家庭理财技能和方式；三、理财基本技能的培养，包括理财情境教育、实际操作训练。

作为父母，我认为要树立三个理财新观念：

一是给孩子钱之前，先教孩子如何用钱。

教孩子使用零花钱是让孩子学会如何做预算、节约、储蓄、保险，如何自己做出消费计划，零花钱的多少是根据孩子一周的消费预算确定的。有的父母采用激励手段，凡是花得合理、懂得节约，父母可以给予适当的奖励；如果花亏了或使用不恰当，父母可以减少零花钱的数量，这样有利于孩子精心用钱。

二是为孩子攒钱，不如让孩子学会挣钱。

一个在美国读书的中国女孩对我讲，她突出的感觉是：美国孩子是想办法找项目赚钱，而中国孩子是想办法找理由要钱。在美国中学校园里，如果用父母的钱买高档服装，会被人瞧不起，认为他没有本事，几乎每个学生都有自己的存折，节假日自己去打工挣钱。她建议，中国家长不要随意给孩子钱。

这个女孩的建议是对的。对金钱的态度，实际上是对人生的态度。从小让孩子懂得靠诚实的劳动挣钱，将来才可能成为一个劳动者；如果从小伸手向父母要钱，自己花得心安理得，将来就可能是个“寄生虫”，甚至会沦为乞丐。

有一位年轻妈妈，看到上小学的儿子太爱花钱，就和儿子签了协议：做家务挣零花钱。儿子欣然同意。每到周日儿子就会早早起来，打扫房间、买菜，干得十分卖力，晚上和妈妈“结账”。一天，姥姥从乡下来，一大早把活儿全干了，儿子醒来一看，大哭起来：“姥姥，您把我的生意抢了！”儿子干了一个月，挣了 45 元钱，妈妈以为他会去买喜欢的玩具，谁知儿子在妈妈过生日时，请妈妈到外面吃了一顿饭，妈妈十分感动。她发现，花妈妈给的零花钱，儿子大手大脚，可花自己挣的钱，儿子十分精心。因为，他知道挣钱不容易。

三是管好你的钱包，不要随便给孩子钱。

洛克菲勒是美国的富翁，他的儿子是一家大公司的经理。一次儿子向父亲借 1000 美元，父亲给他写了一封信，忠告他：“管好你的私人钱包。”他在信中还说：“有一点你要记住，财富并不是指人能赚多少钱，而是你赚的钱能够让你过得更好。如果你要拥有财富，第一件事得先学会如何依自己的意愿去生活，也就是如何控制你的开销。赚 500 块，花 400 块，会带给你满足；如果赚 500 块，却花了 600 块，那生活就悲惨了。当你的开销大于收入的时候，就表示你将会有麻烦了。"

信中还说："作为你的父亲，我没有权利干涉你收入的用途，我也从没想过这样做。现在你希望向我借钱，我认为需要一定程度的保证。1000 美元按每年 20%的利息借给你，按每周 10 美元预先从工资收入中扣下还给我，我已经将这点意思明确写了下来，希望你签字认可。你或许会说我过于严厉，但是今后，当你为付清'预想不到的花费'而借款时，这样的条件恐怕还不够！"

洛克菲勒忠告儿子："财富指的是你生活品质的程度，而非你赚钱的多寡。要体会富有的滋味，并不需要靠着上亿的财产，而是去过你真正想过的生活。"

这封信发人深省，对我们这些尚不富裕的家庭来说更值得借鉴。

财商是富。

诚信是真——给孩子一个诚信的世界

江苏省张家港市实验小学发生过这样一件事：

一个女同学在校园里拾到一块手表，便藏在书包里，准备带回家。陈花老师发现后，跟这个同学讲道理。没想到，这个同学竟振振有词地说："我妈妈说过，捡到的东西就是自己的。"想到这个同学平时就有小偷小摸的行为，陈老师意识到，问题出在父母身上。于是，她特地约来孩子的父母，对他们说："父母是孩子的第一任老师，平时的一言一行都应注意，要注意培养孩子诚实守信的好品质，不能让孩子养成贪图小利的习惯。"

老师的一番话说完，夫妇俩没什么反应。可当陈老师讲到孩子最近学习不太好时，父亲马上情绪激动起来："小孩子小偷小摸不算什么，长大了会改的；但学习不好可不行。基础打不好，将来要吃大亏的。陈老师，你可得帮我抓紧点儿！"

听了这位爸爸的话，陈老师心里十分震惊：这对家长明显只重视孩子的学习，忽视了最重要的——教育孩子如何做人。必须及时扭转他们这种错误观念，否则很难说孩子的一生不会断送在他们的手里！

陈老师严肃地谈了自己的观点：学习问题是很重要，我们应当重视；但教育孩子做一个堂堂正正的人更重要。接着，陈老师把《扬子晚报》上一篇题为《"好学生"蜕变谁之过》的报道介绍给这一对父母。看了报道后，夫妇俩深有感触。孩子的母亲说："我看这个男孩走到盗窃、放火、抢劫、杀人这一步，主要是父母只注重他的学习，对他的小偷小摸没有重视造成的。"父亲也说："想不到小偷小摸的后果这么严重。"

在陈老师的帮助下，夫妇俩认识到了问题的严重性，可又不知道如何教育孩子。

陈老师耐心地说："小孩子犯错误在所难免，关键要看家长、老师能不能正确地引导。只要我们好好配合，让孩子改正缺点应该是没有问题的。"

接着，陈老师提出几点建议：1. 孩子眼里无小事，家长时时事事都要做孩子的表率；2. 孩子自尊心比较强，要让她知道，把别人的东西占为已有的行为是可耻的，要让她对此产生羞耻感；3. 多给她讲一些真实的例子，让她知道这样做的严重后果；4. 鼓励孩子多为别人着想；5. 孩子有了进步，要及时表扬，让她有信心做得更好。

夫妇俩心悦诚服地接受了老师的建议，并说服女儿把手表还给了失主。陈老师还在班里对这个同学知错就改的行为给予了表扬。

后来，这个同学的父母经常与老师联系，探讨辅导孩子的好办法，这个同学有了很大的进步。

像陈花老师这样以人为本，既教孩子又教大人的做法，实在值得大大提倡。

"明礼诚信"是基本的道德规范。自古以来，中外父母都很重视对孩子进行诚信教育。记得小时候，妈妈给我讲过这样一个故事：

中国古代有一个帝王要选一个继承王位的人，他发给每个孩子一粒花种，并承诺说谁能种出最美丽的花，就选谁当继承者。

评选时间到了，绝大多数的孩子都端着漂亮的鲜花前来参选，只有一个叫杨平的男孩端的花盆内空无一物。最后，他被选中了。因为，孩子们得到的花种其实都已被蒸过，根本不可能发芽。

这次测试不是为了发现最好的花匠，而是要选出最诚实的孩子。

这个故事对我的一生影响很大。诚实做人，靠本事吃饭，成为我的处世原则。

据说，美国波士顿大学教育学院设计的基础教材中，就选用了这个故事。教材建议老师在班上组织讨论，向学生介绍“最大限度的诚实是最好的处世之道”这句谚语，并且要求学生制作“诚信”标语，在教室里张贴。他们认为，“教育学生成为一名诚实的公民比他们通过一门课程考试更加重要”。

事实上，明礼诚信的孩子有时会“吃眼前亏”，但最终的赢家却是他们，因为这样的孩子才能赢得别人的信任。

一家媒体曾经报道过这样一件事：

金棕榈酒店开业已几个月了，负责人蔡老板用人很苛刻，有好几位年轻貌美的女服务员只干了一个月就被蔡老板炒了鱿鱼。

小梅是从安徽黄山出来的打工妹，她听说金棕榈招工，就鼓起勇气前来应聘。

蔡老板对小梅做了一番目测口试后，便拍板录用了小梅，并说明给小梅的月薪是800元，另加夜班费。小梅喜出望外。

小梅是个勤快麻利的姑娘，很珍惜这份工作。每天，她总是提前10分钟上班，下班也总是走在最后；她的脸上终日笑意盈盈，还热情地向顾客介绍特色菜名，不少顾客常向老板夸赞小梅。蔡老板听了也是得意地一笑。

一个月很快就要过去了。这一天，小梅收拾残席时，意外发现桌腿旁有一张崭新的百元大钞。小梅的心一阵狂跳，忙往四周一看，似乎没人注意自己，就躬下身捡起了钱。

然而，小梅的这种兴奋瞬间便消失了。她蓦然想起一件往事：8 岁那年，小梅的家境很贫寒。父亲为了让小梅过年时能穿上一套新衣裳，就偷偷去山外医院卖血。在山口，父亲意外捡到一只钱包，里面有 30 元钱（当时的 30 元钱是一笔可观的数目）。按理，父亲可以不用再去卖血，可他却没这么做，硬是在山口苦苦地等了大半晌，终于等到了失主。事后，父亲多次对小梅说："娃子，不是自家出力挣的钱，拿了烫手。咱人穷，可决不能志短呀！"

这句话一直像刀刻斧凿般留在小梅的心间。今天，尽管这百元大钞挺诱人，可自己能动心吗？小梅毅然把这钱交给了蔡老板。

没想到，蔡老板坦率地说出这是自己的一个"计谋"，那几位姑娘就是禁不住这种诱惑而被辞退的。蔡老板颇有意味地说："君子爱财，应当取之有道！"

一个月后，小梅被提升为大堂经理。

这个故事被选入上海市中小学生素质教育课外活动系列教材，老师希望孩子们能够以小梅为楷模。

"孩子的命运是父母创造的。"父母应该用自己的言行，把"诚信"两个字刻在孩子的心中。诚信是一种力量的源泉，显示着一个人的高度自重和内心的安全感与尊严感，它能帮助人在人生的十字路口把握好方向。

我的好朋友赵文晶，是辽宁锦州师范学院的副教授。在儿子秦聪很小的时候，她就告诉儿子做人做事的道理：人做不好，学问也做不好；做人比做学问更重要。上小学的儿子问："爸爸妈妈，你们谈恋爱的时候，是谁追谁呢？"赵文晶坦率地说："是妈妈追的爸爸。"

儿子又问："那时爸爸的学习成绩一定特别好吧？"

"不是。"妈妈的回答让儿子一脸疑惑，"孩子，还有比学习成绩更重要的东西。"赵文晶告诉儿子："大学三年，我几乎没跟你爸爸说过话。但读到大四的时候，我被一件事震动了。那是一次重要的考试，由于临近毕业，大家忙于找工作，复习不充分，考试纪律不是很好。成绩公布后，大家的分数都很高，而平时学习成绩一向很好的你爸爸，却只得了 60 分。你爸的同桌说：'秦洪伟真傻，他不抄。'就是这句话，让我喜欢上了你爸爸。他文化课成绩虽然只得了 60 分，但他诚实的品格，我给他打了 100 分。"赵文晶告诉孩子"品格胜于分数""品格不能打折"。

父母是孩子的镜子，孩子是父母的影子。儿子秦聪在小学结业考试的时候，成绩名列前茅。当他发现语文试卷多给了一分时，就向老师提出改正。结果，他的成绩变成了第二。妈妈问他后悔不后悔，他说："犹豫过，但妈妈你说过，'品格胜于分数'。"

赵文晶对孩子说："学习成绩只代表一个人某个学习阶段的表现，只要他有学习兴趣、肯用功就够了。但他的习惯、为人处世、道德品质却不能马虎，品格才是支撑他一生一世的关键。"

父母们常说："不要让孩子输在起跑线上。"什么是人生起跑线？明礼诚信、老老实实地做人，才是真正的人生起跑线。

诚信是真。

父爱是天——给孩子一个坚强的世界

在孩子成长的世界里，父爱是天空，母爱是大地。

父爱与母爱是不同的。

父爱给孩子以坚强，母爱给孩子以爱心。父亲支撑着孩子的世界，母亲抚育着孩子的成长。

孩子跌倒了，母亲说:“孩子，摔疼了吧，以后要小心！”父亲说:“孩子，没什么，自己爬起来，这就是生活！”

孩子在跑步，母亲说:“孩子，跑累了，就歇歇，饿了吃点东西。”父亲说:“孩子，加油，你行的！”

孩子要长大，不能没有大地慈爱的抚育，也不能没有天空坚强的支撑。

父爱是天，因为父亲用坚强支撑了孩子的蓝天。

孩子需要坚强。因为未来等待他的世界不光有阳光雨露，还有风霜雨雪。父亲要用他的感受告诉孩子，人要学会承受。

著名作家邓刚先生有一个独女。当女儿出生时，他非常难过。他认为在当前的社会，跟男人相比，女人要承受更多的艰难和痛苦，所以他总觉得自己对不起女儿，作为一个父亲，他无论用多大的努力，都保护不了她。有时候，他甚至不敢直面女儿的眼睛。邓刚先生是写小说的，非常关注人的细节。他隐隐地觉得，女儿那亮亮的眼睛，有时就像动物园里的鹿，清澈中暗含忧伤，令人恻隐，所以他对女儿格外地疼爱，格外地关注。

他发现女儿和所有的女孩一样，自尊心非常强。他隐隐有些担心。

一天晚上，上小学的女儿回来了，兴高采烈地像小鸟一样飞回家，进门就喊:“爸，我们学校一千多人，选几个打鼓的，我被选上了！”她一脸的自豪。

她母亲听了，马上高兴地说:“咱们女儿太厉害了！”

邓刚忽然有一种莫名其妙的恐惧。他明白，学校最终只用12个，在初选的22个或32个中，最后肯定要淘汰一批。他估计自己女儿有99%的可能要被淘汰，为什么呢？因为女儿个子非常高，如果12个孩子在一起打鼓的话，她就像站在羊圈里的骆驼。为此，邓刚替女儿感到紧张。

女儿每天打鼓特别用心，吃饭的时候手拿两根筷子敲，做作业的时候用钢笔敲，走路的时候就用两只脚来敲。她对爸爸念着拍子:“三三四四。”邓刚说:

“好，好，三三四四。”眼看女儿打鼓入了迷，邓刚心里更加着急。

学校每天下午4：00下课，女儿6：00放学，她要打两个小时的鼓。每当女儿快回家时，在电脑前创作的邓刚就坐立不安，他生怕女儿回来说：“我被淘汰了。”所以每到4：00的时候，他就写不下去，就紧张，4：00过去，他知道女儿还在打鼓，就能安心写作了。到6：00的时候，女儿又像鸟儿一样飞到家：“爸爸我告诉你，不但有三三四四，还有二二三三呢！”邓刚乐呵呵地说：“太好了！太好了！”

可是父亲担心的事终于还是发生了。

一天下午4：00，门铃响了。那铃声和往常大不一样，非常慢。邓刚开门一看，女儿一脸沮丧。

“你回来了。”邓刚轻松地对女儿说，“放学早是最大的幸福，爸爸小时候常提前放学，上五节课我第四节就跑回家，在家多自由呀！”

邓刚的家在大连海边。他领着女儿跑到海边，海边静悄悄的，没人。

邓刚对女儿说：“你知道爸爸为什么领你到海边来？因为你被淘汰了！爸爸知道你现在心里很痛苦，但痛苦就是痛苦，我们要老老实实地接受痛苦。女儿，你放声大哭吧！”

女儿面对奔流的海水大哭起来。

父亲接着说：“女儿，你为什么会被淘汰呢？我觉得是因为你的个子高，站在队伍里显得不和谐。为什么个子高呢？因为你像爸爸，爸爸就高。这本不是什么错误，但你要记住，将来走到社会上会遇到很多痛苦，你一定要学会哭出来。医生叔叔说，哭出来的泪水，经过化验后发现里面含有有害的化学物质，为什么这个世界上女人比男人活的时间长，很有可能就是因为女人更经常哭。遇到痛苦，你就放声大哭，如果你觉得在同学面前哭、在城市里哭会让自己和别人尴尬，就到没人的地方去哭。哭出来，你就会感觉好多了。”在父亲的鼓励下，女儿变得十分坚强。

在中央电视台做《交流》节目时，我认识了邓刚先生。他十分幽默地说：

“要让孩子承受痛苦，就要预先准备好做‘二皮脸’。人没自尊心不行，自尊心太强也不行，度要把握好。既然今后的生活中女人遇到的挫折比男人多，那就要让她先有面对挫折的准备。让她知道这世界是坎坷不平的，顺利是相对的，不顺利是绝对的。”这就是父爱的作用！在孩子痛苦的时候，父亲不是去帮孩子抹泪，而是让孩子尽情地流泪，去感受痛苦，宣泄痛苦。因为痛苦是人生的一部分！坚强的性格，正是在从痛苦中站立起来的过程中培养的。

说父爱是天，是因为父亲用人格的力量支撑了孩子的天空。

王根是哈尔滨市的一名优秀中学生，曾获全国宋庆龄奖学金。他的父亲生前是一个大型企业的董事长兼总经理，但王根从没沾过父亲优越条件的光。每当家里有人来，特别是下岗工人来找父亲谈话，父亲都要让儿子关掉电视。王根开始不理解，父亲告诉他：“儿子，来找爸爸办事的每一个人，都比电视节目重要。”时间长了，王根也习惯了，父亲爱事业、爱同事的做法，潜移默化地影响了儿子。

王根 15 岁时，父亲因病去世。临终前，他把儿子叫到床前，对他说：“儿子，我该给你讲讲我和你妈妈年轻时的故事了，不然的话，恐怕没有机会了。”

王根对父亲说：“爸爸，人生其实只有‘三部曲’，情爱、恩爱、怜爱。你与我妈妈年轻时的情爱我没有看到，但你们中年的恩爱我看到了，这些年你们在事业上互相支持，虽然你可能活不到老年，但你已经提前享受了老年时期的怜爱。在你患病期间，你与妈妈一直相互扶持着。爸爸你不必伤心，你已经拥有了完整的人生。”儿子的话让一贯坚强的父亲第一次流泪了，他对妻子李晓凡说：“晓凡，我可以闭上眼睛放心地走了，孩子长大了，成熟了，懂事了，可以支撑这个家了。”

教育的核心是人格心灵的唤醒。十几年中，王根的父母给孩子的那些让儿子在毫无察觉中的严格而又理性的爱，独立而又平等的爱，终于结出了果实。

王根在父亲去世一周年时，为悼念父亲写下了“六月思父”：

……代父敬母，是我的责任，也必将是我心灵的归宿，我要做爸爸以前做的一切，尽我所能地延续爸爸的生命，从那一刻开始，我便走出了童年的憧憬，少年的光辉，离开了昨日的梦。此时，我更应该勇敢地去迎接明天的希望，正是这走出、离开、失去、迎接，让我懂得了坚强的含义。我想，从困境中站立起来的人是立体的、真实的。我和妈妈有个约定，我们不再伤怀，我们要以对方为支撑，构筑“人”字形的人生支架，互依、互助、互动地走完这宝贵的人生。我将昂头挺胸，充满自信地走向人生一个又一个驿站，面前是无限延伸的路，身后是一串串坚实的脚印，当有一天走到天涯海角时，我可以牵着妈妈的手，向天空喊：“爸！看到了吗？我们有多坚强！”

我是在“全国更新家庭教育观念报告团”巡回报告时认识王根的母亲李晓凡的。报告中，只要李晓凡讲到这里，我总要流泪，在场的所有人也都在流泪！

一个十几岁的孩子，面对爱父的痛失，面对生活的无奈，他挺过来了。他靠的是什么？是父爱的力量，是人格的力量！他学会把痛苦留给自己，把幸福留给他人。

“我欣慰的是，父亲英年早逝，儿子的心灵不但没受到伤害，反而更加坚强。”李晓凡对我说，“最让我感动的是，孩子他爸火化那天，我从墓地回来，儿子把他爸的衣服全烧了，只留了几件珍藏起来。他对我说：‘妈，不要在痛苦中生活，那太苦！看到爸的衣服你会难过的，所以我全烧了，振作起来，妈妈！’”

我的心被深深地震撼！

这就是父爱的力量。他能延续人类优秀的生命，他能激发一个孩子崇高的责任意识，他能把一个稚嫩的男孩变成一个坚强无比的男人！

父爱，那是顶天立地的爱！

父爱是天。

母爱是地——给孩子一个真爱的世界

清晨，一个男孩来到大海边，把沙滩上的一条条小鱼扔进大海。

“你在干什么？”一个行人问。

“我在救这些小鱼。”男孩头也不抬地说。

“这么多鱼你救得过来吗？”

“我救一条是一条，如果我把这条鱼救活了，海里又多了一个生灵。”男孩认真地说。

行人问：“谁在乎你所做的呢？”

男孩捧起一条小鱼放进大海说：“它在乎。”又捧起一条小鱼说：“它也在乎。”

这就是孩子。儿童都有保护动物的倾向。孩子心灵的世界本来就是一个真爱的世界。要想这个世界不被污染，做父母的就要用善心去维护它，用爱心去浸润它。

母爱是大地，大地哺育了生命，滋养了万物，给予世界以真爱。孩子心中爱的种子正是母亲播撒的。母亲用甘甜的乳汁哺育孩子，又用爱心呵护着孩子成长。但仅仅这些还远远不够，母亲还承担着教育孩子珍爱生命的责任。

对孩子进行生命的教育，要从爱护动植物开始，培养孩子的同情心和体恤生命情感的能力。

我记得小时候，妈妈养了几只“澳洲黑”母鸡，她每天精心照顾它们，按时喂养它们，甚至还让我和哥哥姐姐半夜去排队买鸡食。

一次，我不小心用重物把一只母鸡的爪子砸伤了，妈妈心疼得直掉泪。她抱着这只受伤的鸡，让我找来药水、纱布，给鸡的伤口涂上云南白药，缠上纱布再用胶布固定好。隔两天，又让我给鸡换药。我做得十分认真，因为是我伤害了它。

过了半个月，鸡的伤口长好了，可脚面却鼓起一个硬硬的大包，走起路来一瘸一拐。奇怪的是它还老跟着我。妈妈说："鸡也通人性，你对它好，它知道。"

从此，我喜欢上了鸡，我童年的画里画的都是鸡。我 5 岁时画的彩色大公鸡还在北京市幼儿园小朋友绘画比赛中得了一等奖。

一次，爸爸从外地回来，妈妈决定把这只"澳洲黑"杀了。杀鸡时，妈妈坚决不让我看："女孩子家不能看宰鸡，看了，鸡会不高兴的。"我长到十几岁，从未见过杀生。直到 20 岁去农村插队，看到农民宰羊，羊在流泪，我还护着羊不让杀："你们看它多可怜，都哭了，留着它吧！"

母亲给予我的这颗善良的心，慢慢发展成爱心，每当看到弱小、贫困的孩子需要帮助，我都会慷慨解囊。

当我做了母亲以后，我特别注意对儿子爱心的培养。儿子 3 岁时，我见他蹲在路边不肯走，原来一个卖雏鸡的小贩正在太阳下逗那一箱子毛茸茸的小雏鸡。于是，我给他买了两只带回家，教他怎样喂养。

儿子每天按时给小鸡喂水喂食、倒鸡屎。全家人要去东北看奶奶，一走十多天，小鸡怎么办？

"是吃了还是送人？"我征求儿子的意见。

"不许吃我的鸡！"儿子坚决地说。他抱起小鸡跑下楼。等我追出来，见他把小鸡放到地上，焦急地对小鸡说："小鸡、小鸡你快跑，跑到不吃你的人家去！"

这情景让我非常感动。那只小鸡究竟跑到谁家去了，我不得而知，可我却看到儿子的个子在长高，爱心也在成长。

小学毕业时，学校号召为灾区捐款，儿子一次捐了 50 元，这是他攒了一年的压岁钱；上中学时，一个风雨交加的新年之夜，他跟同学走地铁通道，看见一位老奶奶在寒风中卖地图，他给了老奶奶 100 元，让老奶奶马上回家过年。回来后他对我解释说："老奶奶肯定是家里没钱，要不大过年的干吗要在外面受冻？"

“对，你干得好！妈妈支持你！”我肯定了他。

孩子有这份爱心，做母亲的，知足了。如果孩子无情无义，即使获得世界上最高的位置，又有什么意义？

爱心来自对生命的敬畏。孩子内心世界中最深厚、最真挚的爱，来自对妈妈的爱。真爱孩子，就是要让孩子从小体验生命的孕育，珍惜生命的不易。

余心言（中宣部原常务副部长徐惟诚同志的笔名）是全国少年儿童的“知心爷爷”。他特别为孩子们设计了一个活动——带领孩子进入一个未知的世界。这个未知的世界，不是外星人的世界，不是幽深的大海、森林或者山谷，而是孩子们最亲爱的妈妈的世界。

活动的名称是“不知道的世界——我的妈妈”。活动是从余心言同志通过《知心姐姐》杂志给全国小朋友提出的56个问题开始的。

余心言在《不知道的世界——我的妈妈》这篇文章的开头写道：

> 请不要以为我把标题写错了。不要以为不知道的世界只存在于遥远的古代或者莫测的未来，只存在于宇宙星空或者地层的深处，只存在于科学的未解之谜中。妈妈的确是你最亲近最熟悉的人。但是妈妈身上同样有你不知道的世界。你不相信？好，请你看看下面的问题，你能回答多少。

接下来，余心言同志提出了关于妈妈的56个问题，每个问题都十分具体、动人心弦：

> 妈妈出生在哪一年的哪一天？
>
> 妈妈的属相是什么？
>
> 妈妈出生的地点在哪里？
>
> 妈妈叫什么名字？谁给她起的名字？有什么意义？

妈妈小时候在哪里洗澡？

妈妈像你现在这样大的时候吃过什么水果？一次吃多少？

妈妈小时候喝牛奶吗？

妈妈长到多大开始吃上巧克力、冰激凌？

妈妈读小学时用过几个书包？什么样的书包？多少钱一个？

妈妈在学校里受过什么表扬？

妈妈读小学时有多少本课外读物？

妈妈小时候玩什么游戏？

妈妈会背哪些古诗词？

妈妈爱唱什么歌、会跳什么舞？

妈妈小时候会做哪些家务？

妈妈什么时候有了自己的手表？

妈妈多大的时候谈恋爱？妈妈多大岁数时结的婚？有哪些人参加了她的婚礼？

妈妈怀你的时候有什么妊娠反应？

妈妈生你的时候是顺产还是难产？经历过什么痛苦？

你吃过妈妈的奶吗？多长时间？奶水够不够？妈妈想了什么办法？

你断奶的时候，妈妈想了哪些办法？

你小时候有没有夜啼不睡觉的毛病？如果有，妈妈怎么办的？

你小时候有没有挑食的毛病？如果有，妈妈怎么办的？

你小时候妈妈一天要给你洗多少块尿布？

你有没有受伤出过血？当时妈妈是怎么做的？

妈妈何时参加工作？都做过哪些工作？

妈妈第一个月的工资是多少？怎样用的？

妈妈在工作中受过什么奖励，得过什么表扬？

妈妈一天工作几个小时？路上几小时？做家务几小时？吃饭几小时？

睡眠几小时？

妈妈一般晚上几点睡觉？早上几点起床？你先起还是她先起？

妈妈体重多少？血压多少？血脂多少？

妈妈戴不戴眼镜？如果戴，是多少度？

妈妈最大的心愿是什么？

妈妈最快乐的事是什么？

妈妈最忧愁的事是什么？

…………

问题还可以提不少。这些问题肯定有一些是你能回答的，可能也有不少你说不上来，但只要一调查，便不难找到答案。而且，你的收获一定不止这些答案本身。

在“手拉手读书交友”夏令营中，我们把这 56 个问题制作在一个大转盘上，56 个格，箭头转向哪一格，就回答哪一个问题。80 多名小营员 99%没有回答上来。只有一个男孩说：“我知道，我妈妈是在我 7 岁的时候吃的冰激凌。”我问他是怎么知道的，他说：“我 7 岁的时候，妈妈第一次给我买了冰激凌，我妈说，让我尝尝，我也没吃过。”

一个武汉女孩站起来说：“我妈最大的快乐就是生我。”

她的妈妈是领队老师，我便把这位妈妈请上台，请她谈谈生孩子时的感觉。

她说：“当我把女儿生下来的时候，我觉得我是世界上最幸福的女人。”

“那生孩子的感觉是什么呢？”我问。

“当然是痛苦！可我从来没跟孩子说过。”

“是呀，我的感觉跟你一样。”我接过她的话对孩子们说，“我妈妈生了 6 个孩子，我是老五。记得我 5 岁时，妈妈又生了一个小妹妹。看妈妈那高兴的样子，我就认为，生孩子一定是件很好玩的事，要不妈妈怎么那么高兴呀！直到我生孩子那一天，我才知道，生孩子原来是一件十分痛苦的事。

“……晚上 11 : 00，我进了产房。里边有好几位临产妈妈，她们一个个挺着大肚子，哭呀、喊呀，‘妈呀，疼死啦！’我一下惊呆了！看到她们痛苦的样子，我忽然想起我的妈妈，眼泪唰地流了下来。妈妈生了 6 个孩子，经历过 6 次痛苦，我怎么一点儿也不知道呀！

“还没等我想明白，我自己的肚子也疼起来，疼得我死去活来，疼了整整一夜。第二天早上，只听值班的医生对接班的医生说：‘这个人 30 岁了，快使用机器助产吧！’于是医生用‘电吸’器，把孩子吸了出来。我第一眼看到孩子脑袋那么长，心想：‘不好，怪胎！’过了几天，长出的部分复原了，我才长长舒了口气：不是怪胎，是个挺漂亮的儿子！

“有了孩子，我明白了为什么‘养’儿才知父母恩，为什么中国古代书上早就称‘生日，父忧母难日也’。当时，我有一种刻骨铭心的震撼，心中产生一种强烈的愿望，妈妈真是太不容易了，今后我要好好孝敬妈妈，报答她的养育之恩。”

这种生命的教育，对任何一个人都有着强烈的震撼作用。

一次，北京电视台请我做节目嘉宾，主角是个 11 岁的男孩，他 9 岁时离家出走，在外面流浪了 2 年。

主持人问他：“你在外面流浪时最想谁？”

男孩说：“最想我妈妈。”

“你怎么想的？”

“我想如果我有了钱，一定买辆汽车，把我妈接出来看看。”

男孩子为什么那么想他妈妈呢？无意中他讲了一件事。

在他很小的时候，他家的母猫难产。小猫死在了猫妈妈的肚子里，妈妈让他帮助母猫把小死猫拽出来。

“当时那只母猫悲惨地叫着，”男孩说，“每拽出一只小猫，那母猫就使劲地叫，有一只小猫身子拽出来了，头还留在肚子里。就在母猫惨叫的时候，我妈说了一句话：‘生你的时候也这么难！’我这才知道，我妈真不容易呀！”说到这儿，男孩大声地哭了。男孩的妈妈也哭了。

听着孩子震撼心灵的呼喊，我想，那些轻生的孩子，可能从未有人跟他讲过，生命是怎么来的，自己是怎么长大的。也从未思考过，我该如何去回报给予我生命的人。我也理解了，为什么有些国家小学校园的墙壁上，贴的标语是："爱你的妈妈！"

是呀，不爱妈妈的人，又怎么会爱祖国呢？

台湾的生命教育课有一个"体验生命的孕育，珍惜生命的不易"的课程，让孩子胸前负重10公斤，不用双手撑持，上楼、下楼、快走，体验孕妇的艰辛。做过这个体验的学生，将更能体会母亲的辛苦，更会珍惜自己的生命。

参加夏令营的孩子在接受记者采访时都哭了。他们说："假如换一个题目：'不知道的世界——我的孩子'，我的妈妈能回答上来，可我却不知道。"

夏令营结束时，我们给孩子们留了"作业"，回去采访爸爸妈妈，回答出这56个问题。

一个月后，我们收到许多孩子写来的信。其中一个男孩说："我问了妈妈才知道，小时候我一天要尿湿30多块尿布，妈妈用手洗，手上都洗出泡了……今后，我要多为妈妈做点事。"

哈尔滨的一个娇娇女，在夏令营头两天还因为想家哭鼻子，天天给家里打电话。参加"不知道的世界——我的妈妈"活动后，她变化很大。她把零花钱全给妈妈买了礼物，回到家还主动做家务，照顾妈妈。爸爸很奇怪，给我们打来电话，问孩子才去三四天，为什么会发生这么大的变化。

我告诉他，是因为你的女儿懂得了生命来之不易，知道什么是父母的养育之恩。

真爱孩子，不能一味溺爱孩子，更不能粗暴地打骂孩子，而是要用母亲博大的爱去感动孩子，唤醒孩子对生命的敬畏，对生命的尊重。

母爱，那是珍重生命的爱。

母爱是地。

暴力是祸——不要给孩子一个恐怖的世界

恐怖文化给儿童带来了恐惧。

一个一年级的男孩夜里突然尖叫着从自己的房间里狂奔出来。妈妈被惊醒，还没明白过来是怎么回事，儿子便紧紧抱住她的腿，浑身发抖。妈妈想抱起他，却掰不开儿子的手，只能轻轻地抚摸他的后背，轻轻地和他说话。十多分钟后，儿子的手才慢慢松开，在妈妈怀里睡着了。这以后，小男孩每天都要妈妈搂着他睡。经过了解，原来儿子在同学家看了恐怖光盘。这个同学的父亲出差，母亲经常加班，于是家里常有六七个学生一起看恐怖片或武打片。

近年来，这样的情形越来越普遍。恐怖电影、小说、卡通、游戏正在互联网上迅速传播，恐怖文化正悄悄侵袭孩子的心灵，威胁着未成年人的心理健康。

恐怖文化对成长中的孩子，危害之大不容忽视。

江西南昌市第二十中学初一（3）班的熊珊同学，给“知心姐姐”来信说，她的烦恼就是胆子小，“因为小时候我调皮，晚上睡不着觉，外婆就唬我，让我睡觉，久而久之，那些吊死鬼、水鬼等天天在我眼前晃，更睡不着觉了。真不知该怎么办”。

河北张家口市桥东区陵园路东风小学五（2）班刘凯欣同学在给“知心姐姐”的来信中这样写道：“我是一个十分胆小的孩子，什么都怕，特别是怕黑。晚上躺在床上，总是不停地胡思乱想，尽想一些可怕的东西，像卖小孩的人、鬼、干尸，等等。晚上我总是盯着窗子看，好像一扭头，干尸就会从窗子外面进来（我家住在七楼），我也知道世界上没有鬼，可我还是会害怕！知心姐姐，救救我……”

处于青春期的少年，易于塑造，也容易反抗，他们常常因为压力大又不善于减压而烦躁不安，有较强的逆反心理，与大人针锋相对。处于自闭、反抗期的少年，如大量接触恐怖文化，会促使心理的反抗情绪转化为暴力。近年来屡屡发生少年残忍杀害父母、老人、同学的暴力事件，其手段多与恐怖片相似。孩子的心灵，本应是产生理想的殿堂，但由于受恐怖文化影响，却成为滋生暴力的土壤。

2002年，一家报纸报道，四川眉山市发生了8名少年殴打14岁少年致死案。

12月29日晚上，8名少年在虚拟世界里杀得天昏地暗，忽然发现14岁的中学生吴超也来上网。

“走，把他弄来打一顿！”刚刚在网上经历过一番紧张厮杀的少年们意犹未尽，他们迫切地想找个真人来“过招”。他们堵住了吴超，并把他带到了附近的一条小巷中。

他们要一个一个和吴超“正式决斗”，要求吴超打赢了才可以走。8个少年轮番上场，拳打脚踢，上演着网络游戏中发生过的暴力。到晚上十点多，当大家都累得停下来时，吴超已经奄奄一息。8个少年心满意足地准备四散回去。这时只见吴超摇摇晃晃地走了几步，突然一头栽倒在地……

和平的环境是人创造的。如果我们的下一代对暴力感兴趣，你能保证未来的世界不发生战争吗？你能保证我们未来的生活不产生动荡吗？

占世界总人口比重约27%的15岁以下的中国孩子从小就要远离暴力，远离恐怖，远离伤害，珍爱生命。

令人不安的是，今天的校园暴力、家庭暴力、少年犯罪低龄化已成为世界现象。少年犯罪，不能仅仅看成是个别孩子的道德问题。值得反思的是，我们的家庭、学校、社会是否为孩子的成长提供了塑造美好心灵的环境？我们的文化是不是在不经意中在孩子心灵中埋下了暴力的种子？

人之初，性本善。人生下来本是善良的。人的残忍和暴力的行为，很多是从童年伤害小动物时获得快感开始的。

一次，一个新开张的野生动物园请我们去参观。大门口贴着一条醒目的标语："活鸡喂老虎，刺激！"一对夫妇带小女儿来玩，父母花钱给孩子买了一只活鸡，坐上车去看真老虎。车走到老虎跟前，父母让孩子把活鸡扔出去。眼看活鸡被老虎吃了，车上的大人发出狂笑。小女孩却在流泪，她捂着眼睛，恐惧地说："我怕！小鸡好可怜呀！"

我找到野生动物园的领导，气愤地说："你们光顾赚钱，有没有考虑到孩子心里的感受？你们让这么小的孩子看杀生，看'大欺小''强欺弱'，你们想没想过，在孩子眼中，这个世界会变成什么样子？"

现在一些游乐场所，鼓励孩子玩"杀生"的游戏，网吧的老板纵容孩子玩"杀人"的游戏。这些未成年人，开始是恐惧的，但由于爱寻找刺激的年龄特点，会越陷越深，当他们以杀害小动物为乐时，当他们在网上把对方"砍杀"得鲜血喷溅时，当他们以"大欺小""强欺弱"为荣时，他们原本的善心开始泯灭，他们的爱心开始被埋葬，最终，他们会从杀人中寻找更大的刺激，以致出现"绑架"同学，"活埋"同学，杀害父母、老师等恶性案件。

一个署名"您的儿子：黄河"的初中生，给我写来了一封"鸡毛信"，信中说，他原本是一个品学兼优的班长，自从被人拉去看了黄色录像片，被迫与一女孩发生性关系后而不能自拔，极为痛苦，想自杀，希望"知心姐姐"能救救他。

我立刻给他回了信，开头写的是："我的儿子'黄河'：谢谢你对我的信任，我马上去见你！"

几天后，我利用去做报告的机会，把他从县里接到市里，我们在宾馆里见了面。

男孩子英俊魁梧，说话却有点腼腆。

他说，以前他成绩一直很好，是个班长。一次，同班一个女生强拉他去她家。一进屋，四五个花枝招展的少女正在她家看"黄片"。"黄片"极为刺激。看过后，这个女孩子硬拉他进卧室，逼着他发生了关系。

"她家没有大人吗？"我问。

“她妈是开酒楼的，经常不在家。后来我才知道，那几个少女都是她妈雇的员工。事情发生后，那个女生好像无所谓，我觉得很恶心。我再无心学习，整天胡思乱想，上课走神，学习成绩直线下降。老师和父母都很奇怪，问我怎么回事，我没说。”“黄河”低着头述说着。

“后来呢？情况有变化吗？”

“一次我在电视里听您在讲青春期性教育，您说，如果看了‘黄片’不能自拔，可以通过体育运动来分散注意力，焕发朝气，我试了试，还挺管用。可我心中一直很恨！”

“你恨谁呢？”

“我恨那些出‘黄片’的人，我将来一定要当警察，把这些坏人都抓起来，把这些黑店、黑网吧都关闭！”“黄河”越说越气，牙齿咬得咯咯响。

“你是好样的！”我鼓励他，“我相信你的理想能实现！你要尽快走出阴影，丢掉包袱，轻装上阵。失足不可怕，可怕的是执迷不悟，越陷越深。你要加强锻炼，刻苦学习。当警察没有好身体不行，没有文化也不行。希望你也去帮帮那个女生，不要让她堕落下去。她毕竟是你的同学，也是个受害者。”

“这件事到此为止，不必去和任何人讲，在你心中把它埋葬。”最后，我嘱咐他，我怕他的父母知道此事，施加不必要的压力。

“黄河”笑着点点头，他笑起来真帅！

面对宣扬色情、凶杀、暴力、封建迷信和伪科学的非法出版物的侵害，面对恐怖文化的泛滥，我们不能等闲视之。

对于上学的儿童，父母要关注儿童上网，最好把电脑放置在客厅，这样可以改善儿童上网的环境，防止恐怖片的侵害。父母要常常带儿童出去玩，开拓孩子的眼界，陶冶孩子的心灵，并且多与儿童沟通，减少孩子的恐惧。

少年的父母要关注少年的内心世界，给予他们更多的人文关怀，安慰他们孤独的心灵，帮助他们减少压力，为他们创立宽松和谐的成长空间。

对那些“胆小”的孩子，学校和家庭要进行“壮胆教育”，培养孩子的勇敢气质，多让孩子参加体育锻炼，或参加“我能行”夏令营。

总之，大家要携起手来，共同保护未成年人的健康成长，别让恐怖霸占孩子的童年。

暴力是祸。

第六章　怎样发掘孩子的潜能

爱孩子的八种办法

亮点要放大——用爱的眼睛发现孩子

心中有爱才能发现爱。

成人拥有爱的眼睛，才能发现“棒”的孩子，如同“情人眼里出西施”。

一次，我去一个城市给父母做报告，主题是：今天我们怎样爱孩子。

散会后，等待签名和咨询的人排起长队。许多父母、老人是带着孩子来的。不论是大人孩子全都叫我“知心姐姐”，让旁边一位年轻的记者十分好奇。

一个8岁的小女孩跟我聊得十分开心，临走时她妈妈提醒说：“跟阿姨说再见！”女孩却一字一句认真地说：“知心姐姐再见！”我一听乐了，拍拍她的肩：“好！够朋友！”

会后，那位记者问我：“这么多年，不管您长大了多少岁，大家一直叫您‘知心姐姐’，连小孩见您也能很快与您沟通，这是为什么呢？您有什么秘诀？”

我笑了，坦率地告诉她说，我有一双爱的眼睛，5分钟之内就能发现孩子跟别人不同的地方，发现他身上的闪光点，发现他的长处。这是我的习惯。我始终认为所有的孩子都是好孩子，他们身上有很多“棒”的地方，只是有的没被别人发现，如果能被发现，他们的表现比谁都不差。

一次，我到无锡市沁园小学，在那里成立“知心家庭学校”。

那天，我走进多功能厅，面对几百名孩子和他们的父母，依次回答他们提出的各种各样的问题。

忽然，一个高个子男孩从后排挤到台前，满脸不高兴，气呼呼地问道："他们给我起了好多外号，都特难听。"

"什么外号？说说看！"

"我眼睛小，他们叫我'小眯缝眼'；我做俯卧撑起不来，他们就叫我'软骨病'！我很生气！"男孩的脸涨得通红，大口喘气。

我笑着看着他生气的样子，却发现他的嗓门很大，而且音色很好。我马上对他说："你的声音很洪亮，唱歌一定不错吧？"

"算您说对了，我是合唱队的领唱！"男孩得意地说。

"你叫什么名字？"我提高声音问道。

"顾欣坚。"孩子的声音更大。

"好，我也给你起个外号怎么样？"

男孩瞪大眼睛，诧异得说不出话来。但我从他的目光可以读懂他的反应："您怎么也给我起外号？"

"就叫你'顾大歌唱家'，怎么样？"

"好，好，这个外号好！"男孩乐得一个劲儿地点头。

我对台下的同学们说："现在请'顾大歌唱家'给我们唱两句吧！如果你们认为他像歌唱家，就使劲儿鼓掌；如果觉得他不像，就小声鼓掌。"

顾欣坚亮开嗓门唱了两句，引来全场雷鸣般的掌声。

我又说："请大家再跟我配合一下，咱们一起鼓掌一起说：'棒，棒，棒，你真棒！顾大歌唱家你真棒！耶——'"

家长和孩子便齐声喊道："棒，棒，棒，你真棒，顾大歌唱家你真棒！耶——"

我们的"顾大歌唱家"在一片赞扬声里兴奋不已，脸上绽放着自豪、骄傲。

散会后，我对校长说，请您再配合一下，星期一的全校升旗仪式上，您让顾欣坚再当众唱首歌。唱完后，您再领着大家一起说："棒，棒，棒，你真棒，顾大歌唱家你真棒！耶——”这样的做法，叫“形象再塑”。

后来，我再次见到顾欣坚学校的辅导员，第一句话就问：“这么长时间了，咱们那位‘顾大歌唱家’怎么样了？”

辅导员告诉我，顾欣坚现在可神气了，走到哪儿都挺胸昂头的。没人再叫他“小眯缝眼”了，都亲切地叫他“顾大歌唱家”呢。

讲完这个故事，我对那位记者说，“知心姐姐”的魅力在于，随时随地都用欣赏的眼光看孩子，用孩子的世界是多色彩的这一标准评判孩子，最终你会发现，每个孩子都很棒。

孩子是天使，他们对成人的评价十分敏感。你爱他、喜欢他，他通过你的眼神就能感受得到，一旦他接受了你的爱的信息，你说什么他都能听到心里去。

成人爱的眼神，来自爱的发现。无论是什么人，一旦发现了令自己惊喜的人或事，眼睛总会发亮。所以，爱的关键就在于发现，让自己心中的激情燃烧起来。

怎样去发现呢？就是要透过现象看本质。

武汉市有个学习不太好的学生，上课听讲的时候却特别爱举手。有时老师的问题还没提完，他的手就举起来了。可老师叫他起来回答问题时，他又回答不上来。课后，老师找他谈话，问他：“你不会，为什么还要举手呢？”

这个男孩坦白地说：“同学们都笑我，说我成绩不好，说我笨。我不服气，所以老师提问我就举手，想表现表现。可是，我真的不会。”

学生的坦诚让老师很感动。于是，他和这个学生订了个“君子协议”：“以后老师再提问的时候，遇到你真的会回答的问题，就举左手；如果不会，就举右手。记住了吗？别举错了。”

学生点点头回答：“记住了。”

老师心里有了底，再上课提问的时候，任凭男孩的右手举得再高，老师也视而不见；但他一举左手，就马上叫他回答。果然学生回答得不错。老师便表扬这位学生很棒，同学们也对他刮目相看。从此，这位学生的学习大有起色。

这位老师真棒！他透过“爱举手”这一现象，看到孩子要求上进的积极性。如果老师没有爱的眼睛，想必会认为这个孩子是在“捣乱”，如果再没好气地训斥几句“捣什么乱？想好了再举手！坐下”，那么这个孩子再也没有勇气站起来了。

同样的做法在北京也出现过。北京光明小学刘永胜校长提出一个口号：“在课堂上要让所有回答问题的孩子都毫无遗憾地坐下！”

这是多么有人情味儿的宣言！它体现的意义就是保护了所有孩子学习的积极性。

孩子身上的许多优点、长处常常被埋没、被忽略。北京前门小学钱红石校长有一句名言：“只要看重您的孩子，就会让蒙尘的金子闪光！”重视孩子，就是最富有力量的爱。

我去西安兵马俑参观时，导游为我们讲述了一件很有趣的事：

美国前总统克林顿参观兵马俑时，曾问：这兵马俑是谁发现的？人们告诉克林顿，是一位姓杨的老农民。他在家里挖井时，挖出一个与众不同的瓦块，感觉很不一般，就交给了当地的文物部门。经过鉴定，发现这个瓦块是秦始皇时代的殉葬品——兵马俑的一部分。克林顿十分佩服这位老农民，提出想与他见见面。老农民来后，克林顿掏出一个小本子，恭恭敬敬地请老人签名。老杨头不识字，便认认真真地在上边画了三个圈。

克林顿走后，当地一位书法家教老杨头写字，只写他名字那三个字。现在，这位老人天天在兵马俑博物馆签名售书，吸引来大批游客。

导游还告诉我，由于发掘出了兵马俑，这里昔日贫瘠的土地成了旅游胜地，中外宾客纷至沓来、络绎不绝，过去生活贫穷的农民也一天天富裕起来。当地农民中流传着一副挺有趣的对联：

上联：翻身不忘共产党

下联：幸福不忘兵马俑

横批：感谢老杨

仔细想一想，我们应该感谢老杨。他挖出一个瓦块，看到了它的不同，发现了它的价值。

我们做父母的，如果也有老杨这样一双善于发现的眼睛，孩子也会感谢自己的父母。

鼓励要及时——用爱的鼓励调动孩子

现在的父母，发现孩子的优点和长处还不够，还要毫不吝啬地把你的赞美表达出来，告诉孩子："你是最棒的！"

2003年10月，北方已是寒风阵阵的晚秋天气，而南国的厦门仍是赤日炎炎。我下了飞机直奔厦门一所中心小学，同那里的孩子们见面。

活动开始后，全校学生都站在操场上。欢迎仪式一结束，学生们"唰"地坐在草地上。我环视全场，希望看清所有的孩子，我想他们也希望"知心姐姐"能够看到自己。

孩子们坐在草地上，实在是"千姿百态"，让我不敢恭维。但是，第一排一位虎头虎脑的小男孩吸引了我的目光：他盘腿坐在那里，手搭在膝盖上，腰挺得溜直，一对大眼睛闪闪发亮地盯着我。

我情不自禁地说："我们中心小学的同学都有好的形象、好的素质，坐有坐相、站有站相。真是'站如松，坐如钟'！"

我的话音未落，所有的同学都坐直了，比喊口令还灵。

我又说："坐得最标准的就是前排这个小男孩，坐得很精神，而且也很有功夫。大家看，他的手很自然地搭在膝盖上，脊背挺得很直。大家知道，脊椎挺得直有很多好处。脊椎是人体神经的交通要道，如果脊椎是弯的，就会让神经发生‘交通堵塞’，就会对身体健康有影响。”

听了这番话，同学们坐得更直了。

下午，为学生父母做报告时，我又特别讲到了早上那个男孩。我很遗憾地告诉大家，当时忘记问他的名字了。

报告结束后，我正要乘车离开时，跑过来一位先生，他隔着车窗玻璃兴奋地对我说：“您说的那个男孩是我的儿子。”我高兴地说：“太好了，您儿子真棒！”这位先生连声说：“不行，不行，坐得直也算棒呀？”我忙说：“对呀！坐得直大人都未必能做到，孩子做得到，您说他棒不棒？”

有的老师喜欢当众批评孩子，让孩子在大家面前“出丑”，以为这样做，就会给孩子“深刻的印象”。其实，这种方式会严重伤害孩子的自尊心。真正有效的方法是“当众表扬，背后批评”。

面对众人，最好的方法是用爱的鼓励调动孩子。你把对孩子的要求变成鼓励，孩子一定会“配合”你。

一次，我陪团中央书记处书记张晓兰去山西灵丘县赠书，这里是团中央的扶贫点。

学校操场上坐满了穿蓝色校服的孩子。张晓兰书记讲话时，我仔细地观察着台下的农村孩子。我发现他们很爱听这位年轻漂亮的领导讲话，可是红扑扑的脸蛋上挂着紧张的表情，想鼓掌却又不大敢使劲。

当我代表中国少年儿童新闻出版总社和联合国儿童基金会向孩子们赠送一万册《手拉手讲卫生》卡通书时，我站在孩子们面前，像发现新大陆一样神秘地告诉大家：“我在台上看你们好久了，发现灵丘的孩子有三大优点：第一，坐得直。”

话音如同口令，全场的孩子“唰”地一下坐得直直的。

“第二，笑得美！”

听了这个，孩子们都笑起来，笑得真美。台上的大人们也笑了。

“第三，掌声响。”

台下的孩子们开始鼓掌。我说:“先等等再鼓掌，我先给你们说说鼓掌的好处吧。”

我对孩子们说:“鼓掌不仅是对讲话人的感谢，而且对自己的身体也大有好处。在我们的手掌上有许多毛细血管，这些细小的血管连着人体全身大一些的血管。你一鼓掌，等于在拍打血管，就会大大地促进血液流通。血液流动畅通了，大脑氧气就会充足，你就会觉得头脑清醒、浑身有劲。你们说，鼓掌好不好啊？”

“好！”没等我发令，孩子们已经“哗”地鼓起掌来。

“先别着急！我问问你们，平时写作文时是怎样形容热烈的掌声的？”

“暴风雨般的掌声！”孩子们齐声回答。

“好！说得对！你们想知道暴风雨般的掌声是怎样产生的吗？”

“想！”孩子们的喊声震耳欲聋。

“把双手放在胸前，然后快速使劲儿地鼓掌十下，立刻停止。来，咱们一起试试！”

试了两次，效果极好，真是“暴风雨般的掌声”。

此时，场上气氛已经活跃起来，孩子们的热情也如同春风一样，一阵阵拂面而来。我一边讲话一边提问，得到了孩子们的积极配合。

会后，当地的老师兴奋地说:“知心姐姐，你可真有一套，把我们的孩子们调动得那么好。平时看他们挺呆的，见到生人都不敢说话。没想到，今天我们的学生还真露脸！”

我对老师说:“其实，谁的孩子都不呆，只是他们需要调动。调动他们，不能说你瞧人家城里的孩子多棒，你们怎么这么笨！还不知道努力！而是要对他们说:‘你们真棒！你们跟城里的孩子一样棒！’而且，当场要把孩子们‘棒’的地方指出来，让他们能感受到。人一旦找到好的感觉，就会自动朝好的方向发展，越变越好。”

北京前门小学钱红石校长，曾经想出一个调动全校师生、家长积极性的“高招儿”：全校开展“让我夸夸你”的活动。每人都把夸别人的话写在小纸条上，贴在对方能看得见的地方。没想到，这小小的建议在全校引起大大的震动。老师夸同学，同学夸老师，父母夸孩子，孩子夸父母，就连老师与家长也互相夸奖，“夸”出了许多感人的故事。在“夸”的作用下，好朋友关系更好了，一些“冤家”消除了误会，也成了好朋友。

钱校长对我说：“我这个人最不在乎别人说好说坏，可没想到，活动开始后第二天，我办公室的门上就贴满了小纸条，上面全是夸我的话，而且还夸得十分具体。这些小纸条，有老师写的，有学生写的，还有学生家长写的。我当时真的很激动，忽然觉得‘被夸的感觉真好’。我感觉到，有那么多的人在关心和支持我，我会做得更好。就说我们学校一名年轻骨干女教师吧，她家住在海淀区，每天上下班要花好几个小时。本来她已经写好了辞职报告，准备调职到离家较近的单位工作。活动中，她也收到许多夸她的小纸条，她万分激动地对我说：‘校长，我不走了。我生是前门小学的人，死是前门小学的鬼！’你看，‘夸’的魅力有多大！以前过新年，我们常常站在批评的角度向别人提希望。如今，我们要站在欣赏的角度看别人。”

我建议钱校长，年底迎新年大会的主题就叫：“被夸的感觉真好！”让大家都来说说自己被夸的感觉。

不知钱校长后来是否采纳了我的建议，可他讲给我的故事却深深印在我的记忆中。

人人都需要赞美，需要被认可。大人如此，何况孩子？因此我想告诉所有爱孩子、关心孩子成长的人们，调动孩子最好的办法就是：不要吝惜给予他们赞美。

有人在爱我——用爱的感觉滋养孩子

一天，全国特级教师孙蒲远老师给低年级学生上课，讲“爱是什么”。

“我们爱自己的妈妈，爱我们周围的花草树木，爱我们伟大的祖国。今天，我们要表达出我们发自内心的爱。”一开课，孙老师就充满感情地对孩子们说了这样一番话。

“你们看到的‘爱’是什么颜色的？从你手中的彩色纸里找出这个颜色，再说说为什么是这个颜色。”孙老师进一步启发着孩子们。

“爱是红色的，因为红色鲜艳，国旗就是红色的。”

“爱是黄色的，因为黄色明亮，菊花就是黄色的。”

“爱是白色的，因为新娘穿的白色婚纱太美了，特别让人喜欢。”

“爱是黑色的，因为黑色是大地母亲的颜色。”

“爱是绿色的，大树和小草都非常可爱。”

“爱是金色的，因为太阳是金色的。”

…………

孩子们争先恐后举起手中五颜六色表达爱的纸条。

“大家说得都很好。再想想，还有没有同学认为爱是别的颜色的？”孙老师笑眯眯地问。

“有！”一个男孩站起来，“爱是无色的。因为空气是无色的，我们谁也离不开空气！”

“太好了！”孙老师满意地说，“那么，请大家再想想，‘爱’是什么声音的？你能表达出来吗？”孙老师提出了第二个问题。

“爱是大声的！我爱祖国，就对着红色的国旗大声喊：‘祖国妈妈，我爱你！’”一个女生激动地回答。

“爱是小声的！我看到公园里叔叔小声对一个阿姨说：‘我爱你！’”这个男生的回答，引起全班哄堂大笑。

“还有不同的答案吗？”孙老师又问。

“爱是无声的，妈妈的爱是无声的。”

孩子们精彩的回答，再一次得到老师的赞扬。

“我再问你们，你认为爱应该是什么味道，什么感觉的？”孙老师提出第三个问题。

"爱是甜甜的，甜甜蜜蜜的。爱是香香的，像花一样香。"

"爱是温柔的，让人很舒服。"

"爱是光滑的，爱是暖暖的。"

最后，孙老师让每个孩子都总结一下："你对爱的最深感受是什么？是颜色？是声音？是样子？是感情？……"伴随着孩子天真的回答，教室里回响着歌颂爱的音乐。

对学生来说，上这样的一堂课简直就是一种享受！老师引导、启发得多么精彩、巧妙，可谓"润物细无声"。看得见的爱，看不见的爱，有声的爱，无声的爱，都让孩子们感觉到了，这就是爱的启迪的教育。

人最先应当接受的就是爱的教育。没有情感或感情淡漠的人，他的人生肯定是没有光彩、不幸福的。

现在，很多孩子患有"感觉缺乏症"，对什么事物都"没感觉"，对父母、亲友、老师、同学以及各方面给予他的爱全然"没感觉"。

这是为什么？病因又在哪里呢？

孩子的"没感觉"，很大程度在于我们的家庭教育和学校教育忽视了对孩子情感的培养。孩子从小生活在一个单调的、冷冰冰的环境之中，对周围的事情熟视无睹，以致一写作文就犯愁。

一位小学教师对我说，曾经给学生出了一个《我做的一件好事》的作文题。结果全班70%的孩子写的是捡钱包，算一算一共"捡"了37万元，全是瞎编的。"大街上要是有那么多钱包可捡，那我们就不用上班了，大家都去捡钱包为生好了！"这位老师哭笑不得。

为什么写不出作文呢？因为脑子里空空荡荡，什么感觉都没有。

一天，北京男孩张驰跟他做教师的父母张鸣山和杜娟英一起走进中国教育电视台，参加《知心家庭》节目的录制。

北京四中毕业的张驰虽然只有22岁，却已经是英国剑桥大学最年轻的中国籍博士生了。在他 18 岁的时候，他进入英国埃塞克斯大学攻读本科。英国著名广播公司BBC采访他，称这个来自中国普通家庭的孩子为“中国人的骄傲”。

张驰的父母认为，儿子最大的成功是做人的成功。父亲张鸣山说，儿子让我们感到放心的，是他对父母、对朋友、对社会、对祖国有一种感恩报效的爱心。没有爱心的人很自私，生活也不会幸福，可能他经济上很宽裕，但仍然不幸福。

张驰的父母从小重视对儿子道德的培养，他们看重的是儿子的心灵。父亲总对儿子说：“只要你尽力了，无论你做什么，我们都认为你是我们的好孩子，一如既往地爱你，不在乎你是工人、农民还是教授。”

张驰从此开始注意观察周围的人。他心目中的英雄是幼儿园的花匠李伯伯。李伯伯是个种花人，可在张驰的心目中，他是一个非常成功的人。李伯伯不仅把花养得很漂亮，更把对生活的热爱灌输到每个孩子的心灵。从李伯伯身上，张驰感受到了生活的丰富与快乐。所以，他特别崇拜李伯伯。父母对他的这种感情也倍加重视。他们认为，孩子从小崇拜什么人很重要，如果爸爸妈妈一心攀高枝，要求孩子一定要成为高一等的人，孩子就会成长得很辛苦，也会患“感觉缺乏症”。

母亲杜娟英是北京实验二小的教师，她特别注意对孩子情感的培养，提醒孩子注意感受周围人对他付出的爱。她讲了这样一件事：

邻居家住着一对生活清贫的老两口。为了省电费，他们晚上不怎么开灯，很早就睡觉了。

一天晚上，张驰的父母去夜大上课，把年幼的张驰一个人留在家里。回来时，他们发现老奶奶家的灯开着。听见院门响，问明是他俩回来，老奶奶就把灯关了。

妈妈问儿子：“张驰，你想想，你一个人在家的时候，奶奶的灯为什么亮着？”

张驰说：“噢，那是奶奶为我壮胆呢！”

妈妈又提醒他："奶奶没有说'我可给你壮胆呢，我可是开着灯呢，我可为了你多花钱了'，对别人的爱应该是默默奉献的。"

从那以后，张驰学会体味别人对他的关爱，并尽可能地给予回报。他在初一的劳动课上学会了擦自行车，从此，每次自己过生日，他都会把父母的自行车擦一遍。

我作为嘉宾主持人，在节目的最后对观众朋友们说：培养孩子最重要的是培养孩子成人。在成人的路上，父母有很大的责任，那就是在孩子心中播下爱的种子。这个爱的种子的撒播，是要通过点点滴滴的小事，甚至可能只是通过老奶奶家夜晚的一盏灯。它告诉孩子，奶奶在默默地爱你呢。孩子学会了爱，学会了默默地爱父母，过生日的时候为父母擦自行车。我认为让父母最欣慰的不是孩子上了什么大学，而是得到了孩子的爱。因为父母最好的杰作就是孩子。如果孩子很出息当然算成功，可如果对父母"六亲不认"，你说父母是成功还是失败？

这个节目播出后，引起很大反响。有的父母给我写信，检讨自己没有及时提醒孩子体会别人的关爱，导致他现在变得无情无义，造成全家的痛苦。

我复信给他们说，人的感觉系统要经常使用，不用就会退化。酸、甜、苦、辣都是人感觉出来的，人没了感觉，生活会变得多么无味！爱的感觉也需要培养，从点点滴滴去培养，因为最感人的爱往往就像人们最需要的空气一样，无色无味，看不见，摸不着。而人一旦有能力从细微之处感受到"有人爱我"，那做人与作文都将是有品位、有情趣的。

榜样胜过言语——用爱的行为影响孩子

对孩子来说，父母给予的刻骨铭心的爱，往往是"润物细无声"的。

一位成功又有爱心的西班牙人，永远忘不了小时候他父亲做的一件小事。

一次，爸爸带他去排队买票看马戏。排在他们父子前面的，是一对带着 8

个孩子的夫妇。看上去，最大的孩子也不超过 12 岁。可以看出，这家人的生活并不富裕，身上穿着廉价的衣服，却洗得很干净。孩子们都很有教养，他们两个人一排手拉着手依次站在父母后边，叽叽喳喳地谈论着晚上就要看到的小丑和大象的表演。看他们的兴奋劲儿就知道，这将是他们生活中一个十分精彩的夜晚。

当售票员小姐问要买几张票时，那位父亲骄傲地回答："我们需要 8 张孩子票和 2 张大人票。"售票员小姐告诉了他票的价钱。

孩子的母亲拉了拉丈夫的手，望着他。那位父亲的嘴唇开始颤抖，他朝前靠了靠，又问道："你刚才说是多少钱？"售票员小姐又重复了一遍。那位父亲的脸上露出难色，慢慢俯下身去，打算告诉孩子们，因为带的钱不够，今晚看不成马戏了。

这个时候，男孩看见自己的父亲把手伸进衣袋，掏出一张 20 美元的钞票，又悄悄地把它扔到地上——男孩知道，其实自己的家境也不是很宽裕。

男孩又看到爸爸弯腰捡起那张钞票，拍着那位父亲的肩膀说："先生，您的钱掉了！"

那位父亲马上领会了爸爸的好意。他接过钞票，忍着泪水，激动地说："谢谢！这些钱实际上意味很多、很多。"

那天晚上，男孩跟爸爸回家了。虽然父子俩没能看成马戏，但男孩却非常高兴。

虽然爸爸没有直接说出"做人要有爱心"这样的话，但爸爸真诚助人的行为却给儿子留下了深刻的印象，这些行为也成为日后滋养他成长为有作为、有爱心的人的养分。

行为的作用，其实胜过千言万语。父母的行为将会成为刻在孩子心中的丰碑。

如果希望自己的孩子品德高尚，自己就不要做不道德的事；如果不想让孩子欺负人，自己就不要打骂孩子；如果希望孩子讲礼貌，你自己就必须讲文明礼貌；如果你希望孩子守秩序、守规则，你自己就不要跳越马路栏杆或者闯红灯。

去德国考察时，我发现很多城市的十字路口都竖着这样的牌子，上面写着："为了孩子请不要闯红灯！"据了解，自从有了这些牌子，乱闯红灯的行人和车辆明显减少。

在法国，如果有人随地乱扔垃圾、烟头或在没有停车标志的地方停车，马上会受到旁人的阻止，并且还会灌输一套遵守社会公德为下一代做榜样的理论。

规则在孩子心中的位置，决定一个人的素质。一个明智的父母，会让孩子从小就树立规则意识。

赵先生全家是在孩子 6 岁的时候移民加拿大的。他发现外国人教育孩子并不像国内人们认为的那样松懈，反而十分严格。外国人平时对孩子多是鼓励、肯定，尽量给他们自由行动的空间，可是如果孩子一旦违反了规则，惩罚必定是极其严厉的。比如，同样是带孩子去游乐场玩，大人一声"我们该回家了"，他们的孩子不管玩得多高兴，一定会很快收拾好跟着大人回家。而自己的孩子叫了三四遍，却一点反应都没有。赵先生说："你看吧，在商场里赖着不走要大人买东西的，多数是华人的孩子。"

赵先生的见闻引人深思。那么，孩子不遵守规则的行为是不是与父母行为的影响有关呢？

一个犯盗窃罪少年的经历恰恰说明了这一点。这个少年回忆说：我第一次做坏事，是在四五岁。一次，妈妈带我去乘公交车，当时我的个头超过了"一米线"一点点，本来是应该买票的。可我妈用手按了一下我的头，我便"机警"地屈着腿走了过去，售票员没有发现。下车后，妈妈得意地说："这次上车没花钱买票！"看得出来，我妈很高兴。第二次上公交车，我学乖了，没等我妈按我的头，我自己就屈着腿上了车，售票员又没发现。下车后，我得意地对妈妈说："今天上车又没花钱买票！"我妈也连连夸我："小子，你可真聪明！"

“我第一次有了占便宜的成功感，以后便想着占大便宜。小偷小摸不过瘾，最后就结伙入室盗窃了。”少年盗窃犯的自白，让我们看到父母的言行对孩子的影响是巨大的。父母文明守规的行为能把孩子培养成正人君子，父母的不良行为能让孩子成为“阶下囚”。

教育家洛克说：“务必接受一个毋庸置疑的真理，无论给儿童什么样的教训，无论每日给他什么样的聪明而文雅的训练，对他们的行为能产生最大影响的依然是他周围的同伴，是他看护人的行动的榜样。”

成人对孩子的影响通常表现在日常的生活细节中。

肖平老师在云南师大附小的校园里，看见这样两种不同的爸爸：

一个四年级的小学生屡次不交作业，有时还旷课。班主任把这个学生的爸爸找来，跟学生一起面对面谈心。最后，孩子的爸爸表示近期每天会按时接送孩子，自己也不再打麻将了。一天中午放学后，班主任送这个学生回家，看见他爸爸正在打麻将。虽然以后这名学生不断向老师保证按时完成作业，却始终做不到，就像他的爸爸违背自己的承诺那样。

这个学校的另一个男孩，告诉过老师自己的发现：爸爸总是把写过字的废纸放在一个空盒里攒起来。起初，他认为爸爸这样做很“小气”“吝啬”，可爸爸告诉他说，废纸是再生纸的原料，男孩就也在教室里放了一只空纸箱，箱子上写着“环保箱”，号召同学们把废纸放到箱子里，装满后卖钱当作班费。这位爸爸生活中表现出来的点滴的美德，留给孩子深刻的印象。这种榜样的力量，终将成为孩子一生的精神财富。

娇生不能惯养——用爱的理由拒绝孩子

爱孩子要有原则，迁就孩子不是真正的爱，而是害。

“当孩子哭着要东西时，父母应该怎么办，是给还是不给？”一位母亲来信问我。

我在复信时，送给她一段法国著名教育家卢梭的话："当一个孩子哭着要东西的时候，不论他是想更快地得到那个东西，还是为了使别人不敢不给，都应当干脆地加以拒绝。""如果你一看见他流泪就给他东西，就等于鼓励他哭泣，是在教他怀疑你的好意，而且还以为对你的硬讨比温和地索取更有效果。"

我在复信中还对她说："孩子的欲望是无止境的，总有一天，你会拒绝他。而彼时的拒绝会比此时的拒绝给孩子的打击要大得多。当孩子放纵的欲望最终被拒绝时，轻者会造成孩子的焦虑恐惧、烦躁不安和悲愤绝望的心理，他会觉得世界上谁都跟他过不去，严重的情况下，还会引起孩子的轻生自杀行为。

"如果您想培养一个'无赖'，那就尽情地去'放纵'他、'迁就'他；如果您想培养一个很棒的孩子，那么面对孩子起初的不合理要求，您就要坚持用爱的原则、爱的理由拒绝他。"

这方面，我的好朋友王晶女士有很成功的经验。

王晶女士是福建师范大学外国语学院的院长助理，曾被评为"全国优秀家长"。她的女儿黄思路在上小学的时候曾被评为"全国十佳少先队员"。上中学的时候，黄思路出过两本书。她大学就读于北京大学，每年的寒暑假，她还会去美国学习钢琴。在我眼中，黄思路是一个很棒的孩子，不仅仅是因为她学习优秀，更因为她是一个通情达理、心态良好、很善于与人交往的懂事孩子。

许多人问王晶，你女儿并不是神童，智商也一般，可为什么她不论学什么都那么快、那么好呢？你们用了什么特殊方法培养她？

王晶说，我们一直非常重视女儿素质的培养。我们觉得，一个高情商的孩子比高智商的孩子更容易成功。在孩子成长的过程中，我们首先关心的是孩子是不是在健康地成长，能不能适应各种环境，会不会与人相处，有没有一个乐观的心态。黄思路是独生子女，我们就总有一种危机感，担心娇惯孩子，怕她变得脆弱、低能，担心孩子习惯了走平坦大道，将来不会在崎岖的道路上行走。因此，在黄思路很小的时候，我们就把每一个困难都看作一个锻炼孩子的机会。这还不算，还设法为孩子“制造”困难，让孩子学会变不利为有利，克服挫折渡过难关。

培养女儿黄思路，王晶有三件“宝贝”。

第一件“宝贝”：娇生不能惯养。

王晶说：“我们的家庭条件不错，这可以算是‘娇生’。但娇生不能惯养。如果把黄思路培养成小公主，说一不二、随心所欲，长大以后怎么能经受住委屈？再顺利的环境也难令她满意。所以，从黄思路一出生，她遇到困难我们从不替她‘扛’，而是利用这样的困难达到我们锻炼她的目的。”

有原则的爱，是理智的爱。而要坚持这种爱的原则，做父母的有时也得要狠下心来。王晶在这方面就经历了一个痛苦的过程。

黄思路上幼儿园的第一天，像大多数的孩子一样，哭着要找妈妈、要回家。因为黄思路比班里其他的孩子小，老师被她哭得心软，就把她送回了家。王晶送走了老师，对女儿说：“小朋友们都在幼儿园，还没到放学的时间，谁也不能回家。现在，你只能自己去上幼儿园了。”

女儿被挡在门外，呜呜地哭，可妈妈硬是没让她进门。

女儿知道妈妈的脾气：原则问题没得商量。最终，她妥协了，央求妈妈说：“妈妈送路路去幼儿园吧。”

王晶此刻真想一把抱起女儿，把女儿送回幼儿园。可是，她心里明白，如果今天自己送女儿回幼儿园，等于鼓励了她撒娇耍赖的行为。这样一来，明天、后天……女儿还会再哭，老师还会送她回家来。于是，王晶狠下心对女儿说：“好孩子，你自己回去，下午妈妈第一个去接你。”

女儿万般无奈地走了，她是面对着家门，一步一步倒退着离开的。一边退着一边流泪说：“妈妈再见！”眼看着女儿走远，王晶悄悄跟在她的身后，以保证孩子的安全。一个母亲下狠心让孩子从小接受磨炼，的确需要坚强的意志！

令王晶欣慰的是，从那天起，女儿上幼儿园再也没哭过。虽然女儿只有 3

岁，但母亲的举动却传递给她一个信息，那就是，有的时候一个人的愿望是会遭到拒绝的，很多事情并不是随心所欲的。

妈妈的“不迁就”，带给女儿的是持久的耐力和乐观的心态。从小经历挫折的黄思路学会了接受现实，能够调整自己的行为来适应社会的规范。她善解人意，凡事先为别人着想，发生利益冲突时，她总是自觉地调整自己去适应别人，从不强求别人来迁就自己。最重要的是，她从中获得了很大的快乐，为自己能够解决一个又一个的难题感到自豪。

王晶对我说：“我之所以不迁就孩子，是因为我心里想的不是孩子现在可怜不可怜，我想到的是将来。她将来大部分时间是不在我身边过的，如果我现在为她准备一个‘温室’，她会变得娇弱不堪，等她独立生活的时候会很可怜。”

家境优越的黄思路成长为一个顽强、勇敢的女孩，也正是这种顽强的精神使她获得了成功。15 岁那年，黄思路赴日本演出。临行前一天，她的左手脱臼。经过医生处理，她吊着胳膊随团去了日本。在日本，黄思路不仅克服了生活上的种种不便，还坚持练琴。演出前，她往伤处喷上止痛药就走上舞台。当她忍着痛，大汗淋漓地弹奏完最后一个音符时，台下观众报以热烈的掌声和喝彩声。而此时，思路的心中正在为妈妈鼓掌。她深深知道，没有妈妈坚持“娇生不惯养”的原则，她不会坚强勇敢地获得今天的成功。

作为母亲，王晶欣慰地看到，女儿身上表现出的很强的心理和生理承受能力以及勇敢顽强的个性品质，不仅大大增加了她成功的概率，而且还让她学会用积极的人生态度去看待人生、享受人生。

作为母亲，王晶给了女儿一双坚硬的翅膀，女儿终于远走高飞了。中学时期，黄思路独自去美国学习钢琴的时候，她把所有的业余时间都用来打工，工作是在音乐厅门口收票。有时一天要上好几个小时的班，常常无法按正常时间吃饭，总是胃痛。她的胸牌上写着她的中国国籍，为了不让别人说中国人工作不负责，她也从不肯中途请假。有一次，演出快开始时，她为了帮一位拄双拐的美国老太太换票，忍着胃痛跑到对面一座楼，在换完票回来的路上，她眼前一黑，晕倒在草地上。当时，思路没把这些告诉妈妈。回国后，她才把一切说给妈妈听。妈妈听后心疼地掉下了眼泪，可在内心深处，她为有这样一个坚强的女儿而骄傲！

自作必须自受——用爱的责任惩罚孩子

“自作必须自受”，是王晶教育女儿黄思路的第二件“宝贝”。

俗话说，“吃一堑，长一智”，世界上“吃堑”的人多了，有的长智了，有的却没长智。这是为什么呢？是因为没有让当事者为自己的错误承担责任。

孩子难免会犯些错误，有些父母常常在事前提醒，事后责骂，千方百计去补救，结果是大人操碎了心，磨破了嘴皮，孩子却一点感觉也没有，甚至还嫌大人烦。下次呢，该错的还错，该忘的还忘。

王晶的做法与其他父母大不相同，当女儿做错事的时候，让她“自作自受”，自己承担错误的后果。先去“吃一堑”，然后“长一智”。王晶给我讲了三个让女儿“吃堑长智”的故事。

第一次，学校排练节目，8 岁的女儿走得匆忙，忘了带伴奏磁带。王晶发现了，却没作声。她想，女儿常忘东西，提醒她一次，她的依赖心理就增加一分，那么以后就还得提醒一百次、一千次，不如让她受点挫折，让事实来教育女儿。黄思路快到校门口才想起来，打电话给妈妈，请妈妈赶快把磁带给她送去。

当时，王晶正好放暑假在家，完全有时间给女儿送去。但她没这样做，只对女儿说：“你自己犯的错误，不应该惩罚妈妈。你自己想办法解决吧！”

黄思路没有办法，只好向老师说明情况，把节目顺序调一下，然后骑车顶着烈日回家去取伴奏带。王晶说：“我让她多跑了这一次，后来她却少跑了无数次，因为她记住了这个教训。”

曾经有人问黄思路：“回过头来看，你觉得妈妈的做法对吗？”

黄思路笑着回答："我觉得对。'自作自受'使我知道无论我做什么事情，后果都是要自己承担的。所以我做事就很负责。"

培养一个负责任的人，要经过不断地吃堑、长智的过程。

第二次受罚发生在黄思路小学临毕业前。她负责的一笔为特困生捐赠的现金少了 200 多元。老师说："算了，反正捐款的目的已经达到，这个同学也把小学读完了。"

王晶坚决反对，她要求女儿把账目的漏项补齐，补不上的由她自己赔偿。思路把漏记的账补上后，还有 120 多元因时隔数日实在记不起来，只好垫上自己的钱。

王晶告诉我："这种做法类似罚款。如果孩子长大以后在工作中出现这样的差错，也是必须要承担责任的。我这样做，只是提前让她通过惩罚接受教训，以免这种做法成为习惯。这样罚她一次，避免了将来更大的损失。在我看来，付出这笔'罚款'还是很划得来的。"

从那以后，王晶要求思路每天对自己的花销记账。上中学后，思路各种收入和开支数目越来越大，只要迟一天记账，妈妈就罚女儿 10 元钱。思路不管每天多忙多累，都不敢懈怠，否则妈妈给的 100 元零花钱，收到后 10 天不记账，就会被罚光了。

第三次，思路是因赖床受罚。

有一段时期，黄思路每天晚上睡得晚，早晨又想提前半个小时起来早读。可是，她听见闹钟响后没有马上起来，结果又沉沉睡去，如果不叫她，上学就要迟到。每天如此，闹钟便形同虚设。王晶让女儿把闹钟设定推迟半小时，按正常时间起床，这样睡得充足一些。开始女儿不愿意，每天晚上总说保证第二天能早起，可是第二天还是迷迷糊糊醒不来。妈妈没收了闹钟，说："既然闹钟起不了作用，就别用了，我可不当你的'闹钟'！"

没有了依赖心理，思路睡到清晨便很警觉，听到一点点动静就醒过来了，马上翻身起床，生怕一觉睡过头。几天之后，妈妈把闹钟还给女儿，思路便能准时起床了。

王晶的“惩罚”，对女儿不是打、骂，而是“罚跑腿儿”“罚款”“罚起早”，让孩子自己承担责任，体验由于自身的错误带来的后果。结果，这很好地培养了孩子的责任意识，让孩子懂得了要对自己的行为负责。现在，女儿不管走得多远，王晶都非常放心。

黄思路 16 岁时，去美国学习钢琴，独自一人在美国住了 3 个月。

她一下飞机就遇到很多问题，但思路靠着自己的力量把一切问题都解决得很好。她说：“我由不适应到适应的过程比较短，这也算妈妈‘自作自受’教育的一个成果吧。”

“一分耕耘，一分收获。”从小在孩子心中种下责任的种子，长大才能收获成功的果实。任何一件事情要想获得成功，都必须很负责地一步一个脚印地去完成。如果从小就马马虎虎地对待一切，长大将一事无成。

前不久，我参加了中央电视台少儿频道《成长在线》中《小马虎》节目的录制。

这个“小马虎”叫薛皓方，是个虎头虎脑、落落大方、说话幽默的小男孩，就是非常马虎。电视台记者去他家偷拍了一组镜头，起床时，裤子穿反了；系上红领巾、戴上帽子，又去找眼镜；摘下帽子戴上眼镜后，又差点忘了戴帽子；背上书包、拿了钥匙和手套就往外跑，可很快又回来，原来只拿了一只手套；不一会儿，又第二次回家，这一次是来拿字典……

皓方的妈妈说，这样的情景是家常便饭。

薛皓方也承认自己粗心大意、丢三落四。他说：“我参加 5 天的冬令营，吃了 13 顿饭，丢了 11 次衣服。有一次，我带了 10 支铅笔去学校，最后 1 支都不剩，全丢了。”

薛皓方总是丢东西，为什么就是“不长记性”呢？原因就在于他周围的大人总是跟在他后面，捡拾他丢的东西，帮他“解围”：冬令营里，丢了 11 次的衣服，是老师帮着找回来的；红领巾丢了，妈妈怕他挨批评，又买了条新的……他自己所犯的错误，全由大人承担了责任，他自己一点儿也不在乎。

在场的小朋友帮薛皓方出了很多治小马虎的好主意。

我建议薛皓方的妈妈，今后不要再帮儿子捡东西。薛皓方再丢了什么东西，就让他自己去找。在家里，设立一个“专捉小马虎英雄榜”，“丢一次东西记一过，少丢一次东西记一功，一次没丢记大功”。

我问现场的小学生：“老虎跟人类是什么关系？”

“朋友！”小学生们高声回答。

“那‘马虎’跟人类是什么关系呢？”我又问。

“敌人！”

“马虎是我们的敌人！”这个观念要让孩子们知道，同时还要让他们承受“马虎”带来的后果，并引以为戒。

我还建议在节目录制现场的椿树馆小学的校长：在全校开展“不当小马虎”的活动。校长很赞同我的提议。她说，每天都有家长来学校给孩子送忘带的东西。我同时还建议她在活动中严格规定：任何家长不得进入学校送东西，否则算违规。到了期末，全校召开大会，专门表彰在改正马虎毛病活动中有进步的同学。

习惯决定性格，性格决定命运。生活中的“小马虎”很多，视规则为儿戏的行为，也比比皆是。如果我们严格地遵循规则，让孩子养成良好的习惯，就可以帮助他们塑造优良的性格。

爱孩子，就要帮助孩子养成负责任守规则的好习惯。

独立必须自主——用爱的意志磨炼孩子

光说不练，不会成功；父母一切为孩子代劳，孩子不会长大。成功人士的出类拔萃，是因为他们深知“实践出真知”的魔力。

认为“我能行”的孩子，不是在说教中长大的，而是在行动中成长的。有些父母，嘴上说让孩子锻炼，可事事都替孩子做。孩子渐渐地产生了依赖性，不愿意面对困难和挫折，自身的潜力也就发挥不出来。

“独立必须自主”，是王晶教女儿的第三件“宝贝”。

只要女儿思路能做的事情，王晶从不插手。

黄思路 3 岁开始学钢琴，而第一堂课，妈妈就让她独自上课。思路个头小，直接坐在琴凳上够不着键盘，妈妈就为她准备了一个大枕头。妈妈把枕头绑在思路背上，站在老师家的门口，让女儿自己敲门找老师上课。思路练琴的时候，父母也很少在一旁盯着，只是要求女儿在练琴时要认真，练好了，就可以去玩。

从小到大，王晶从来不代替思路做她力所能及的事情。思路 2 岁就学会了用筷子，3 岁时会自己洗澡，4 岁时会自己洗头发。

在妈妈的耐心培育下，黄思路从小就养成了有条理的良好习惯。上小学的第一天，她把每一本书包好，又一一放进书包。长大一些后，思路学会了自己补衣服、缝扣子、修自行车。上小学五年级的一天，她在学校生病了，放学后独自跑到医院看病，当外公得知消息赶到医院时，她已经把药都取好了。

黄思路说：“我妈从不会因为年龄小而迁就我。妈妈好像一直都很平等地把我当成大人，这让我很小的时候就不大考虑年龄问题。”

她跟我讲了这样一件事。读小学四年级那年，她看上了一条裙子，只是大了些。思路请妈妈帮着改一改。可是，妈妈说：“你拿得动针线吧？拿得动就自己缝。”思路就自己动手，缝了一个下午，把裙子改好。“那条裙子我非常喜欢，穿了好多年呢！”思路自豪地说。

这就是孩子的感受。他们喜欢自己动手做事，哪怕做不好。因为在做事的过程中，能够充分发挥自己的创造力。

“今天的孩子比我们棒！”我跟王晶发出同样的感慨。

黄思路 12 岁那年要去北京参加少代会，王晶把女儿带到机场售票处，让女儿自己查询航班的时间和价钱，而她只站在远处看着女儿。

在王晶的家里，永远听不到有人说："孩子还小。"遇到难事，妈妈总是退一步，摆出一副不闻不问的样子，说："娘勤女儿懒。山不转水转，机会来了，就开发你的潜能吧！"

这么一"逼"，女儿居然带给妈妈一个又一个惊喜：鞋匠不肯修的鞋扣，她想办法修好；淋浴龙头坏了，妈妈全身湿透没有修好，思路往里面夹块海绵就解决了问题；上大学后，宿舍电话不通，她也动手去修。

16 岁时，思路一个人出国学习。在一个完全陌生的环境里，她克服了很多困难，顺利完成了学习任务，还利用课余时间打工，自力更生挣路费。回国后，她把出国求学经历写成一本书，既是对自己的总结，也是对妈妈的感谢。

在生活环境越来越优裕的今天，让孩子具有"身在苦中不知苦，面对困难不觉难"的素质，对孩子的一生具有重要的意义。做父母的要为孩子的长远着想，就要让孩子在幼年的时候学会承受挫折，接受惩罚，经历磨难。孩子长大之后，一定会感激父母赠予的这份人生财富。

教育家叶圣陶先生说："教育就是习惯的养成。播种行为，收获习惯；播种习惯，收获性格；播种性格，收获命运。"孩子未来的命运如何？就看他今天是否养成了好的习惯。

爱是不能忘记的——用爱的激情回报孩子

父母有激情，孩子才会有爱的情感。

爱是激情的源泉，激情是爱的表达。

天天跟孩子在一起的人不能没有激情，没有激情，就没有吸引孩子的魅力。

成人的激情从哪里来？来自孩子的世界。孩子的真诚，是感动成人产生激情的源泉。

我深爱着“知心姐姐”事业，是因为这是一个充满了爱的事业，我奉献了自己的爱，更得到许许多多孩子带给我的爱。

深冬的一天，暮色降临。我结束了在山城重庆“知心电话”的接听工作，坐车直奔南岸区龙门浩小学，去看望我的好朋友陈颖峰。

车窗外，美丽的夜景从眼前掠过，可我无暇去观赏，心中只剩下一个可爱的男孩子的形象。陈颖峰可是个了不起的小家伙哟，他曾凭着独生子的赤诚，挽救了父母的婚姻。

陈颖峰 9 岁那年，父母离婚了。他看着三口之家突然破裂，非常痛苦。他不相信这是事实，常常默默地等着爸爸回来。但是，爸爸并没有回来。从此，家中的事全落在母亲一人身上。他多想让妈妈减轻一点儿劳累啊，可是这只有使父母重归于好才能做到。

这天是妈妈的生日，他用自己的零花钱买了一个大蛋糕，兴冲冲地跑回家，对妈妈说:“妈妈，今天是您的生日，这个蛋糕是爸爸送给您的！”妈妈信以为真。

他又跑到工厂找到爸爸说:“爸爸，今天是妈妈的生日，妈妈请您回去，她让我告诉您不要喝太多的酒，酒喝多了会伤胃的。”爸爸也信以为真。

每天放学后，陈颖峰都去离家很远的上新街看望奶奶，用省下来的钱，为奶奶买热水袋，让奶奶冬天取暖。星期天，他早早起床，去帮奶奶提菜，买点心。奶奶逢人就讲，我有一个好孙子！她把颖峰的爸爸找来说:“我的儿子还不如你的儿子，你的儿子这样孝敬我，可你呢？快回去向媳妇道歉！”奶奶还主动来看儿媳妇，告诉她说:“你们的孩子是个好孩子，为了孩子的幸福，和你丈夫和好吧！”

在父母离异的日子里，陈颖峰学习非常努力，期末考了双百，被评为“三好学生”“优秀队员”。爸爸妈妈向他祝贺，问他要什么奖品，颖峰流着眼泪说:“我什么都不要，只要爸爸和妈妈！”

他的话深深打动了父母的心，他们都感到对不起孩子，决心弥补过错，重新生活。半年后，他们终于复婚了。颖峰又有了温暖的家。

在全国少工委和中国少年报社举办的第一届中国好少年、中国好儿童评选中，陈颖峰获得孝敬奖。暑假，我们把他和其他 29 名中国好少年、好儿童，请到内蒙古大草原，一起度过一周难忘的夏令营生活。

在夏令营里，陈颖峰总在我身边，一双大眼睛背后仿佛有无数的故事。我喜欢他。我们俩成了最好的朋友。我忘不了，分别时，他问我："知心姐姐，我什么时候还能见到你？"我悄悄告诉他："会的，我会去看你的！"从那以后，小颖峰那双大眼睛就时常浮现在我的眼前。那是一双渴望家庭和睦幸福的眼睛啊！

第二年 11 月，我要到外地开办短期的"知心电话"，我毫不犹豫地选择了重庆。第一个电话，我就打给了龙门浩小学的校长，请她转告陈颖峰，给知心姐姐打个电话。可我苦苦等了 3 天，接通了 300 多个孩子的电话，唯独没有小颖峰的。我开始不安起来：小颖峰病了？他是不是把知心姐姐忘记了？

在电话接听工作结束的那天下午 5 点多，一阵急促的电话铃声响起："是知心姐姐吗？"

"对呀，我是！"

"我是颖峰的妈妈。"听到我的声音，对方哽咽了，"……听说您来山城，我打了 3 天电话，今天终于打通了！真不容易！我和他爸很想见您，孩子在家老念叨知心姐姐，我们马上去看您……"

"不不，晚上 7 点，我去你家看看你们和小颖峰，我很想他！"

重庆团市委副书记和少年部部长饶勤听说了这件事，很感动，决定和我一起乘车前往。

"就要见到老朋友了！"我的心中荡起一阵阵喜悦。突然，"嚓"的一声，司机把车停住了。"怎么回事？"我问司机。

"我的车不能再开了，请你们下去看看吧！"老司机的声音有些异样。

我走下车，一下惊呆了！

马路上，山坡上，黑压压的全是孩子！一位精干的女同志走过来，激动地握住我的手说："我是龙门浩小学的校长。自从接到您的电话，我们学校的电话就对学生开放了。孩子排着长长的队伍给您打电话，每次都是陈颖峰排第一个，可是打了3天都没打通，陈颖峰哭了好几次。听说您今晚要去陈颖峰家，同学们早早赶到路口迎接您，家远的同学也由爸爸妈妈带着来了，有1000多人哪！"我的眼眶湿润了。

顺着山坡往上走，树丛中，无数双小手伸过来。我不由自主地伸出双臂，孩子高兴地跳着、喊着："我和知心姐姐握手了！"

不知是从什么时候，我已是泪流满面。此时此刻，我多想变成孙悟空，拔一撮毫毛一吹，让无数个知心姐姐来到孩子们中间……

在孩子们的簇拥下，我来到一间教室，见到了陈颖峰和他的爸爸妈妈。陈颖峰比去年高了许多，明亮的目光告诉我："知心姐姐，我长大了！"还没来得及讲几句话，一大群孩子拥进教室，立刻，屋子里、窗台上全被站满了……

望着这群热情的孩子，我多么希望他们每个人都有一个温馨的家，有理解他们的爸爸妈妈……

我控制着自己的感情，对大家说："今天我是来感谢陈颖峰的爸爸妈妈的。他们为了孩子的幸福而选择了复婚，决定再给彼此一个机会。我希望颖峰的爸爸妈妈永远和好，希望每一个同学家庭都能幸福和睦！"

孩子们使劲鼓掌。他们的脸上挂着泪花。我知道，他们中间有的人，正在经历着父母离异的痛苦。

陈颖峰的爸爸流着眼泪说："请知心姐姐放心，我们不会再离婚了！"

又是一阵掌声。

我看到陈颖峰两只大眼睛里放射出自信的目光。

当我离开学校的时候，外面的人群还没有散去。孩子们高喊着："知心姐姐，您什么时候还能再来看我们？"

山城孩子的朴实情意让我难以平静。

做“知心姐姐”二十多年，我的心中始终充满无尽的激情，而点燃我心中激情火种的就是孩子们真诚无瑕的爱。

“知心姐姐，您什么时候再来看我们？”

一声声动情的呼唤，是一道道难忘的印记。我不敢对我的工作有一丝一毫的怠慢，多年来，一有机会我就会走到孩子们中间，去看那些想见见“知心姐姐”、有话要对“知心姐姐”说的孩子，哪怕路途遥远，山水阻隔，哪怕我要长途奔波、翻山越岭……只要孩子们需要“知心姐姐”、热爱“知心姐姐”，我就要努力走到他们的身边，跟他们在一起。

对于“知心姐姐”来说，孩子就是大地，孩子就是太阳。所以我对大家说：“知心姐姐”的事业，是天底下最有魅力的事业！

第七章　把孩子培养成财富

快乐人生的三句箴言

太好了！——改变心情就改变了世界

把孩子培养成财富的第一句箴言是：“太好了！”

为什么有些孩子会自杀？究其原因，主要有两点：一是父母过高的期望，令孩子失去求学和生活的乐趣；二是孩子自身心灵脆弱、心理不够健康。

作为父母，都希望孩子成功，企盼孩子幸福。在有些父母眼中，成功就是上个好大学，找个好工作，将来当官、挣钱。他们以为这一切得到了，“孩子就幸福了”。然而，事实并非如此！

一名毕业不久的女大学生，由于工作压力大、内心封闭而想到了轻生，企图跳楼自杀，经过民警几个小时的规劝才被救下。某大学一位年轻的数学教授，只因学生对他评分不高，觉得没面子，就在大学校园内的树林里上吊自杀了。

大学的文凭、受人尊敬的工作，并没有给他们带来幸福和快乐，更没有带来成功。这是为什么？因为他们并不懂得什么是真正的成功与幸福。

戴尔·卡耐基讲过：“人人都渴望幸福。但是，追求幸福之路却只有一条。简单地说，就是改变自己的心情。”“幸福与不幸福，并不是由个人财产的多寡、地位的高低、职业的贵贱决定的。”

那么，什么是快乐？

有位心理医生做出了最精辟的解释：快乐就是“我的思想愉悦时的一种心理状态”。

人生是快乐史，也是烦恼史。生活中，每个人会感受到快乐，也会遭遇到烦恼。不同的是，有的人快乐多于烦恼，有的人烦恼多于快乐。

快乐的人并不是没有烦恼，而是善于排解烦恼，化消极心态为积极心态，尽可能保持快乐的心情；烦恼的人并不是命运不好，家庭不好，而是自己的心态不好，快乐的事到了他那里也会变成烦恼。

有位妈妈对我说，她有两个儿子，因为心态不同，命运就大不相同。大儿子心态不好，遇到什么事总说："太糟了！"小儿子心态好，遇到什么事爱说："太好了！"

孩子小的时候，妈妈带小哥俩去公园玩，不巧那天公园关门了。大儿子说："太糟了！我怎么这么倒霉，我一来就关门！真气人！"一整天都闷闷不乐。小儿子却说："太好了！我可以到别处去玩，也许别的地方会更好玩儿！"他跑到小树林里，又抓蛐蛐，又看蚂蚁搬家，玩得兴高采烈。

两个儿子长大了。大儿子找了个对象，他觉得媳妇这不好那不好，处处不如意，整天不高兴，后来离婚了；小儿子成了家，他觉得媳妇又好看又贤惠，小两口日子过得红红火火。

"你看，"她说，"两个儿子都是我亲生的，我不偏不向，为什么他们的命运如此不同呀？"

我说："因为他们的心态不同。在很多情况下，人的痛苦和快乐并不是由客观环境决定的，而是由自己的心态和情绪决定的。"

我给她讲了一个故事：

有一次，一名记者问英国文学家萧伯纳："请问乐观主义者与悲观主义者的区别在哪里？"萧伯纳回答："这很简单，假定桌上有一瓶只剩下一半的酒，看见这瓶酒的人如果高喊：'太好了！还有一半。'这人就是乐观主义者；如果有人对着这瓶酒叹息：'糟糕！只剩下一半了。'那人就是悲观主义者。"

幸福与快乐，不是父母给予的，而是孩子自己感受到的。快乐是一种体验，体验是任何人代替不了的。

让孩子从小体验快乐，成为一个乐观主义者，比成功更重要。

在心灵的世界里，住着两个小人，一个叫“太好了”，另一个叫“太糟了”。叫“太好了”的人，每天在心中编织着欢愉的网络，遇到任何事情，他都能微笑着说声：“太好了！”他有一种力量，能把负变成正，把坏事变成好事，把不利变为有利。靠这种力量，他能把你带入一个光明的世界、一个充满快乐的世界。那个叫“太糟了”的人，每天在心中编织着痛苦的网络，无论遇到什么，他都紧皱着眉头说：“太糟了！糟透了！烦死了！”他给你带来的永远是烦恼，跟随着他，你走进的是一个悲惨的世界。

“太好了”和“太糟了”，你希望孩子选谁做朋友呢？

当然是选“太好了”！

你选对了。

“太好了”体现出一种乐观主义精神，是21世纪人类解除烦恼的一剂良药。

你想让自己和孩子都获得解除烦恼的能力吗？那就走进“太好了”的世界，用“太好了”的心情去对待自己、对待孩子、对待学习、对待生活。

好心情是可以互相感染的。爸爸妈妈有了好心情，孩子也会快乐起来；老师有了好心情，学生也会快乐起来。

女儿要去考试了，胆怯地说：“妈妈，我真害怕，考不了第一，别的同学会怎么看我？”你微笑着说：“太好了！我的女儿要上考场了！别想结果，只想过程。平时怎么学，考试就怎么写。妈妈不在乎第一，而在乎你平时的努力。”

女儿考试获得了好成绩，你会微笑着说：“太好了！你的努力没有白费！”女儿考砸了，你也微笑着说：“太好了！这回你知道自己哪儿不会了！成功永远躲在失败的后面。”

儿子想当班干部，最终当选了，你微笑着说：“太好了！你有机会为大家服务了！”如果落选了，你也要微笑着说：“太好了！你有更多的时间去做其他的事情了！”

有时，我们对快乐的看法会本末倒置。如：“好好学，成功了，你就会快乐。”其实应该说：“你快乐，你就可以好好学习，可以更加成功。”

孩子拥有了“太好了”的心情，就拥有了让人生快乐的财富。

“快乐的人生”不是去享受别人给你的快乐，而是在忍受痛苦中找到自己的快乐。

有个人家中挂了一幅画，这幅画是一张白纸，上面画有一滴墨点。一位客人进来看到了，奇怪地问：“你们家怎么把墨点挂在墙上？”

这人笑答：“这幅画的名字叫‘快乐’，整张白纸都写满快乐，墨点只表示一点点痛苦。”

客人又问：“去掉墨点，不就都变成快乐了？”这人说：“去掉痛苦就显不出快乐了。问题是，不要让墨点遮住你的眼睛。”

这个小故事告诉我们一个深刻的道理：人生是快乐与痛苦的交响曲。有些父母只是一味地给予孩子快乐，自己去承担痛苦，其结果是孩子并没感到快乐，因为他不知道痛苦是什么。

我的妈妈就是一个心态特别好的人。无论遇到什么难事，她都会从容不迫，不急不慌，用积极的心态去面对。

有这样一件事给我很深的印象：我去东北下乡插队的第三年，腰部受伤，摔倒在玉米地里。老乡们把我送进白城市部队的321医院。内科主任周依群是个和蔼可亲的人。他认真检查了我的病情，严肃地说：“你必须住院治疗！”我一听，“哇”地哭了。周主任好生奇怪：别人排着队要住院，住不进来才哭，让你住院你怎么还哭？

“我没有钱，也没有时间。”我说。

周主任笑了：“先别想钱，你是北京知青，先住进来，看病要紧。身体养好，工作的时间多着哪！”

起初，住院的事我没敢写信告诉妈妈，我怕她着急，等到病情稍好一点才写信告诉了她。很快，妈妈从北京来信了。我打开信一看，呆住了，信中说：“太好了！你终于可以休息了，你太累了！”我一下子被妈妈那种乐观豁达的精神深深感动了，心里豁然开朗！仔细一想，对呀，我能躺在这么亮堂温暖的病房里“养精蓄锐”，真是“太好了”，有这样好的条件我为什么不去享受呢？这样一想，我立刻高兴起来，马上恢复了活力。我原本就是一个“闲不住”的人，腰稍好一些，我又帮医院病房出黑板报，又帮部队排节目，成了病房里“最受欢迎的人”。结果，病好了医生还不愿让我出院。

以后的三十年中，每次生病受伤，我就会想起妈妈的话：“太好了！你可以休息了，你太累了！”我总是积极地面对疾病，高高兴兴配合医生的治疗。

一次，我的脚骨骨折，打上了石膏。我一不做、二不休，把脚架在床上，在家写起书来。我的好朋友、中央电视台著名节目主持人敬一丹和著名电视制片人杜禹到家里来看我，我们谈笑风生，开心极了。离开我家后，敬一丹问杜禹：“咱们今天干什么来啦？”杜禹说：“看卢老师来了。”“卢老师怎么啦？”“不是有病了吗？”“什么病来着？”“不是脚骨折了吗？”“怎么没看出来呀！”

后来，我在敬一丹写的书中读到这一段文字。敬一丹对我的乐观主义精神大加赞赏，我当时就想打电话告诉她，那是受我妈妈的“传染”。

的确，好心情是可以“传染”的。

我妈临终前的一年，从床上摔下来，骨折了。她平心静气地躺在自家床上静静地调养。谁去照顾她，她都笑脸相对。每次医生来家给她看病，她总是和颜悦色地说：“大夫，您来了，麻烦您了！”然后说出许多感激的话。大夫们都说：“有病的老人一般脾气都怪，瞧这老太太心态多好，那么通情达理！”

楼上一位老奶奶也骨折了，却是整天在床上又哭又骂、不吃不喝，儿孙们慌成一团。听说我妈好得快，立刻派了三名“代表”下楼来讨教“妙方”。

我妈给他们开了三个方子：“一、想得开。回去告诉你妈，摔也摔了，病也病了，怨谁也没用，三分治，七分养，好好养着，伤筋动骨一百天。二、吃得进。爱吃什么吃什么，爱喝什么喝什么，没有叫儿女给你买去。三、想得美。甭想那么多，老人有病，身边有儿女照顾，这就是福分，好好享受吧！”

几位“代表”如获至宝，回去传达了妈妈的三条“妙方”。听说这“药”

还挺灵，老奶奶听进去了，也想明白了。一样的病，人家楼下“老姐姐”比自己还大七八岁，却能想得开，自己有什么想不开的？于是她不哭不闹，也开始吃饭吃药了。

我们兄弟姐妹几个特别佩服我妈，她把人生这本书读透了。她一生不以物喜，不以己悲，不图虚名，不慕奢华，而是高兴地享受每一天。有这样的好妈妈，真是儿女最大的福气。

妈妈的好心态“遗传”给了我。我从小就是个“乐天派”，总想给别人带来快乐。我的朋友说我“在众人面前永远是神采飞扬”，遇到些沟沟坎坎也不大在乎。没想到，我这种性格让别人觉得我身体很棒。其实，了解情况的只有我先生和我儿子。因为，我把笑脸面对着众人，身体的痛苦只有家人了解。我脚骨折打了石膏，还被北京西城团委请去给辅导员讲课，他们的理由是：“卢老师，您的脚不能走路，可您的嘴还能讲话呀！”我只好架着拐“走”进会场，到台前一看，我笑了，桌子下放了一床大棉被，让我放脚用！

这事儿不知怎么让浙江团省委少年部部长俞能知道了，他说：“太好了！您这回有时间了！”硬是把我请到杭州去讲课。我是坐着残疾人用的轮椅上下飞机的，见了面我对俞能说：“太好了，你让我享受了一次残疾人的待遇！如果不骨折，哪有这种体验呀！”俞能说：“这回您要好好谢谢我！”

人们都说：“家家有本难念的经。”其实，现在这个“经”已经变了，“家家有本快乐经”了。

一个工作繁忙的人为自己的生活状况总结了一句话：“有声有色地工作，有滋有味地生活，有情有义地交友。”

一位从领导岗位退下来的老同志总结了“快乐老人”的“五老”：一、老本（身体），二、老伴，三、老底（储蓄），四、老房（房产），五、老友（朋友）。

我的老同学、国际艺术学校副校长贺谊芳也是一个心态非常好的人，她的脸上永远绽放着灿烂的微笑。同学们问老师：“什么叫灿烂？”老师说：“你们看看贺校长的脸就知道了！”

贺校长的快乐经是什么呢？她讲了三条：

一是延长快乐。快乐没到来，提前享受快乐；快乐来到，全身心投入快乐；快乐过去，不断回味快乐。

二是缩短烦恼。烦恼没来，不提前去想；烦恼到来，努力尽快解决；烦恼走了，再也不想，不跟别人说，说一遍必是烦一遍。

三是筛选记忆。一生有酸甜苦辣，只把快乐留住，把烦恼变成收获。

她还写了一个纸条放在抽屉，每天读一遍，上面写着："高兴，高兴，真高兴，怎么那么高兴呢！"同事中谁有了烦恼，她就把这句话送给谁，让他"天天读"，而且还打电话"抽查"。周围的人在她影响下，也快乐起来了。

这方法是不是挺好？它告诉我们这样的道理：改变心情，就改变了世界。

我能行！——改变态度就改变了命运

把孩子培养成财富的第二句箴言是："我能行！"

人人都渴望成功，不同的人对"成功"有不同的理解：在农民心目中是庄稼丰收，在工人心目中是产品畅销，在作家心目中是作品出版，在父母心目中是孩子考个好分数、上个好大学、找个好工作……但是，在处于做梦年龄的孩子心目中，"成功"反倒成了恐惧、担心与压力的代名词。

成功究竟是什么呢？

我认为，成功是一种感觉，一种态度。"我能行"是成功者的态度，"我不行"是失败者的态度。人改变了态度，由消极变为积极，由"自我放纵"到"自我约束"，由"我不行"变为"我能行"，就会获得成功的感觉，最终改变自己的命运。

我对成功新的理解，是从双腿残疾的"网络中学生"王换生的成长经历中得到的。

2001 年末，中央电视台一位女编导打电话给我，请我为一个访谈节目做专家点评。访谈的主角是 17 岁的中学生王换生和他的妈妈。

在电话里，我听到一个感人的故事：

王换生 1984 年出生在北京通州区的一个普通家庭。他的妈妈同千千万万的妈妈一样，希望孩子健康，更渴望孩子学业成功，长大成为有用之材。然而灾难降临了，7 岁的换生进入小学刚一个月，同班两个同学打闹时碰撞到他，导致他大腿骨骨折，更不幸的是，骨折部位有一个病灶点，被医生诊断为骨纤维异样增殖症。

从 7 岁开始，王换生每年 365 天中有 100 多天是穿着石膏“裤子”卧床在家，连翻身都不能，即使是拆掉石膏也必须用双拐辅助着走路。9 年当中，换生经历了 8 次大手术。从小学到中学，尽管他在校读书的时间只有一般人的一半，但最终以优异的成绩完成学业，并且成为一个具有乐观的人生态度、性格坚强、勇于拼搏的共青团员。

2000 年，16 岁的王换生刚刚做完第 8 次手术，躺在床上不能动弹，更不用说去学校上课了。但就在这时，他报名上了北京汇文网校。学校老师来家访，看到他家境贫寒，家里连台电视机都没有，决定免费为他提供学习的机会。亲戚、朋友为他凑钱买了台电脑，他开始正式接受远程教育。2001 年 7 月，他考入区重点高中——北京市通州区运河中学，每天拄着双拐去读书。

王换生靠什么战胜病魔，获得学业上的成功呢？他的妈妈在这个过程中又起了什么作用呢？

访谈节目录制那天，在中央电视台门口，我和女编导在寒风中等待着母子俩的到来。

他们来了——王换生架着双拐，和他的妈妈肩并肩朝我们走来。我的第一印象是：换生个子高高大大，一张娃娃脸上挂着胜利的微笑；他的妈妈朴朴实实、风风火火。

“发现孩子有病，您和孩子是怎么面对的呢？”我问他的母亲。

“只能靠自己！我一直是这样告诉儿子的。”

换生的妈妈李荣女士讲了这样一个故事："儿子上小学时，放学我背着他走，听见有孩子在背后追着叫他'瘸子'，我的泪水和汗水一齐往下掉。回到家，儿子哭了；我也心疼，可我还是对他说：'你把双拐扔掉站起来走一走。你做不到，这就是你跟别的孩子的不同。你一定要明白，你跟别人不一样。你比别人多了两根拐杖，所以要不怕别人说。可是，那又怎么样呢？你一样坐在教室里学习。你去学校是为了学知识，不是去看别人的脸色，去听别人怎么说，要学会忍耐。妈不能跟你一辈子，你要自食其力。'"

换生说："妈妈说的不错。人，一定要正确认识自己。虽然是残疾人，但不能成为社会的负担。我应该好好学习，掌握一些基本技能，最终做到自食其力，将来回报社会。妈妈的教导让我懂得，改变命运，只能靠自己。"

"改变命运，只能靠自己。"这充满阳刚之气的话语，是换生笑迎苦难的动力，是妈妈送给儿子最好的礼物。

当知道换生的妈妈为了给儿子的电脑配置升级，每日省吃俭用，房顶漏了都舍不得花钱修补，我非常感动，当场送给换生 1000 元，电视台的编导们也凑了 1000 元，支持他学习。

在人生的路上，王换生是个成功者。他的成功，并不是靠自学考上重点高中，而是学会了体验成功。从换生脸上胜利者的微笑中，你能够读出他内心的快乐与幸福。

换生的妈妈给孩子最重要的财富，是让一个残疾的孩子从小体验到"成功的感觉"。

孩子在做第一次手术前，天真地问妈妈："妈妈，做手术疼不疼？"妈妈没有哄骗孩子，而是直接告诉他："很疼很疼，但你要坚强，要咬牙坚持。如果你大喊大叫，会对手术后身体恢复有伤害，另外会影响病房里其他的病人……"妈妈的话让小换生懂得了，无声也是一种给予。

手术中，他的嘴唇咬破了，牙咬得"咯咯"响，但他坚持一声不吭，他成功了！第二次，第三次……他忍住了剧痛，8 次大手术他都挺过来了！

积极的态度能使一个人将自己的弱点视为一种挑战的机会。科学证实，当我们有过一次成功的经历，大脑里便会“刻镂”出一种行为模式。要是你设法把这个成功的行为模式重新唤起或“重放”，它就会自行发生作用。

在生活中没有经历过成功的孩子，往往没有机会养成成功的习惯。可惜的是，今天就有许多从未体验过成功的、遇事总认为“我不行”的孩子。

你想让孩子体验成功吗？请先从简单的事做起。对功课不好的学生，老师或父母可以先安排一些容易的工作给他们做，让他们有机会体验到成功的喜悦。当然，这种工作必须是孩子能够胜任的，又能引起他们兴趣的事情，使孩子热衷去做，引起他们自发的创造性。正如一位心理学博士所说：“‘小小的成功’可以使学生有‘成功的感觉’，这对他日后的工作会有无价的帮助。”

成功的大厦建立在自信的基石上。每个人都有优点和缺点、长处和短处。一旦你学会突出自己的优点和长处，自卑感就会消失。“我能行”三个字将使人转败为胜，把弱点转化为力量。

成功对所有的人来说都是自己与自己较量的胜利，是自己与命运抗争的成功。“我能行”的人是最懂得生命价值的人。

在与自己较量、与命运抗争中，周越是一颗耀眼的明星，她用生命书写了“我能行”三个字。

周越，山东乐陵一个12岁的女孩。在生前最后的10个月里，感动了所有接触过她的人，感动了所有知道她故事的人，她的父亲也在女儿的影响下，让亲子之情得到了升华。

2001年2月13日，周越被诊断出患有白血病！突如其来的打击犹如晴天霹雳，周越的父母痛不欲生。

周越的父亲周长宇对医生说：“我们只有这一个孩子啊，即使倾家荡产也要挽救她的生命！”无数热心的人伸出了援助之手。周越把这一切都看在眼里，记在心上。她在病床旁的台历上写了一首小诗：

天问

问蓝天，问大地，我做了什么错事
问星星，问白云，我怎么了
你们告诉我呀
蓝天说：你生病不代表你犯错
吃五谷杂粮谁没病
大地说：你错了
不只是你一个人的错
是全人类的错
人类为自己的利益开工厂污染了大气
为使蔬菜快生长洒下剧毒农药
这难道是你自己的错
星星说：你不坚强
你很脆弱
这不是原先快快乐乐的你
这是你的问题
你到底怎么了
问问你自己
白云说：你确实得了白血病
但并不是没有希望
胜利的光芒永远在前面等你
相信你自己
“我行，我行
我一定能行！”

我在北京见到周越的爸爸周长宇，他含着眼泪把这首诗交给我："我女儿的时间不多了，这是她让我交给您的，您不是一直在提倡'我能行'嘛，我女儿真的很了不起！"

我小心地接过这首诗，几张浅绿色的小卡片，沉甸甸的。

周长宇告诉我："在病魔面前，12 岁的女儿表现出惊人的顽强毅力。她忍着剧痛做骨髓穿刺，笑着上手术台，还和大夫打趣：'我都不怕，您怕什么？又不是痛在您身上，别紧张。'哪能不痛呢？在手术中，女儿一直紧紧攥住我的手，我的手腕都被她掐出了血，但她始终不喊一声痛。医护人员都佩服她，可我心里在流泪！"

尽管周越有强烈的活下去的愿望，但看到病友一个个离开人世，她明白了得了这种病对她来说意味着什么。一天，她拿出自己的日记本交给爸爸说："您不能劝我，您必须满足我这个心愿。"爸爸接过日记一看，非常惊讶，只见上面写着：

假如我有了意外
我将感激所有献爱心的人
我将奉献我的身体给我热爱的祖国

为了不让女儿过于激动，周长宇委婉地告诉女儿："这事先别着急，先好好治病，以后我会替你办的。"周越说："不行，这事您要抓紧，要不，到时候就来不及了。"周长宇连忙说："行，行……"他急忙走出病房，到阳台上悄悄擦拭泪水。

2001 年 11 月 25 日晚，周越要求和父母一起睡，第二天清晨，被疼痛折磨得一夜没合眼的女儿对父母说："我知道你们舍不得把我捐给国家，可是你们想想，人死了烧成灰又有啥用，你们拿着我的骨灰盒不是更难过吗？你们就不能满足我最后的心愿吗？"听着女儿急切的话语，周越父母心如刀绞。捐献遗体的决定震动了父母的心，他们决定帮助女儿实现这最后的心愿！

2001年11月28日，周越郑重地在自愿捐献遗体公证书上签上自己的名字，并且宣读了公证申请：

周越为报答社会对她的关爱，自愿将自己的遗体捐献给医学教育，其心愿得到法定监护人父母的支持。

周长宇对女儿说：“周越，爸爸妈妈刚开始不理解你的想法和做法，但是，现在我们真的为你的举动、为有你这样一个优秀的女儿感到骄傲和自豪。我们觉得你真的很了不起！”

2001年12月15日晚，北京的事情刚刚办完，周长宇对我说：“我必须连夜赶回山东乐陵，女儿在等我！”

第二天，女儿终于等来了爸爸。她和爸爸脸贴着脸，断断续续地说：“爸爸，您怎么才回来呀？爸爸……”当晚，10点10分，周越在睡梦中面带微笑，安然地离开了她所眷恋的世界。

16日下午，周长宇打来长途电话，哽咽地告诉我：“她走了。上午，女儿的老师和同学唱着《同一首歌》来为她送行，哭声歌声连成一片。那天为周越送行的有数千人。”

悲伤过度的周长宇病倒住院了。一年多的时间，为了给女儿治病，他变卖了家里所有值钱的东西，寻遍了国内所有的骨髓库，一个个希望变成失望，女儿还是走了。病愈后，2002年1月18日，周长宇专程赶到山东骨髓库，捐献了自己的骨髓，他希望能挽救一个或者几个孩子的生命！他说：“为挽救几百万白血病患者、承继女儿心愿而矢志不渝！”

这就是生命感动生命的力量，这就是“我能行”的灵魂绽放出的生命的异彩！

这对父女用自己的行动告诉人们：

当一个人真正明白自己生命的价值，他决不会轻言放弃，无论他多么痛苦，多么无奈，他都会面对世界说：“我能行！”

记住：改变态度，就改变了命运。

你有困难吗？我来帮助你！——改变情感就改变了生活

把孩子培养成财富的第三句箴言是：“你有困难吗？我来帮助你！”

曾有人问我：你的“知心姐姐快乐人生三句话”是怎么总结出来的？

我告诉他们：第一句“太好了！”是妈妈的口头禅，我从小跟妈妈学的，它带给我乐观积极的心态；第二句“我能行！”是我从小爱说的话，它带给我面对一切的自信；第三句“你有困难吗？我来帮助你！”则源于受助和助人后产生的愉悦。

在我的经历中，曾经有过这样一件事：

1996 年 2 月，云南丽江发生大地震。震后第三天，丽江团县委书记木志英给“知心姐姐”打来求助电话。当时，我担任中国少年报社副总编辑，立刻通过报纸，发动全国小朋友和灾区小朋友“手拉手”。消息及倡议发表后，各地小朋友马上行动起来，通过捐款捐物，与丽江灾区小朋友结成“手拉手”好朋友。

震后四个月，受丽江县政府和团县委的邀请，我奔赴丽江灾区采访，并继续推动“手拉手”活动。

当时，我骨折的右脚刚好，又提着一个笨重的没有轮子的箱子乘坐飞机。不巧的是，上飞机前需要在停机坪上走一大段的路程。我走上几步，便停下来歇一歇。

“要是有人帮我一下就好了！”这个念头刚刚在我脑海闪过，我身边就传来一声关切的问候：“你需要帮助吗？”说话的是一位文质彬彬的年轻人。

我心里一阵感激，不由自主坦白地说：“我需要帮助！”

他二话没说，利索地拎起我的箱子，朝飞机走去。在机舱口，他又问我：“你坐哪一排？”

“23 排。”我回答。

于是，箱子被放在 23 排座位上面的行李架上。我连句感谢的话都没来得及说，这位先生已经穿行在机舱拥挤的人群之中了。

“你需要帮助吗？”旅途中，这句话一直在我脑海里回荡着，我的心里也一直涌动着一股暖流。如果每一个有困难的人，都能听到这样温暖的话语，得到及时的帮助，那么人与人之间的关系将变得多么和谐！

这件事，给我留下了极为深刻的印象。我想，快乐的人生不正是在帮助别人和互相帮助中体会到的吗？于是，“你有困难吗？我来帮助你！”这句话便从我心里涌出来。

这一年的 8 月，我在鸡公山给“手拉手夏令营”的小营员讲第一课时，把这三句话连在了一起，归纳成“知心姐姐快乐人生三句话”：

> 面对生活，微笑着说：“太好了！”
>
> 面对困难，勇敢地说：“我能行！”
>
> 与人相处，主动说：“你有困难吗？我来帮助你！”

为了让孩子们记得住、用得上、忘不了，我还编出配套动作。比如，大家一边鼓掌一边高喊：

> 好，好，好，太好了！耶——
>
> 行，行，行，我能行！耶——
>
> 帮，帮，帮，我帮你！耶——

另外还加了一句相互鼓励的话：“棒，棒，棒，你真棒！ OK——”

这个方法还真灵，孩子们一下子就把这三句话记住了，而且还运用自如。这三句话，他们常常脱口而出："太好了！""我能行！""你有困难吗？我来帮助你！"我发现，当这三句话成为孩子们的口头语时，他们的烦恼就会减少，自信心就会增强，情感的世界就会发生变化。

作为"知心姐姐"送给孩子们的礼物，我走到哪里，就把这三句话讲到哪里，我希望孩子们能领悟到寻找"快乐人生"的金钥匙。

我发现在现实生活中，许多家庭的住房面积增加了，温情却减少了；孩子长大了，亲情却淡漠了。生活中缺少快乐，缺少爱的情感，许多父母和孩子都陷入深深的痛苦之中。

一天，北京校尉小学的老师拿来500多封孩子们写给"知心姐姐"的苦恼信，请我去给他们上课，帮助孩子们消除这些烦恼。我读了这些信，仿佛掉进了"苦海"！

就在这个时候，蒙古族少年特日格勒和他的妈妈闯进了我的生活。

13岁的特日格勒来自内蒙古大草原，患有先天性输尿管反流，继发双肾积水、慢性尿毒症，急需换肾。10多年来，父母带着他到全国各地艰难求医，病情并没有好转。最后，全家把家产变卖干净，进京治病。特日格勒不想中断学习，一边看病，一边到北京朝阳区辛店小学借读。为了挽救儿子的生命，母亲决定把自己的肾捐给儿子，可捐肾的手术费就需要5万元。

万般无奈的母亲找到了我。我被这位贫困母亲的爱和儿子勤奋好学的精神感动，决定动员孩子们一起帮助这一家人。

4月8日，我在北京校尉小学做报告时，动情地讲述了特日格勒一家的故事，邀请学校派出小记者去采访特日格勒，并替我带去我捐出的500元钱。

报告会结束后，全校师生纷纷为特日格勒捐款。在完全没有准备的情况下，全校师生共捐了1100元钱。

第二天，校尉小学7名小记者在李秀琴主任的带领下，去辛店小学采访了特日格勒。

小记者在采访报告中说：

我们猜想，他一定是一个对生活毫无希望的人，见到我们，一定会哭。

但是没有想到，我们见到特日格勒时，他穿着一身蓝色蒙古袍，坐在会议室的沙发上，脸上却挂着微笑。从开始到结束，他一直在微笑。

特日格勒告诉我们，他从一生下来，双肾就严重坏损，每天只能喝250毫升的水，喝多了，肾排不出尿来，再渴就只好用水漱口了。他的腿严重缺钙，骨质疏松，别说跑步，就是走都走不了多远，一摔跤就会骨折。他个子矮小，13岁了，长得和七八岁的孩子一样高。13年来，他动过大小手术9次，生命的大部分时间是在医院病床上度过的，上学的时间加起来不到两年。他笑着说："我最喜欢的一件事就是上学，虽然学习有压力，可老师和同学经常帮助我，给我补课。"

这时，辛店小学刘校长拿来特日格勒的几本作业。呀，字真漂亮，成绩那么好。校长介绍说，特日格勒现在上五年级，学习很努力，从不让老师费心。

说起看病，他的妈妈说，10多年来为孩子求医治病，早把家产变卖干净。目前每周要到医院做两次透析，每次400元，这次换肾手术需要5万元，这是个天文数字。妈妈决定把自己的肾给儿子，还要去卖血继续为儿子治病。

这时，特日格勒的眼圈红了，强忍住就要夺眶而出的泪水，微微一笑："我给父母和社会带来这么多麻烦，将来我会回报他们的！"我们问他："你对今后有什么想法？"他的眼睛里闪着光，乐观地说："长大了我要做一名医生。我现在喜欢下国际象棋，喜欢看书，将来有一天我的病好了，我就去跑步。"说到这里，他又憨厚地笑了。

要告别了，当我们把临来时大家凑的1600元钱交给特日格勒的母亲时，这位坚强的母亲哭了，一个劲儿地说："谢谢，谢谢……"她说，几天前辛店小学的孩子也为特日格勒捐了钱。

小记者们在采访报告的最后写了自己的感受：

> 汽车开动了，我们早已没有了来时的说笑，大家被特日格勒的命运震撼了，被他那乐观的精神感染了。想起我们平时常为太多的作业而烦恼，为没有时髦的新衣新鞋而烦恼，要是受了一点伤或一点委屈就哭得要死要活的……比起特日格勒遇到的困难，我们这些苦恼又算得了什么呢？

帮助永远都是相互的。当你去帮助一位有困难的人时，你会忽然发现自己比对方幸运多了！正如一个为买不起好鞋而烦恼的人，出门看到一个没脚的人，他立刻就会觉得自己已经很幸福了。幸福常常是在和不幸比较之中获得的。那些在优越的环境中烦恼的孩子，一旦有机会走近和去帮助那些同一片蓝天下、不同命运的孩子，他们的情感世界就会发生变化，他们的生活也会随之改变。

顽强与死亡抗争的蒙古族少年特日格勒，用自己的微笑，感动了其他孩子。他们领悟到：人生最大的胜利是战胜自己，人生最大的快乐是帮助有困难的人。

后来，通过“知心姐姐”在网上求助，大家为特日格勒共捐了近4万元。

“手拉手”活动为孩子们创造了这样的机会。不同地域、不同家庭环境、不同民族、不同身体情况的孩子结成“手拉手好朋友”，他们就会从小窗口看到大世界，从对比中找到自己的责任，从互助中品尝到助人的快乐。当孩子从小树立起“同在一片蓝天下，我们从小是朋友”的理念，贫富的差距就会缩小，社会的矛盾就会减少，孩子的心灵就会净化。

“手拉手”活动同样也净化了我的心灵，把贫困的、有困难的孩子装进了我的心里，使我体会到助人的快乐，看到了一份沉甸甸的责任。

1994年，我带领小记者团去河南信阳市大别山区采访，并带去全国小朋友捐出的20万元压岁钱、零花钱，要为光山县砖桥乡王大湾建一所“手拉手”希望小学。

我们走进一个叫叶锋的男孩家中，他因家境贫寒失学了。

在四面透风的小屋里，叶锋的妈妈拉着风箱，为我们烧水。透过炉火，我看到沧桑过早地爬上了她的脸庞。

“我是一个苦命的女人。”她叹着气说，“我嫁到这个家，就欠了人家建房费2000元，现在钱还没还上，房子又漏了。他爸40多岁去浙江打工干苦力，可家里还是没钱供孩子读书。一次，家里只剩下一袋米，我交给叶锋让他卖了交学费。可儿子扛着米，在村里转了两圈，又把米扛回来了，对我说：‘妈，这学不上了！’我心里别提多难过了，我知道他爱学习！”说到这儿，两行泪水顺着她的脸颊流淌下来。

我不知道说什么好，给了她200元，她不要。我说：“拿着，为了你的孩子！”她含着泪收下了。“为了孩子”是母亲最大的动力。

出了她家的门，我见到了叶锋。他个子不高，瘦瘦的，听说“知心姐姐”要来，他去邻家借了一件大外套。

“叶锋，你好！我是知心姐姐。”我向他打招呼，“我想知道，妈妈给你的米你为什么没卖？”

叶锋的脸涨得通红，半天才小声说：“妈妈身体不好，家里没有米，她的身体会更糟。我是个男孩，我要养这个家，让妹妹去读书，不要让妹妹像爸爸那样，出去打工连封信都不会写。”

听了这番话，我的眼泪差点掉下来，多么懂事的孩子！

“你将来想做什么呢？”

“我想当老师，让全村的孩子都有学上。”叶锋的眼睛中带着坚毅。

“我来帮助你实现你的理想！”我伸出手，紧紧地握住了叶锋的手。

小记者中一个南京的小女孩主动和叶锋手拉手，我们共同资助叶锋返回了学校。

四个月后，当王大湾手拉手希望小学落成时，我再次来到王大湾，看到学校的大队日记的第一页上写着“大队长叶锋”。

一年后，我的脚骨折了。叶锋听说了，写来一封信。信中说：“知心姐姐您怎么不小心呢？怎么把脚摔伤了呢？听到这个消息，我很难过，恨不得飞到您身边去侍候您。”看得出信被泪水打湿过，皱皱的。

“侍候”两个字很让我心动，通过和信阳方面联系知道叶锋已上了中学，我给他邮去了 300 元让他交学费。很快，叶锋又回信了。

“妈妈，我早就想喊您一声妈妈了，可是我不配，您就让我喊一声吧！”

我心里热热的，欣然接受了这个大别山里的充满爱心的“儿子”。

第二年夏天，我随艺术团去王大湾慰问乡亲们。当我见到叶锋时，只见他的个子超过了我，脸上带着微笑，可他一句话也没说。

演出结束时，天完全黑下来，人群散去时，我看到叶锋还在黑暗中站着，手里拎着我的大书包。

当我乘坐的大汽车要开动时，叶锋走上车，把书包交给我，轻轻说了一声：“妈妈再见！”

我的眼泪一下子涌了出来，对身边的敬一丹说：“这孩子跟了我半天，就想当面喊一声妈妈，可他不好意思。”敬一丹的眼圈也红了。

后来，叶锋上了潢川师范，他变得爱说话了。可当我知道每个学生每年要交 2000 元，三年要交 6000 元，而叶锋因为没钱，天天不吃菜时，我当面给他 2000 元，叶锋说什么也不要。

“为了你的理想，你要收下，身体要紧！”我说。

叶锋拉着我的手，激动得热泪盈眶：“妈妈，请您记住，大别山永远有您的儿子！”

“儿子，请你记住，毕了业，要给农民的孩子当老师，大别山需要你！”我鼓励他。

2000年，我获得韬奋新闻奖，得到的奖金全都给叶锋交了学费。如今，叶锋已经毕业，回到王大湾手拉手希望小学，当了一名老师。每逢我过生日，都会接到大别山的电话："妈，我是叶锋，祝您生日快乐！"

有什么比这一句深情的问候更让人心动？有什么比孩子的成长更让人欣慰？当你有能力去帮助一个有志气的穷孩子去实现理想时，你会觉得活在这个世界是多么有价值！当你有了一个要帮助更多人的愿望时，挣钱的劲头会更足，生活也会更充实。当我把这个理念告诉我的朋友时，他们都很兴奋。青岛的韩世荣、广州的吴奕、新疆的费晓敏等好姐妹都伸出热情的手，用自己的钱为贫困山区的孩子捐赠"手拉手书屋"。

爱心是可以传播的。深圳市开展了"深圳关爱行动"，提出一个激动人心的口号——"用爱拥抱每一天，用心感动每个人"，引起了强烈的反响。

"你有困难吗？我来帮助你！"当这一句话流传开，我们生活的世界会增加更多的温暖！

第八章　忘不掉的是教育

培养责任感的四句妙语

培养爱国情感——对世界说：我就是中国！

“现在，身为中国人很酷！”

这是国外一家媒体的新闻标题。这句话出自一个卖杂志的泰国华人之口。这位 27 岁的小伙子卖的是一份反映中国人生活、名为《大家好》的线绳装订的杂志，在曼谷受到泰国华人的热烈欢迎。诺基亚、宝马这样的重量级广告客户也找上门来。2003 年，曼谷一家研究中心曾要求市民回答“在你们心中哪个国家是泰国最亲密的盟国”，结果 3/4 的人回答是中国，只有 9% 的人说是美国，尽管美国仍是购买泰国商品最多的国家。现在东南亚人很乐意承认自己的中国血统。许多曼谷人拥进汉语学校上课。上世纪，有钱的华人父母都是将子女送到英国和美国读书，如今，有钱的泰国华人纷纷将子女送回中国读书。

的确，全世界都在注视中国。随着世界格局和经济秩序的变化，中国的经济实力明显提升，国际地位也发生了新的变化，中国显示出了强大的生机和活力。

2003 年 11 月，我去欧洲访问，发现许多欧洲人都会说几句中国话。无论是在商场、街头还是旅店，无论是老年人、年轻人还是小孩子，见了你的面总是很友好地用中文说：“你好！”“再见！”并对中国的历史文化和经济发展很感兴趣。作为中国人，我感到非常自豪；作为一名少年儿童工作者，我也感到对孩子进行爱国主义教育责任重大。

2004 年 3 月，中共中央、国务院颁发的《关于进一步加强和改进未成年人思想道德建设的若干意见》提出："未成年人思想道德建设的主要任务是：从增强爱国情感做起，弘扬和培育以爱国主义为核心的伟大民族精神。"全国少工委及时在少年儿童中开展了以"中国了不起，中国人了不起，做了不起的中国人"为内容的弘扬民族精神系列活动，很受孩子、老师和家长的欢迎。活动中，孩子们通过"访问一个了不起的人，寻找一件了不起的事，总结一句了不起的话，实践一个了不起的行动"等活动，逐渐树立起民族的自尊心、自信心和自豪感。

在活动中，有一个孩子寻找到的"了不起的中国人"是一名三轮车工人。他在报上看见一则新闻：有位外国商人在浙江某县留宿，晚上叫了一辆三轮车逛一条长街，说好价钱 5 元，可他在逛街时用了许多时间进店购物，逛完这条街差不多用了一个小时。商人给车夫 10 元钱，但车夫说拉车的路程没有增加，不能多收一分钱。商人十分感动，说："没想到连车夫都这么讲道德守信誉，这里投资环境一定不会差。"不久，这位商人将 5000 万美元的投资带到了这个县。

这位商人通过三轮车夫一个人，看到了这个城市以及这个城市里的一群人，甚至看到了这个国家的人文环境。于是他建立了信任，做出了投资的选择。

爱国主义教育也是家庭教育的重要内容，父母的爱国热情会直接影响孩子。

"我就是中国！"

辽宁兴城葫芦岛的中学生闫乐懂得这句话的分量，是通过他的爸爸闫福兴。在他心中，爸爸就是一个"了不起的中国人"。

闫福兴从小是个放羊娃，没上过一天学。他家境贫寒，没钱读书，可是却非常热爱大自然。每天放羊，他都要来到一棵树下，听小鸟叫、学小鸟叫。

10 岁那年的一天，他躺在树下睡觉。突然一群小鸟惊叫起来，他惊醒了。只见一条蛇挺着身子，伸着红芯子，要吃树上鸟巢里的小鸟。闫福兴勇敢地抄起一根树枝，猛地朝蛇打去。小鸟得救了。以后，这棵树上的鸟越来越多。

又是一个晌午。闫福兴躺在树下睡着了。忽然听到树上的鸟群拼命叫。他睁眼一看，不得了，一条蛇正盘在他的身边。他一骨碌从地上爬起来打走了蛇。他知道，是小鸟救了他。他记住了小鸟的救命之恩，和小鸟结下了不解之缘。

以后，他天天把两个手指放在嘴里学鸟叫，慢慢地，小鸟听懂了他的话，他也听懂了小鸟的话。他不用任何乐器，可以学出十几种鸟叫的声音，后来他又自学了几十种乐器，成了“中华奇人”。

一个偶然的机会，我认识了他。1994 年夏天，我带了 30 多名小营员去河北秦皇岛万博文化城搞“小小收藏家”夏令营。一天早晨，我听到小鸟叫得很欢，可出门一看却没看到鸟，看到的是闫福兴。我采访了他，立刻被他的故事深深感动。我当即邀请他和我一起上河南信阳鸡公山——中国少年儿童手拉手营地，当孩子们夏令营的辅导员。他很高兴地答应了。为了让孩子们记住他，我给他起一个好听的名字“鸟叔叔”，从此“鸟叔叔”的名字叫开了，孩子们喜欢他，新闻媒体关注他，多次报道了他的故事。

“鸟叔叔”不负众望，不仅热情宣传保护小鸟、保护环境，而且表演水平越来越高，名声越来越大，当上了中国音乐家协会会员、中国曲艺家协会会员、中国民间文艺家协会会员、兴城市政协委员。地位变了，但是他热爱大自然、喜爱小鸟的心一直没变。近年来，“鸟叔叔”扬名海外，日本、美国等国民间团体纷纷邀请他出国演出。

“鸟叔叔”几次对我说，最让他激动的是，他应邀去日本北海道，下了车，老远就看见许多日本人举着标语来迎接他，标语牌上写着：“欢迎中国鸟叔叔！”“鸟叔叔”激动地流泪了。他说：“我做梦都没想到，我这个放羊娃今天也给中国争了光！”他的演出十分成功，日本媒体多次报道。一天，三位日本老人在街上遇到他，伸出大拇指，一个劲儿朝他喊：“中国！中国！”意思是：“中国人了不起！”“鸟叔叔”当场为这三位日本老太太表演了鸟叫。

最让儿子闫乐感动的是，一次几位日本客人到家里来做客，临走签名留念时，爸爸写下5个大字“中国鸟叔叔”。客人走了，闫乐问爸爸:“为什么在‘鸟叔叔’前面要加‘中国’两字，谁不知道你是中国人？”

爸爸说:“你没看日本客人的签名吗？他写的是‘大日本国某某某’！咱们是中国人，要让日本客人把‘中国’两个字带回日本去，让更多的人了解中国！”

闫乐一下明白了，在爸爸心中，“中国”两个字分量有多重!

父亲的爱国情感，就这样潜移默化地影响着孩子，在孩子心中装下了“爱国”两个字。

“我就是中国！”

当一个人把祖国放进心中，再平凡的人也会创造出奇迹；当一个孩子心中燃起浓浓的爱国之情，再大的困难也不能阻挡他前进的步伐。

放羊娃“鸟叔叔”创造了奇迹，轮滑少年尹子祺也创造了奇迹。

中国的最北端漠河，到海南省的三亚，两座城市之间相隔7000多公里。3位17岁、18岁和22岁的中国少年在没有后援、没有赞助、没有教练、没有事先考察、没有医疗师的情况下，独自每人负重30公斤行囊，带着家人的担心，带着追求梦想的勇气，带着一面小国旗，用双脚，用单排滑轮滑过中国从北至南的土地，整整滑行了4个月！7200公里，打破了2000年由两个芬兰成人创造的2815公里的单排轮滑的吉尼斯世界纪录!

如此艰辛之旅，3位少年凭什么力量坚持下来的?

我见到了他们3人中的一位，17岁的北京男孩尹子祺。他从小身体瘦弱，绰号“小蚂蚁”，在母亲支持下，3岁开始接触轮滑，2001年曾获全国轮滑比赛乙组冠军。

“你怎么产生轮滑中国的梦想呢？你又是靠什么精神坚持了4个月？”我问这位全副武装的少年。

“给中国人争气！”他目光坚毅地看着远方。他告诉我，他们是在吉尼斯世界纪录上看到了由芬兰人在2000年创造的轮滑吉尼斯世界纪录，下决心一定要超过他们，让世界看看，中国人有多棒！

他说，轮滑中，他什么都可以扔掉，可那面被风吹破的小国旗一直带在身上。每当中国运动员在国内外重大比赛中摘金夺银，每当清晨天安门广场上五星红旗冉冉升起，每当从广播、电视里听到国歌的旋律，他的心中总会泛起层层波澜，兴奋之情油然而生，梦想着有一天自己也能为国争光！

今天，他终于超越了梦想，打破了世界纪录！他可以自豪地对世界宣布：“我就是中国！”

“我就是中国！”

如果每一个孩子都有这样强烈的爱国意识，我相信，中国这颗星将更加灿烂辉煌，中国的孩子将为世界做出更大的贡献。

树立公民意识——对自己说：这是我的责任！

我曾问过很多孩子：“你爱自己吗？”

他们都笑着说：“谁不爱自己呀！”

“你爱自己的亲友和我们生存的地球吗？”

孩子们的回答也是异口同声：“当然爱！”

“那你是怎么爱的呢？”

孩子们的回答各式各样。最令我感动的是“手拉手地球村”一位 11 岁男孩的回答，他说：“管住我的口，不随地吐痰；管住我的手，不乱扔垃圾；管住我的脚，不践踏花草。”

简简单单的“三管住”，看出这个男孩很懂得爱。按他的理解，爱就是约束自己、管住自己，保护人类共同的生存环境。

爱是一份责任。全国许许多多“手拉手地球村”的“小村民”都知道这一点，也都在献出自己的爱心。在“手拉手地球村”学校里，设有固定的回收棚和分类回收桶。“小村民”在每周回收日里，都要把可回收的废品送到回收站，所得收入用来为农村贫困地区学校的小伙伴建学校、建书屋。这种做法从1996年开始，已经坚持了7年多，回收款达到100多万元，为贫困地区建起了5所“手拉手希望小学”和上百个“手拉手书屋”。“小村民”的口号是：“手拉手捡回一个希望，创造一个奇迹，用小行动保护大地球！”他们在实践自己的誓言：“保护环境，我们有责；节约回收，我们有责；帮助伙伴，我们有责。”当责任的种子播撒在孩子幼小的心田，我们的地球就会有收获的希望。

爱是一种关系。孩子们的爱心行动，得到了许多成年人的支持。日本大使馆几次为我们“手拉手地球村”捐助环保设备；许多父母、老师和社会环保志愿者也和孩子们一起行动。令人欣喜的是，在抗击“非典”的日子里，“手拉手地球村”的队伍一下扩大了许多。随地吐痰、乱扔垃圾的人少了，“三管住”的人多了；只顾自己的人少了，关心他人的人多了。恩格斯说过，一个聪明的民族，从灾难和错误中学到的东西比平时多得多。“非典”疫情使更多的人认识到，讲卫生不再是个人小事，而是关系到人类生存的大事。人与人的关系，从未像今天这样紧密。因为病毒是不管男人女人、富人穷人、白人黑人、大人小孩的，只要有机可乘，就会发起进攻。如果你被病毒感染，就有可能传染我；如果我不讲卫生，就有可能殃及你。在这个地球上，你和我的关系如唇齿相依，不可分割。我关心你，你关心我，我们手拉手，才能最终战胜病毒对人类的进攻。

爱是一种习惯。良好的卫生习惯是从小养成的，一旦陋习形成，很难改掉。一位电视台编导对我说，她和一个具有硕士学位的记者出差，走在路上，这位先生“叭”一口痰吐在地上，问他为什么不吐在纸里，他不好意思地说：“从小在农村长大，吐惯了。”

一次，我陪一位美国老人在北京街头行走。这位老人说：“我很爱中国，就是看不惯中国人随地吐痰、乱扔东西。”

她的话音刚落，一个人从我们身边走过，“叭”一口痰吐在马路上。老人摇摇头，长长叹一口气，我感到脸上火辣辣的。

我想起这样一件事：在日本广岛举行一次亚运会开幕式，六万余人集会散去后，广场上竟没有一片废纸。有些媒体在报道此事时说："这是一个有希望的民族！"

日本人从小培养孩子爱护环境的公民意识。一个学生在操场上捡到一张废纸，校长从他身边走过，如果他对校长说"不是我扔的，是某某同学扔的"，那么他会受到严厉批评，正确的回答是："对不起，这是我的责任！"

"这是我的责任！"仅仅六个字，却极大地增强了一个民族的责任意识和环保意识。

作为孩子们的"知心姐姐"，我一直在思考这个问题：我能为孩子的环保教育做些什么？

2003年，"非典"疫情猖獗时，我在《人民日报》"人民论坛"中发表了《爱，从讲卫生做起》一文；在广大少年儿童，尤其是农村孩子中发起了"手拉手讲卫生，做小小卫生宣传员"行动；主编了一本图文并茂的卡通书《手拉手·讲卫生》，介绍了10个讲卫生的好习惯，由中国少年儿童出版社出版。我们发动社会捐赠了30万册书，送到农村孩子手中，并要求拿到书的孩子，每人向10个人传播书中的卫生知识。孩子们的积极性很高，一本书在许多孩子手中传递。

2003年12月，中国少年儿童新闻出版总社和中国文化扶贫委员会邀请10名优秀的农村"小小卫生宣传员"及其父母到北京领奖。他们中间有一半是第一次来北京。临来时，村里的老百姓羡慕地说："真想不到，讲卫生还能上北京？"

座谈会上，孩子们激动地说了自己的变化，一位来自河南信阳大别山革命老区的孩子说："我们农村孩子从小就随地吐痰，有时还比赛，看谁吐得远。我们以为一口痰太阳一晒就干了。看了书才知道，'痰是细菌的王国'，一口痰里有上亿个病菌。以后，我不再乱吐痰了。"他的父亲说："孩子讲卫生了，还来监督我。我是庄稼人，随地吐痰吐了一辈子，现在，我一咳嗽，儿子就盯着我痰往哪儿吐。受孩子影响，我也开始讲卫生了。”

另一个农村男孩子说：“过去我老爱用别人的水杯，还老爱喝生水，常常肚子疼得哇哇叫。看了这本小册子，我才知道，讲卫生不是个人的事，现在我不再用别人的杯子，自己带，也不喝生水了，每天带凉开水上学。”他的妈妈说：“过去我怎么说他都不听，天天喝生水。这回读了书，有了知识，主动让我买水杯，让我帮他烧开水，还向邻居宣传讲卫生呢！”

听了他们的发言，我很感动，也很欣慰。农村孩子天真朴实，接受新事物快，只是他们接触卫生知识的机会不多。

人常说“知识能改变命运”，其实，是知识改变了人的观念，观念改变了人的习惯，习惯改变了人的命运。

如果你真爱孩子，就从小培养他的公民意识。

爱，从讲卫生做起。

享受你的儿子——对儿子说：有儿子就是不一样！

我跟很多男孩子的妈妈讲过：儿子是什么？男人！“男”字怎么写？一个“力”顶着一个“田”，顶天立地就是男子汉。

男子汉应该有阳刚之气，说话落地有声，做事敢作敢当。这种气质的男孩肯定会被女孩仰慕和追求。

但是，现在有些男孩唯唯诺诺、胆小怕事。许多孩子的名字和过去都有了很大不同。过去多用钢、铁、山、海、江、涛、鹏、伟、诚、军等阳刚气十足的字，而现在改用“洋洋”“多多”“贝贝”……这表明，时代变化了，家庭对男孩子的期望值也发生了变化。过去把男孩子看成是家庭的“根”，未来家庭的支柱。现在各家只有一个孩子，许多父母便把这唯一的男孩当成“宠物”，不再委以重任。表面上看去是宠爱，其实爱已被扭曲。

爱是什么？

爱是一种感受。一个人在被他人需要时，才能感受自己的价值。一个孩子被大人需要时，才能感受到自己幼小的生命是多么重要，进而感悟到一种深深的爱，并且产生强烈的责任感。

对于一个男孩，如果希望他将来对祖国负责，对人民负责，那么从小就要培养他对家庭负责，对父母负责，对自己负责。而这种崇高责任感的产生，需要动力，这动力便是父母的需要。

有些父母从小给文弱的男孩起女孩的名字，穿女孩衣服；对淘气的男孩，非打即骂，极少肯定和鼓励。有些家长还常常当着儿子的面对外人讲，我的儿子“胆小”“怕黑”“像女孩”“什么都不行”“笨得要命”，等等，久而久之，胆小无能、没有责任感的男孩就被这样塑造出来了。

其实，父母对儿子的肯定，最能激发男孩的潜力。为了给父母一个惊喜，儿子可以创造奇迹，这种动力能使一个弱小的男孩成为勇敢的男子汉。父母要懂得享受儿子！

那么，该如何做呢？我的切身感受是：用“男子汉”意识塑造男孩。

我也是一个男孩的母亲。儿子 3 岁时，有一次我抱他挤公共汽车，不料腿一软，没挤上车，险些摔在路边。儿子马上关切地问我：“妈妈，您怎么啦？”我认真地对儿子说：“妈妈下乡插队时，把膝盖摔坏了，抱着你上不去车。”

儿子一听，马上跳到地上，用小手为我捶腿。我高兴地说：“有儿子就是不一样！”儿子十分得意，以后再也不让我抱了。

儿子上二年级的那个盛夏，一天我下班回来，他兴冲冲地端上一杯茶：“妈您喝茶！我给您倒的。”茶已经凉了，我胃不好，不能喝凉茶，但还是一饮而尽，然后知足地说：“太好了！我正渴呢！有儿子就是不一样！如果茶再热一点就更好了！”第二天，我就“享受”到儿子沏的一杯热茶。

儿子上四年级时，一天他爸爸要出差，儿子高兴了，我却为难地对他说：“你高兴了，我可惨了，下了班还得赶回家为你做饭。”谁知，儿子拍着胸脯，神气地说：“爸不在，还有我呢！”俨然一个小大人。我马上“恍然大悟”：“对！

对！还有你，你也是个男子汉！”

第二天，放学后他早早地回到家，炒好两个菜，放在盘子里，还用碗盖上。我一回家，儿子马上说：“妈，您快去洗手，我给您盛饭去！”

我特别“听话”，洗好手，坐在饭桌前。儿子盛来米饭，我大口大口吃起来。

儿子看着我问：“味道怎么样？”

“味道好极了！”我说。

“和我爸做的菜比怎么样？”

“比你爸炒的菜强多了！”我夸张地说。其实，他的手艺比爸爸差远了！但几年以后，儿子就是炒菜的高手了。

儿子上大学了，长得像山一样壮。每次陪我出去买完东西，我都优哉游哉地在前面走，儿子拎着大包小包在后面跟着，我感觉特好，像是在向人们显摆：“有儿子就是不一样！”

这种感觉能带来什么呢？男孩会有男人的责任感。他看你干事费劲，会走过来用大人的口气说：“你去吧，我来！”在他眼里，你好像变成了孩子。我的一位朋友，儿子6岁，她说，她和我的感觉一样，让我们听听她和儿子的故事：

儿子3岁时，丈夫出国留学了。我的胆子小，我家楼上有人养了一条大狗，每次上楼，狗一叫，我就吓得浑身哆嗦。以前，都是丈夫走在前面，我跟在后面。丈夫一走，我便对儿子说：“这回惨了，你爸走了，我连楼都不敢上了！”

儿子拍着胸脯说：“别怕，有我呢！”

于是每次上楼，儿子走在前，我跟在后。大狗一叫，儿子虽然也害怕，却壮着胆朝我说：“别怕，有我呢！跟我走！”每到这时，我都非常感叹：“有儿子就是不一样！”

一个冬天的晚上，外边漆黑一片。姥姥要去倒垃圾，儿子大喊一声：“姥姥，别动！看我的！”

只见儿子搬着小板凳，走到黑黑的楼道里，踩着小凳子，把过道的灯拉亮，朝姥姥喊："现在可以出来了！"

姥姥感动得差点掉下眼泪，嘴里不停地说："家里有个男人就是不一样！"

儿子 4 岁时生病发烧，我带他去打针。针刚扎进屁股，儿子"哇"地大哭起来。我一见他哭，也跟着哭起来。

儿子立刻不哭了，问我："又没扎你，你哭什么？"

我说："妈胆小，看你一哭就害怕。"

儿子显出一副无奈的样子："嗨！你们女人太胆小，算了吧！以后你甭进去了，我一个人进去！"第二天，他独自壮着胆走到护士面前，大声说："你扎吧，我是警察！"

听了她讲的故事，我笑得前仰后合。你看，妈妈对儿子的评价多么重要！你用"男人"的标准来塑造男孩，男孩就会变成勇敢的男子汉！

一次我在温州讲学，当地团市委一位女书记带着 9 岁的儿子来听，我讲了刚才的故事。第二天，这位书记对我说："我儿子长到 9 岁，从没帮我做过一件事。昨天散了会，儿子破天荒地帮我背包。一路上，还不停地朝我看。我问他：'你怎么老看我？'儿子说：'您还没说，有儿子就是不一样呢！'"

你看，不是儿子不愿、不会替父母做事，而是儿子从未受到过父母的肯定和鼓励，从未体验过帮助父母做事的快乐。一个人只有被他人需要时，才会产生动力，产生真正的快乐。

尚秀云是北京市海淀区人民法院"少年法庭"的法官，少年犯都亲切地叫她"法官妈妈"。一天，我对她讲了上面的故事，她竟遗憾地说："我虽然鼓励过许多少年犯，却从来没有赞美过自己的儿子。我儿子对我特别好，他已经长大去上海工作了，家里的电器大部分是他买的。"

一天晚上，尚秀云打来电话告诉我：

有一天，儿子从上海回家来，我情不自禁地说："有儿子就是不一样！我一用洗衣机、一开电冰箱就想起你，有儿子真好！"

没想到，儿子听完这番话，两眼放光，对我说："妈，您把刚才的话再说一遍！”

我又讲了一遍，儿子马上说:“妈，您等着！我再扛一件电器回来让您看看！”

电话里，我俩开怀大笑。

儿子多么渴望被母亲肯定，被母亲需要！母亲的伟大，不在于能否让儿子上大学、出国留学，而在于让他有一种成就感，找到自信，找到自我，找到父母和社会对他的需要！当他找到这种需要时，便找到了一种责任、一种幸福。

有一次，我在电视节目里阐述了这个观点。事后，一个上中学的男孩对我说:“我妈听了您的话，天天朝我喊:‘有儿子就是不一样！’我可惨透了，我们家的活儿全由我包了！”

我问他:“你爱听这句话吗？”

“当然爱听了，我听了心里美滋滋的，累点儿也高兴！”他得意地说。

真正爱孩子的父母，要在儿子面前表现得弱一点，给孩子一点爱他人的机会。不要把自己看成高山，把孩子看成小草，让孩子靠着你、仰视你、畏惧你;更不要当大伞，为孩子遮风挡雨，让孩子弱不禁风。

母子换个位置、换个形象吧！让儿子做高山，儿子就会长成山;让儿子当大伞，儿子就能顶天立地！

欣赏你的女儿——对女儿说:有个女儿真好！

“有个女儿真好！”所有的女孩都爱听父母这样说。

我的父母有六个儿女，我排行老五。小时候，每当我为父母做点事，他们总是会说:“有个女儿真好！”这句话让我觉得，父母最疼爱我、最欣赏我。其实，在父母眼中，六个孩子都一样。

长大了，因为工作的需要，我常常外出采访，没有更多的时间陪伴爸妈，心里觉得很内疚。所以，每次去外地都会买很多好吃的给他们。妈妈逢人就讲:“有个女儿真好！坐在家里就能吃到全国各地的好东西！”于是，我采购的积极性更加高涨。我总是希望能带给爸爸妈妈一份快乐，让他们享受幸福的晚年，我也能从“有个女儿真好”的赞叹中得到满足。

“有个女儿真好！”是父母对女儿的欣赏，也是对女儿最大的鼓励，它能使女儿充满乐观与自信，学会善良与关爱。

团中央书记处原常务书记赵勇同志有一个聪明可爱的女儿，名叫赵信。赵勇很疼爱他的女儿。

他给我讲了一件有趣的事。

赵信过 10 岁生日那天，赵勇从外地赶回家。在飞机上，他为女儿写了一篇短文，题目是《有个女儿真好》。回到家，他把这篇文章作为生日礼物送给女儿。没想到，赵信看了一遍又一遍，提出的问题一个接一个：

“爸，您说有个女儿真好，是针对只有男孩的爸爸说的吗？”

“是的，我的确觉得有个女儿好。”

“爸，您说有个女儿真好，是指所有的女儿，还是特指我赵信？”

“我只有一个女儿，当然是特指赵信了。”

这回赵信满足了，高高兴兴收下这份礼物。以后，她变得更开朗，更活泼，更善于思辨，跟爸爸无话不谈，因为，她知道爸爸很在乎她、喜欢她。

你看，女孩多么在乎父亲的爱！父亲在女儿心中的位置是任何人都无法替代的。女儿在乎父亲，并不在乎父亲送她什么东西、满足她什么样的物质要求，女儿在乎的是，父亲与自己的交流。能在父亲面前讲一讲自己的感受，这对于成长中的女孩尤为重要。女孩天生感情细腻，善于掩饰自己的感受。父母应给予女儿更细致的关心，让她感到可以向父母随意表达自己的内心感受，而不受责备。一个女孩，从小得到父亲的关爱，有助于培养她良好的性格、开朗大度的胸怀以及与人交往的能力。父亲也更容易给女儿带来安全感，这在她的成长中是非常必要的。女儿如果从小缺少这种安全感，她在将来的人际关系中就会不断地去寻找“父亲”这个角色。所以，一个从小失去父爱的女孩，在择偶时容易选择一个父亲般的男友，或者总是对男性心怀仇恨。

有父亲爱的女儿是快乐的，有女儿爱的父亲也是幸福的。

有一位年轻的爸爸对我说：“一天，妻子不在家，我生病了，独自躺在床上。我 5 岁的女儿轻轻走到床边，用手摸摸我的头，细声细语地说：‘你发烧了，别哭，我给你拿药去。’她拿来两片小孩吃的果味维 C 片，倒了一杯凉开水，说：‘乖，吃药，这药不苦，好吃。’我乖乖地把‘药’吃下去，眼泪却不知不觉地流了下来，我的心中涌起一种幸福感：有个女儿真好！”

心理学家指出：尽管母亲在生活层面上更多地影响了女儿，父亲却对女儿的性格和一生的幸福有着至关重要的影响。父亲对女儿所做事情的评论和反应比母亲对女儿的影响更大。为什么呢？美国著名心理学家莱特博士说：“因为父亲的表达是通过一种完全不同的方式，并且次数很少。他的积极介入有助于抑制女儿对母亲的过度依赖。父亲对女儿及其能力的信任会逐渐给她自立的信心。特别是女儿处在青春期的时候更是如此。”因此他建议，作为父亲，千万不要吝惜在别人面前骄傲地介绍：“瞧，这就是我的女儿！”莱特博士了解到，中国的爸爸通常不说或是很少说一些充满情感的词语。但是在美国，父亲向女儿说“我爱你！”“我为你感到骄傲！”却是很常有的事情。他认为中国爸爸在这一点上要向美国爸爸学习。当然，由于两国的文化背景不同，中国的爸爸可以寻找适合自己和女儿沟通的方式。

《知心姐姐》杂志记者绍梅曾采访过几位女性，请她们谈谈爸爸对自己的影响，其中一位 35 岁的女士说：

“朋友都觉得我非常自信，我觉得这要感谢我的爸爸。爸爸最常和我说的一句话是：‘我觉得你是对的！’记得我上高中的时候，一道老师解得很复杂的几何题，被我用很简单的方法搞定。结果老师非说我做的不对，我很气愤地对爸爸说起这件事，没想到，爸爸竟然又是那句：‘我觉得你是对的！’连老师都说我不对，我爸还觉得我对！我觉得我爸简直太伟大了。”

“有个女儿真好！”这句具有中国特色、充满感情色彩的赞语，如果能被父母经常使用，那么你的女儿就会发生奇妙的变化。

在这方面，《中国教育报》记者苏婷深有感触。2002 年暑假，我们在风景如画的河南信阳鸡公山“手拉手”营地举行夏令营，苏婷和她上小学的女儿都去参加了。

一天，我主持召开“不知道的世界——我的妈妈”抢答活动，她的女儿语惊四座。

我问她的女儿：“佩服你的妈妈吗？”

她不加思考地说：“不佩服。”

“为什么？”

“因为她很爱唠叨。”

“那你佩服爸爸吗？”

“也不佩服。”

“为什么？”

“……”女孩半天没有说出原因。我注意到，苏婷的眼里闪着泪花，流露出遗憾、委屈、失落无奈的目光。

当着妈妈和众人的面，女儿竟然采取了对妈妈否定的态度，而且一点不顾及妈妈的情面。我很奇怪，事后和苏婷谈起此事。苏婷难过地说：“作为父母，我们不是非要听孩子感激的话语，但是，父母每天的辛劳，难道她都熟视无睹吗？”

“那平时你女儿在家是什么情况呢？”

“每天放学回家，她就闲坐在沙发上看电视，到时间饭会摆到她的面前；每次我拖地板，擦到她的脚下，她会自然地抬起双脚，若无其事；每回买来好吃的，肯定首先保证她的需要，由着她吃个够……自在享受在她看来理所当然。而且，好像不单我的孩子是这样，与周围人聊天，觉得今天的孩子多有这样的‘通病’：对一切都无所谓，显得冷漠无情。”

“是父母对孩子生活的照顾太多了，给她的责任意识太少了！”我向苏婷介绍了自己“享受儿子”的体会，并且对她说，“我从来不在孩子面前扮演强者的角色，不把一切都创造好摆在他面前让他享受。儿子在我面前的表现总是

'顶天立地'，有时他会拍着我的肩膀学着周总理的口气说：'小卢同志，你要注意身体呀！'我就答应说：'谢谢首长关心！'只有让他帮你，他心里才有你！"

苏婷觉得这是一个高招儿，决定试一试，把唠叨变成欣赏。

夏令营结束后的一天，苏婷带女儿外出，行李比较多。她就有意面露难色。女儿什么都没说，自己主动承担了一多半。看着这个小人儿肩背手提的，妈妈一再告诫自己别心软，让她坚持下去，果然，女儿帮助了妈妈，有了成就感，便来了精神，一路上照顾妈妈。一会儿关照："你好好睡吧，夜里不用管我了！"一会儿问候："你喝水吗？你没事吧？"妈妈欣慰地说："有个女儿真好！"女儿更来劲了，到了目的地，俨然一个小大人，跑东跑西，忙前忙后，好像一下子长大了许多。

回到家，苏婷不敢松懈，着力巩固"战绩"：下班后，不再把自己的疲劳"藏"起来，不再像以前那样只是扮演一个精神饱满，似乎永远不会倒下的好妈妈。女儿也察觉到了这些细微的变化，知道了妈妈工作的辛苦。她经常跑到厨房来问："老妈，我能干点什么吗？"这时妈妈一定会找个活儿给女儿干，让她感到妈妈需要她的帮助才能做好这顿饭。有时，妈妈躺在沙发上休息一下，在女儿眼里妈妈很少这样，她马上凑过来给妈妈"按摩"，而且不停地下着命令："闭目休息""双眼放松……"女儿很卖力气，干得直冒汗。妈妈闭着含泪的双眼，自言自语地说："有个女儿真好！"

说起女儿的这些变化，苏婷异常激动，她说："现在我真从内心里感到'有个女儿真好'。以前，我没少'教育'孩子，但是，那些道理说得太多，就变成了唠叨，最终让孩子产生了逆反心理，'你越说什么她越不做什么'，形成对立局面：她越不做，我就越说得多，慢慢竟把女儿'修炼'得'百毒不侵'。其实女儿对我们并不冷漠，有时她想对我们说些什么，但我们的喋喋不休使她哑口无言——也许恰恰是我们'逼'得孩子如此'冷'。我由此相信，在培养孩子情感时，把命令变为欣赏，把无穷的唠叨化为一句充满感情的话：'有个女儿真好！'事情就会发生神奇的变化！"

第九章　最宝贵的是亲情

亲子同做的七件大事

和孩子一起学

在美国一所大学的日文班里，突然来了一位近60岁的华裔女士。她每天总是最先来到教室里温习功课，上课时十分认真地跟着老师阅读。她的笔记写得工工整整，年轻人便纷纷借她的笔记来参考。每次考试，女士总是紧张地复习。有一天，老教授对青年们说："做父母的一定要自律才能教好孩子。你们可以问问这位受人尊敬的女士，她一定有一群有教养的孩子。"青年们一打听，果然，这位老太太叫朱木兰，她的女儿正是1986年当选为全美六大杰出女性之一的赵小兰，曾任美国劳工部部长。

一国之希望在于人才，人才之根本在于教育，而教育水平之高低，又与家庭教育有着至关重要的关系。

党的十六大报告中强调，要形成全民学习、终生学习的学习型社会，促进人的全面发展。

在共青团十五大上，时任中共中央总书记、国家主席胡锦涛同志向全国青年提出三点希望：一是努力学习，二是善于创造，三是甘于奉献。

一个学习型社会已经到来。不仅青少年要学习，父母老师也要学习，才能跟上时代的步伐。

弘扬中华民族的先进文化，是民族大业之基础，也是父母之责任。

近几年来，学界重新认识国学经典，团中央倡导"读千古美文，做少年君子"。中华民族素来的教育目的是"读书明理"。明什么理呢？就是明白做人的道理，也是培养人的综合素质。读千古美文可以在潜移默化中，帮助孩子完善人格，陶冶情操。

别看北京白云路小学的张宇轩是个小学生，她可真是了不起，能背诵数百篇中华美文。她的爸爸是全国总工会干部，妈妈是英语教师，夫妇俩常常和女儿一起诵读古诗文。更可贵的是，他们一家人还能用古诗文中的经典句子来规范自己的言行，做到知行合一。

女儿背会《明日歌》，懂得了“今日事，今日毕”的道理，每天不用父母提醒，自觉按时完成作业；妈妈背会“天下事有难易乎……”迎着困难上，终于通过了北京外国语学院四级英语考试；爸爸常常用古诗文中的道德知识教女儿做人做事。一家人勤学向上，创造了很好的家庭文化氛围。

中华美文代表了中国传统文化中的先进文化，传播了道德知识，宣传了道德规范。亲子同诵中华美文，是加强家庭道德建设的好办法。

“知心家庭”倡导一家人“同诵中华美文”，妙就妙在共学同诵上。今天的父母，对中华民族优秀的传统文化知之甚少，和孩子一起学，既补偿了过去的不足，又能感染孩子。

当你和孩子一起背诵北宋大政治家、大文学家范仲淹的《岳阳楼记》时，一定会被“先天下之忧而忧，后天下之乐而乐”这气势宏伟的警句打动。你告诉孩子，“忧虑在天下人之前，享乐在天下人之后”就是崇高的民族精神，他幼小的心灵就会受到激励，并懂得少先队队礼的含义，懂得什么是“人民的利益高于一切”。

当你和孩子一起背诵老子《道德经》六十三章中“轻诺必寡信”一句时，你一定会想到“说话不算数的家长没威信”，轻易许诺一定缺乏信用，你做到了“诚实守信”，再教育孩子“明礼诚信”，就有了说服力。

当你和孩子一起背诵《孟子・梁惠王章句上》一篇中的千古名句“老吾老以及人之老，幼吾幼以及人之幼”时，告诉孩子“尊敬我的长辈，并用这样的态度对待别人的长辈；爱护我的孩子，并用这样的态度对待别人的孩子”，同时身体力行：你常常带着孩子去看望老人，孝敬老人，给老人过生日；你不仅关心自己的孩子，还关心贫困地区的孩子。在你的影响下，你的孩子便学会了“尊老爱幼”的中华美德，学会了“团结友善”的道德规范。

共学同诵重在“同用”。知识是需要学习的，道德是需要传播的，家庭的道德建设靠父母、孩子共同完成。我们要从一言一行做起，从一点一滴做起，不断增强道德建设的感召力和影响力。

有个中学男孩在学校表现很好，可在家很懒，从不打扫自己的房间，他认为这是区区小事，自己是干大事的料。爸爸在他的屋门上贴了一句古训：“一屋不扫，何以扫天下？”儿子看后受到了教育，知道了大事都是由小事组成的道理，开始自己打扫房间了。这种交流的方式，是心灵的沟通，以理服人，比斥责有效。

闫妮是名优秀的中学生，她的成长也得益于先进文化的熏陶。

闫妮的父亲是一名军人，一直在边远山区工作，女儿10岁时才调回北京，和女儿生活在一起。作为军人，他有自己的事业；作为父亲，他很歉疚，觉得欠了女儿很多。他一直扪心自问：“我拿什么奉献给你——我的女儿？”最后，他决定帮助女儿励志。

上小学时，闫妮有一个日记本，她主动请爸爸在扉页上为她写一段话，父亲写了荀子《劝学篇》里的一段话：“不积跬步无以至千里，不积细流无以成江海……”

闫妮对这种方式很乐意接受。她对我说：“我知道爸爸是在鼓励我学习，告诉我在一点一滴积累中学习。这种方法挺好的。如果他把这段话读出来，就是另一种感觉了。因为那时我才10岁，听不懂。可他抄在我的本上，我可以天天看，天天想，爸爸为什么要送我这段话？爸爸不向我说明，我的好奇心越重，这样一步一步去思考，就理解了。”

“山不在高，有仙则名；水不在深，有龙则灵”，话不在多，有用则灵。闫妮的父亲选择用中华民族先进文化去点燃孩子心中理想的火花，去树立道德与规范，这种父爱是理智的爱、智慧的爱、独特的爱。

闫妮上了中学后，每当遇到挫折和困难，比如学习成绩下降了，竞选干部落选了，和同学吵架而陷入苦恼了、情绪出现波动，父亲都会找一本书或抄一段文字，让女儿自己去看。隔一段时间，再和女儿交流："你对这事怎么看呀？"

女儿对父亲心服口服。

这是一个很独特的方法，对于今天有学习和思考能力的中小学生来说是个很好的办法。

大科学家牛顿有句名言："我之所以看得比较远，是因为我站在巨人的肩上。"我们作为21世纪的中国人，应豪迈地站在中华五千年文明的历史山峰上，面向世界，开创未来，共同营造"知心家庭"。

和孩子一起阅读

我的朋友绍梅的儿子康笛才4岁就很爱读书，据绍梅介绍，康笛喜欢读书是因为他觉得读书是有趣好玩的事，书里有他感兴趣的东西。康笛有一本很喜欢的书叫《在沙滩上》，讲的是一个孩子在沙滩上走，不断地发现很多好玩的东西，先是贝壳、螃蟹、城堡，后来又发现了一只鞋，又发现了一只脚，故事的最后一页是"我发现了我爸爸"，画面上，爸爸躺在沙滩上，身子埋在沙子里，只露出头和脚。绍梅说，康笛每次看到"发现我爸爸"的时候，都会哈哈大笑。康笛不但喜欢看，还学会了用，一次，绍梅带康笛到野外的草地上去玩，康笛在草地上爬来爬去，还说自己在割草。当绍梅无意中说了句"在草地上"，没想到康笛就编了个故事——《在草地上》：

在草地上，有人在放风筝；
在草地上，有人在照相；
在草地上，有人在和小狗玩……

听了康笛的故事后，绍梅非常兴奋，接着康笛的话说："在草地上，有人在爬。"结果康笛马上接着说："不是，不是，是康笛在割草。"回到家里，绍梅带着康笛把白天在草地上的故事画在纸上，并配上了康笛编的文字，至今，这本书还是康笛最喜欢的一本"自己的书"。

每个父母都希望自己的孩子爱书、爱读书，但生活中，真正懂得为孩子营造阅读世界的父母却并不多。

在现实生活中，提起孩子的阅读，很多家长心中常会画出这样一个等式：阅读 = 看课外书 = 看闲书 = 和学习无关 = 影响学习。这和家庭教育中老生常谈的父母功利思想直接相关。许多家长，让孩子在学龄前读书是为了认字，上学之后，孩子只能看和学习直接相关的书，家长很少鼓励孩子自主阅读、自由阅读，即使让孩子看书，最多看点优秀作文。不少孩子的阅读兴趣被父母的教育功利思想慢慢泯灭了。

在我们的"知心热线"咨询中，有不少家长打来电话说自己的孩子不是不聪明，可就是学习不好，令他们非常苦恼。家长在电话中常常将孩子学习不好的原因归结为坐不住、注意力不集中、缺少学习兴趣，有些父母甚至怀疑孩子得了多动症。但北京师范大学心理系儿童阅读研究专家舒华教授告诉我，家长的这种理解并不全面，很多孩子的学习问题是由阅读问题引起的。舒华的这一结论来自她与她的研究小组几年来的研究和调查，他们发现很多智力正常的孩子存在不同程度的阅读困难，严重的已经发展为阅读障碍。甚至在文化气氛浓厚的首都北京，小学生的阅读障碍率也达到 6%~8%。

也许多数家长认为阅读能力顶多会影响到孩子的语文成绩，其实，阅读困难不仅会使孩子的语文学习产生困难，也会影响到其他学科的学习，因为任何学习都是从阅读开始的。

早在四年前，世界经济组织进行了一次全球青少年阅读能力的调查。

调查报告中指出，15 岁的青少年不可能在学校里学习到成年以后所需的一切知识和技能，因此，学校教育必须为终身学习奠定稳固的知识基础，而阅读能力是一个人终身学习的基础和最大的本钱。

一个经济组织为什么要关注青少年的阅读能力呢？原来他们在研究国际成人阅读能力时发现，阅读能力强的人不但比较容易找到工作，甚至薪水也比较高。学历高低固然会影响就业机会，但是当学历相当时，阅读能力强的人担任高技能白领工作的概率就明显高得多，而且阅读能力比学历高低更能准确预测一个人在职场的发展。

如何给孩子营造一个阅读的世界？父母要从培养孩子的阅读兴趣开始。

对于孩子而言，读书是从兴趣开始的。

绍梅说，康笛喜欢上了什么东西，就让妈妈给他买有关的书。比如他喜欢火车，就找妈妈要关于火车的书；他去科技馆迷上了火山爆发，就让妈妈给买“火山爆发”的书。

这不仅是绍梅这位妈妈的经验，也是国内外众多阅读研究专家的共识。

能够乐在阅读，也是继续保持和发展阅读能力的关键要素。孩子会不会为兴趣而阅读、喜不喜欢和别人讨论读过的书、逛书店和上图书馆看书的频率高不高、重不重视阅读，都会影响他们未来的阅读习惯。而国际成人阅读能力调查发现，中学毕业后，若是长期不阅读，阅读能力就会逐渐退化。

为了保持孩子的阅读兴趣，培养孩子更高的阅读能力，我建议家长要做到：

第一，家长要以身作则，自己也应该有阅读习惯。

第二，要替孩子创造一个很好的阅读条件，例如孩子有自己的书房、书桌、书架，家庭要预备一个好的阅读环境。

第三，家长要为孩子买一些书，不用买很贵的书，鼓励孩子和其他朋友交换书来看。家长也可以让孩子自己选书。

第四，和孩子一起读书。这一点非常重要，对小学阶段的孩子尤其如此。美国的一项研究显示：父母给予孩子读写支持的多少，将显著影响孩子的读写能力。一项名为“阅读能力在美国”的研究报告显示，以小学四年级学生为例，父母参与少的学校，其阅读分数低于全国阅读平均分数 46 分；相反，父母参与多的学校，其阅读分数高于全国阅读平均分数 28 分，两相比较相差达 74 分。

世界经济组织在他们关于青少年的阅读能力调查中提道：家财万贯，不如满室书香。因为文化资产的影响力更胜于物质财富。家里图书的数量、种类越多，父母越常和孩子讨论书籍、电影、电视节目的内容，孩子的阅读能力也越强，就为自己将来参与社会竞争赢取了一张最有价值的通行证。

犹太民族饱经磨难，但在智力领域中，却常能处于优势。在犹太人家里，小孩稍微懂事，母亲就会翻开《圣经》，滴一点蜂蜜在上面，然后叫孩子去吻《圣经》上的蜂蜜。这仪式的用意是，书本是甜的。犹太人家庭还有一个世代相传的传统，那就是书橱要放在床头，要是放在床尾，就会被认为是对书的不敬。14 岁以上的犹太人平均每月读一本书，为世界之最。

在犹太人的传统教育中有这样一个有趣的习俗：

在象征书本的石板上，用蜂蜜写出希伯来文或《圣经》中简单的一节，请孩子在默记内容的同时舔食石板上的蜂蜜，然后再吃掉准备好的蛋糕、水果和干果。所有这些美味都使孩子们从小就感觉到：书本是甜蜜和充满诱惑力的，品过之后，值得细细回味、咀嚼。

在这里，“知心姐姐”告诉您：如果您能够帮助您的孩子从小就体味到阅读的甜蜜和快乐，这将是您送给孩子的最珍贵的一笔财富。

和孩子一起谈性

“妈妈，我是从哪儿来的？”

“从妈妈肚子里生出来的。”

“那我是怎么进去的呢？”

“……”

“爸爸，什么叫性交？”

"……"

面对孩子对"性"知识提出的种种疑问，做父母的常常无言以答或难以启齿。

一对双胞胎男孩长到12岁了，可学校里还没有开设生理卫生课，于是，他们的父母决定亲自上阵。他们到处找课本、找书，可惜，根本没有图文并茂的教材，所有关于青春期教育的书，都是在讲伟大意义，在讲重要性。

"伟大意义还用你说？我们最需要的是怎样开口。"母亲如是说。

于是，夫妻俩开始自己编教材。他们在电脑上为孩子们展示了各种图片，指着图告诉孩子什么叫生殖系统，什么叫性交，什么叫遗精，什么叫艾滋病……两个孩子像上课一样，了解了许多人体和性的基本常识。

需要说明的是，双胞胎男孩的父母是报社高级编辑，他们有选择资料的便利条件，在家庭性教育这个问题上，更多的父母仍然面临着无法开口的尴尬处境。他们是怎样对待孩子性健康教育的呢？孩子们是怎样获得性知识的呢？

北京市妇联对北京5个区的1500个家庭做了调查。调查显示：父母对孩子进行性教育的方法存在很大问题。有74%的父母没有意识到应该适时对孩子进行性教育。当孩子向父母问及关于性方面的问题时，有50%的父母告诉孩子长大后就知道了，能够给孩子进行比较深入讲解的只占3%。

而另一项调查表明，目前中国青少年的犯罪数量占总犯罪数量的70%，其中有30%是性犯罪。据统计，婚前性行为普遍、性病和艾滋病蔓延、少女怀孕增加是目前青少年性健康教育面临的三大难点。调查显示：中国青少年性知识的主要来源是书籍、宣传单和杂志，来自母亲的只有3%，来自父亲的更少，只有1%。

一次，我来到北京一所中学，和十几个初一的男生女生座谈。

"你们是从什么时候开始有性别意识的？"我问这些来自独生子女家庭的孩子。

"上小学。"一位瘦瘦的男孩抢先说，"上厕所时，男生进了男厕所，女生进了女厕所。”

“有了‘性’方面的疑问，你们到哪儿找答案？”

“问同学。”

“看卡通书。”

“问妈妈。”

同学们你一句我一句小声说。只有三个男孩子大声说：“看《中国儿童百科全书》！”

“这书是怎么来的？”

“过生日时爸爸妈妈送给我的礼物。”一个男生自豪地说。

我眼前一亮。

我看过这套由中国大百科全书出版社出版的《中国儿童百科全书》，全书共分 4 卷，大 16 开本，全部由彩色的形象的图画与照片组成。4 卷分别是《地球家园》《人类社会》《科学技术》《文化生活》。男孩子说的内容在《文化生活》卷，题目是《我从哪里来》。上面有人体形象，男女生殖器结构、精子和卵子的作用以及胎儿在母体中的不同形象等，一目了然，生动形象，难怪许多孩子那么爱看。

孩子们为什么爱看这套书呢？这套书最大的特点是把知识形象化了，不是干巴巴地说教，更不是纯文字的枯燥无味的知识灌输，而是运用各种图片把一些深奥的科学道理简单化、形象化了。此外，一些由国外翻译到国内的生动活泼的性教育手册，也可以作为父母和孩子共学的资料。

我们这代父母，都没有很好地接受过性知识教育，即使懂得一定的知识，也不知道该怎么对孩子说。面对孩子的提问，我们常常十分尴尬，或避而不谈，或对孩子提这样的问题感到担忧和不满。时代在发展，孩子在长大。在性教育方面，父母是孩子第一任老师，而且是最合适的老师。不懂，没关系，找出一本好书，和孩子一起学，肯定比你敷衍孩子或欺骗孩子好得多。

小孩有时很幼稚，他提出的“性”问号，实际上他并不明白是怎么回事，父母也不必惊慌。只要认真地用讲童话的方式讲给他听就可以了。一次，我的朋友绍梅对我说，她 4 岁的儿子一天忽然问她：“妈妈，我是怎么生出来的？”绍梅耐心地告诉儿子：“爸爸在妈妈的肚子里种下了种子，种子长大了，就长出了你。”

过了好几天，儿子有了“重大发现”，他对妈妈说：“妈妈，你说的不对，我仔细看过了，爸爸肚子里没有种子，都是饭！”

我俩捧腹大笑。

但是，对于青春期的孩子，就不能讲“童话”了，除了要讲知识，还要重视对他们进行性别教育，帮助他们树立正确的异性交往的观念。孩子的异性交往，是对生命的认知。

孩子和异性交往时，充满了好奇和神秘感。少男少女对异性的好感和注意力是成长中的自然现象。另外，有相当多的孩子在家庭中没有兄弟姐妹，所以容易产生一种对异性的渴望。

一次，我去广西桂林开办短期“知心电话”。一个小学六年级的女孩跑到我的住地来找我，一见面就问：“我爱上一个男生，他脸白白的，个子高高的，很有魅力，我能跟他结婚吗？”

我告诉她：“不可以。人的认识会变化的。在他没有成熟之前，可能会改变。你今天看到的他，可能不是你明天认识的他。我给你一个建议，把这份感情先收起来，过十年以后再拿出来看，如果还觉得很喜欢他，就跟他保持联系。如果你现在就把这种想法告诉了他，他会被你吓跑了，以后你就找不到他了。”讲着讲着，女孩忽然哭了：“我妈要像您这样就好了。妈妈坚决不让我跟他来往，我就越想跟他来往！”

女孩的妈妈不知道，青春期的孩子，除了想了解自己的生理发育，还想了解异性。这时候，爸爸妈妈更应该是孩子的引导者。否则越禁止，孩子就越好奇，想方设法去尝试。有些父母觉得孩子是在早恋，其实孩子更多是模仿，他们的人生阅历还没有到谈恋爱的阶段。有位妈妈听说上中学的儿子看上一个女生，但是女生不同意交往，所以儿子很苦恼。妈妈想了想，没有跟儿子面对面交谈，而是给儿子写了封信：一个国家强大了，别的国家都会跟你建交；一个人强大了，别的人都会对你友好；一个男人强大了，好的女孩自然会来找你，用不着苦苦去等一个人。儿子看了以后，发自内心地明白了一个道理：男儿要自强。

性教育专家陈一筠教授忠告父母说："我们要跟孩子讲，种果树要有夏季的耕耘、除草，才能有秋季的收获。如果夏天就摘下果子来吃，味道肯定很涩。社会上有很多陷阱和诱惑，要避免一些事发生，爸爸妈妈得有打预防针的准备，随时了解孩子和异性的交往是什么状态。而且引导要科学、有艺术性，不能用成年人的方法，也不能用一般学科的方法。应该先让孩子心中有数，再让他去交往，绝不能等孩子有危险了才想到教育。另外，男孩女孩交往，一旦进入两个人的世界，就容易走入误区。因此父母应该提倡孩子群体交往。这样既能达到对异性的了解，同时又避免走入误区。不要等到考试的时候再去读书。"

和孩子谈性，还要谈谈如何防止性侵害。

据《知心姐姐》杂志社 2004 年 3 月发布的一项名为"关注中小学生性侵害"的网上调查显示，一半多（52%）的被访中小学生网友表示，没有人和自己提到过这个问题。

该项调查从 2004 年 1 月 29 日开始，在"中少在线"网站上进行了 20 天，先后共有 6164 名中小学生网友参加了调查。调查结果显示，相当一部分被访中小学生网友对儿童性侵害有误解。有三分之一的被访中小学生认为"性侵害只会源于异性"，有 27%的被访中小学生认为"只有女生才会遭受性侵害"，还有 26%的被访中小学生认为"性侵害只会来自陌生人"。

儿童性侵害定义大致可以这样描述：一切通过武力、欺骗、讨好、物质诱惑或其他方式，把儿童引向性接触，以求达到侵犯者满足的行为。

在这次调查中，中小学生获取这方面知识和办法的途径不容乐观。在被问及“是否有人告诉过你遇到性侵害时该怎么办”时，只有41%的被访中小学生表示“爸爸妈妈对我说过”，只有7%的被访中小学生表示“老师对我说过”。

面对这些问题，《知心姐姐》杂志记者钟银平、《中国青年报》记者万兴亚采访了有关专家。北京市青少年法律与心理咨询服务中心主任宗春山建议，性侵害教育首先应该在家里开展，每个孩子的发育、思想状况不一样，有些属于身体秘密的部分，只适合与亲近的人一对一地讲，还有性别问题，父母和孩子谈起来会更方便。

北京青少年法律援助与研究中心副主任张雪梅说，有的家长在孩子遭受性侵害后，对孩子态度不好，抱怨孩子，这样会对孩子造成“二次伤害”。家长首先要在语言上、态度上让孩子接受你，不要让孩子有灰色记忆。同时，家长对孩子心理的关注，不一定仅表现在语言上，有时可能给孩子一个亲切的眼神，对孩子生活习惯的关注，都会让孩子感受到你在关心他（她）。“比如一个在放学途中遭受过性侵害的孩子，可能对上下学的那条路有恐惧心理，家长应该先护送一段日子，消除他（她）的恐惧心理，让他（她）感觉到监护人的保护。”

和孩子一起谈性，是孩子成长中的一件大事，为人父母千万不能忽视。

和孩子一起交朋友

不久前，我去拜访从美国回来的哈佛商学院的MBA陈宇华女士。我问她：“哈佛最看重人的什么？”她回答：“能力。主要是为人处世的社会交往能力，也就是会不会交朋友。”

陈女士告诉我，国内一个名牌大学的男生在哈佛读博士，获得了全额奖学金，但性格孤僻、不喜交往、心理压抑，去美3个月后便卧轨自杀。哈佛大学曾做过调查，一个人的成功，80%靠情商、靠人际关系。那些封闭自己、与人交流困难的人，即便很有学问，也很少获得成功。

孩子终究会长大，会独自走向社会。他们能否独立生存，能否获得成功，主要看他们能否与人和谐相处。知识使人变得文雅，而交往能力使人变得完善。

交朋友是需要学习的。不仅孩子要学，父母也要学。许多家庭创造了很好的和孩子一起交朋友的经验。

北京女孩陈文静、陈文佳是一对双胞胎姐妹，她们的父母就非常善于帮助孩子交朋友，并和孩子一起交朋友。说起这点，文静、文佳的爸爸陈小群感受颇深：

“现在的父母很少教孩子怎么去处理人际关系，我的体会是，人际关系，父母一定要教孩子。大人在单位，如果同事关系不好，很难愉快地工作，甚至还会把坏心情带回家。孩子大部分的时间在学校，如果和同学、老师关系不好，与人有了矛盾冲突，也不知道怎样处理，孩子就很难快乐起来，也很难保持健康平和的心态。

“我们经常教孩子的为人处世原则是：在不影响别人的情况下，爱做什么做什么，在不伤害别人的情况下，爱说什么说什么。其实，这个原则的前提就是一定要尊重别人。

“有时，孩子回到家也会很激动地说，同学什么什么地方不好。我们在听她说完后，最后都会问她：‘这件事情是他不对，那你觉得他有什么优点呢？’孩子就会去想别人的优点，这样在人际关系中孩子就比较容易看到更积极的一面。

“四年级的时候，文佳班里有一个女孩是班干部，总爱找借口扣她组的纪律分，弄得她特别烦恼，不知道该怎么办。轮到文佳值日的时候，她也想找理由去扣那个女孩的分。我就告诉文佳：‘你不是觉得她的做法挺差劲的吗？如果你也像她那样做，你不就是在做自己讨厌的事情吗？最好的办法是，你告诉你那组的同学，要做得百分之百好，别给人家留下借口。’可文佳说：‘我们组里总有一两个调皮的孩子，他们也不听我的。’我就又跟她说：‘调皮的孩子最需要的就是表扬，别人总爱看他们的缺点，很少有人能表扬他们。但每个人都是有优点的，你只要发现他们的优点去表扬鼓励他们，我保证他们能做得好。’后来，文佳这样做了，果然，那些调皮男孩也很服她，从那以后文佳他们组很难让别人找到借口。最让我们欣慰的是，女孩子看到自己总和文佳作对，文佳并没有以牙还牙，慢慢也改变了，后来她们成了好朋友。”

文静、文佳学会了交朋友，就渴望结交更多的朋友。她们的父母理解女儿，还和女儿一起交朋友。在全国少工委组织的“五十六个民族小伙伴手拉手进北京”活动中，他们两次分别把内蒙古女孩娜荷芽、云南布朗族村寨女孩张会莲接进家，全家与她们交朋友。

张会莲家住云南澜沧江畔，祖祖辈辈都是茶农，她是村里唯一来过北京的人。为了来北京，她坐了七天七夜的汽车、火车。她的梦想是从家乡修一条直接通到北京的路，能让更多的小伙伴到北京来，也让更多的大哥哥、大姐姐到她的家乡去，把家乡建设得和北京一样漂亮！娜荷芽的家乡在内蒙古大草原，她的梦想是让已经变成沙漠的地方长出绿草。这些都是姐妹俩在北京难以了解到的，远方的朋友就像一扇小窗户，一下子向她们打开了一个大世界，让她们萌发了一个个美丽的梦想。

对于娜荷芽、张会莲这样的偏远地区的孩子，交往的意义也是一样重要。第一次来北京，张会莲十分拘谨，不爱讲话，分别时连“再见”都不会说。通过敞开心扉的交往，她们距离拉近了，从陌生到熟悉，第二次再见面，会莲像变了一个人：爱说爱笑，活泼开朗，主动打招呼、演节目，灿烂的笑容挂在了脸上。

2003 年 7 月，共青团第十五次代表大会开幕式在北京举行。这四个小女孩连同另一对男孩——河北赤城县的郭伟杰和北京的李索然成了手拉手好朋友，走上人民大会堂讲台，讲述了自己手拉手的真实故事，表达了心中对共青团员的敬慕和向往。这不同寻常的献词，感动了全场每一个人，连中共中央总书记胡锦涛同志都流下了眼泪。

文静、文佳的妈妈感慨地说：“这简直是个奇迹，孩子们的变化令我们吃惊，让我们感动！手拉手活动真能改变一个孩子的命运。和孩子交朋友，我们大人也跟着受感动，跟着受教育。”

心是一个小窗口，这个小窗口打开了，再大的世界都能装下。孩子要勇敢地走向世界，父母要热情地鼓励孩子敞开胸怀。

孩子都渴望朋友。但是现在，很多孩子缺少与同龄人交往的机会，久而久之，“不合群”的孩子越来越多。

不合群的孩子有着很多的困惑和迷惘，时常陷入孤独、寂寞和多疑的不良情绪之中，容易产生自卑或自负心理。做父母的，一定要有意识地开放孩子的空间，让他们在同龄人中学会交往。

孔屏是一位“懂孩子”的母亲，她定期约孩子的朋友到家里玩或带孩子到小朋友家里做客。每次家里来了小客人，她都准备好孩子们爱吃的水果和点心，让他们一起边做游戏边分享他们喜欢的食品。孩子们喜欢唱歌，她就让他们独唱和合唱轮流进行；画画的时候，先出一个题目，每人画一张，她指出每人画得好的地方，然后让他们合作画一张最好的。孩子们在这些看起来微不足道的事中渐渐地学会了合作，从而培养了合作意识。

近年来，有些专家提出一个新观念——同伴教育。同伴教育的内涵就是让同伴一起交往，在交往中相互学习，相互帮助，这样更容易提高孩子的学习能力、协作能力、交往能力。最好的同伴就是朋友。

孩子们常常给“知心姐姐”写信、打电话，述说与朋友交往时遇到的烦恼与困惑，比如：“不知该如何选择朋友”“交不到朋友怎么办？”“怎样看待朋友的缺点？”“需要请客送礼才能维持朋友关系吗？”“与两个合不来的同学能不能同时成为朋友？”“和朋友发生了矛盾怎么办？”“有了恋友情绪怎么办？”“和异性同学怎么交往？引起非议怎么办？”

这些苦恼正困扰着孩子们，有的甚至因此不想上学，爸爸妈妈千万不要小看孩子的这些苦恼，要帮他们支支招，教他们一些交友的技巧，孩子会感谢你们的。

和孩子一起上网

当今孩子的社会交往与以前相比有了很大不同，他们除了面对面、写信、电话交往，还可以通过网络交际。父母和孩子在网络面前“地位”几乎是平等的，而父母更需要加强网络知识的学习，因为孩子接受新鲜事物的能力更强。

有个 13 岁的初中女孩，是班里的学习委员，网名叫“红红的青苹果”，迷恋上我们总社主办的全国优秀青少年网站——中少在线。一天晚上，她为了上网居然连晚饭都不吃。妈妈火了，对她说：“你再上一分钟网，我就把电脑送人！你和那些沉迷在网吧里的坏孩子一样！”没想到女儿说：“一样？妈妈，你错了！在网上我有那么多朋友，甚至比我身边的朋友还好！我离不开他们！”打那以后，母女俩很少说话，一天最多说两句。母亲十分烦恼，怎么对待这个矛盾呢？她终于鼓起勇气，上网求助。她给自己起了网名，叫“激情燃烧的岁月”，学着发帖子向小网友们述说自己的烦恼。

一时间，引起强烈反响，网友们纷纷回帖发表自己的感受。

拉比·雷奎特：既然您已经上了这个网，您可以学着去喜欢这个网站。这里的确是一个很有趣的地方。我和她一样的年纪，我也很喜欢这里，这里可以交到许多朋友，甚至是知心朋友。我认为她上这个网站没有什么错误，但到不吃饭的地步可能就过头了……您一定是一位负责的母亲，您可以和她谈谈，而不是以冷战的方法解决。希望你们的亲子矛盾尽快消除。

风雪狂刀：对于父母比较武断的行为，孩子都会有反抗心理，何不放任她几天，等到开学后她静下心来再说呢？当然，孩子对父母也不能过于无情，经常陪父母聊聊天谈谈心也是很不错的选择。

芽伽：如果您经常上网，就会发现这里的确有许多好孩子，大家是抱着学习的心态来的。

激情燃烧的岁月：我想，我和孩子还需要更密切的沟通，我需要了解孩子。

风雪狂刀：两代人的隔阂太大了，用水泥是不可能填平的，但是如果两边的人都努力地往鸿沟里填上膨胀性塑料的话，说不定这个隔阂不会变得那么大，会一点一点缩小，直至消除……

拉比·雷奎特：其实家长也是担心孩子网恋，或聊天时遇到坏人什么的，我认为家长应该保持警惕，但不要采取过于怀疑的态度。如果起疑，也要用尽量缓和的方法来和孩子交谈，让孩子信任父母。

激情燃烧的岁月：我会试着向孩子解释。我想她现在甚至开始厌恶我了。她把整个身心都投入中少网，所以不让她上网对她来说是个打击。

拉比·雷奎特：是吗？那您叫她来看看这个帖子，她会知道妈妈是很关心她的。

红红的青苹果：我已经跟妈妈说明白了……她答应我每个星期天可以上半个小时中少网，感谢各位。

许多父母认为，今天和孩子沟通很困难。难在哪里？难就难在我们不懂得和现代孩子沟通的方法。到网上看一看，孩子们讲得入情入理，推心置腹。为什么网上交流这么容易？因为是平等交流。在平常的生活里，父母老想教育孩子，总是摆出家长的架子居高临下给孩子“上课”，要么讲千篇一律的大道理，要么怀疑猜测，使孩子反感与成人沟通交流，时间久了，就关闭了与别人交往的大门，变得孤僻。

孩子迷恋上网，父母恐惧孩子上网，成为当今父母与孩子间最激烈的矛盾冲突。

袁融跟他当大学教授的妈妈窦卫霖之间的矛盾，正是从上网聊天和玩电脑游戏开始的。说起跟妈妈发生的网络冲突，袁融记忆犹新：

“我们的冲突是从初中一年级开始的。那时，我想接触更多的东西，虚拟的网络世界是个无拘无束的环境，我特别希望上网去玩，多交一些朋友，跟他们在网上聊天或打网络游戏。

“刚开始上网，时间耗得不是很久，后来占用的时间越来越长了。我妈开始管我，有时游戏玩到一半，我妈就打断我，真让我受不了。”

袁融的妈妈回忆说：“记得他在小学时，我们就给他买了游戏机让他玩，我觉得孩子快乐是很重要的。但是上了初中，他开始玩网络游戏。一开始我没反对，觉得玩游戏能培养人的组织能力，对孩子智力开发有好处。上初二后，他玩游戏的时间越来越长，学习也受到一定影响，我觉得该管一管了。可怎么管呢？我觉得特别难，因为那时他已经迷恋上网了，玩起游戏全神贯注，你怎么说他也听不进去。”

母子俩共同回忆起最激烈的一次矛盾冲突。

一次，袁融玩网络游戏上了瘾，怎么叫也不下来。妈妈火了：“你再不下来，我今天就让你玩个够，下次你别想再上网了，我可以修改你的密码！”

袁融说：“你设密码，我会破解密码！”

妈妈想，既然在电脑方面摆弄不过儿子，就“以理服人”吧！于是，她对儿子说：“咱们这样经常吵也不行，家庭气氛弄得太紧张，咱们谈一谈吧！”

谈话时，儿子的一句话给妈妈留下十分深刻的印象：“如果你不让我上网，你就砍断了我的小指头，如果我的小指头没了，你说我还能好好学习吗？我还能幸福生活吗？”

妈妈万万想不到，网络对儿子有如此大的吸引力，竟然成了他身体的一部分——小指头！

妈妈又告诉我，真正的转折点是在儿子上初二的时候。那时，她去美国访问学习了半年，袁融的爸爸也经常出差，没有人管儿子上网的事。其实，她也是很不放心，时常打打电话，而更多的是与儿子相互发电子邮件，一来关心儿子的生活，二来督促他学习。当然，少不了说让儿子少上网玩游戏的话。

在美国，妈妈自己接触到互联网，才感受到互联网在美国学生以及美国教育当中起到了很重要的作用。妈妈发现，跟儿子在网上沟通交谈，效果比打电话要好。妈妈渐渐改变了原来的想法，更意识到不能断然阻止孩子接触网络，而是需要引导。

恰恰在这期间，妈妈听说了一个故事，这个故事改变了妈妈的观念：

一个女孩子整天迷恋上网，总把自己关在屋里，不爱跟母亲说话，使母亲感到十分痛苦。母亲很想了解女儿的世界，很想知道为什么网络对年轻人有如此大的吸引力？于是，母亲便化名上网主动找女儿聊天。女儿一直不知道这个“知心网友”就是自己的母亲，在高中的三年里，跟这个“网友”交流，说心里话。她拿到大学录取通知书时，做的第一件事就是上网告诉“知心网友”这个好消息。这时，妈妈推开门，走进女儿的房间说：“这个网友就是我！”

袁融的妈妈受到启发：要与孩子沟通，就要理解孩子，知道孩子喜欢什么、爱好什么。从此，她便经常上网跟孩子们聊天，了解他们的兴趣爱好，了解他们的生活。

袁融告诉我：“有这样的妈妈，我挺幸运的。我现在上高二了，应该多关心一下父母了。家庭应该是快乐和欢乐的殿堂，我觉得跟父母交流，不是为交流而交流，而是营造一种良好的家庭气氛，这也是对家庭负责的表现。”

现在，许多父母总是对孩子上网的事担心，甚至提起网络就害怕。但是，如果父母真的上网与孩子真诚交流，便会发现，网络也是一个可以真心交往的地方，而并非到处都是陷阱。父母如果想改变与孩子紧张的关系，不妨走到网上，走到孩子们中间，与他们进行朋友式的交流。这样，不仅能够有效地与自己的孩子沟通，而且可以有效地改变自己，令自己更年轻、更有活力，令激情燃烧的岁月更长、更久。

和孩子一起分享爱

当您和孩子分开很久以后，您发现孩子已经不愿意接纳您了，或者您发现孩子大了之后，就不愿把心里话告诉您了。每当此时，您很苦恼，却找不到办法。不管您是否遇到过这种情况，您都不妨来看看怎样和孩子一起分享爱。

在遥远的云南元江，有一位我从未见过面的好朋友，她的名字就像一个美妙的音符——彭跃波。她从小在外地奶奶家长大，上初中才回到父母身边。

我认识她，是通过她那位因为不能与女儿沟通而陷入深深痛苦之中的妈妈。

在电话里，说到女儿的冷漠，妈妈一直在伤心地抽泣："知心姐姐，您能亲自和我女儿通个电话吗？"

"可以呀！只要你女儿愿意！"我说。

第二天，一个云南长途打到我的手机上。"知心姐姐，您好！我是彭跃波！"那声音轻轻的，柔柔的，和她的名字一样美妙！我俩都很兴奋，聊了很久。听得出来，这是一个善解人意的女孩，并不像妈妈说的那么冷。

一周后，我收到她写来的一封长长的信。信中她称自己"是一个极富'多愁善感'之情而又酷爱幻想的小女生"。她说：

我很喜欢享受生活，我渴望自己能在早晨聆听到天气的异常，坐在海风四拂的阳台上，品上一杯香气四溢的巴西或墨西哥咖啡，欣赏一曲自己喜欢的浪漫钢琴曲，手上再轻举一份晨报或一本好书，享受自然与生活赋予我的这一切幸福时光，希望能在自己所崇敬的学府中一条通幽静美的小道上漫步独行，迎接每一个从树叶中跃出的光斑，嬉戏那透明的空气与那飞旋的"音符"。这一切都是我所渴望能在我今后生活中所得到的，现在我已经在为自己今后所要的一切奋斗了……

然而，在这美丽的渴望深处，却埋藏着深深的痛苦，这苦楚正来自她的妈妈。

这是一封让我非常感动的信，在如此优美的句子中，却包含着如此多的情感风景。她在信中写道：

> 与您的第一次电话交谈，才使我漂泊已久的心绪找到了一个彼岸。虽说在那之前，我已带着一颗感激的心回到我父母身边，但我对他们早已失去了那份信任感。尽管他们在我身旁燃起了一团熊熊的烈火，但仍然无法融化我这颗积雪已久的冰心……这位“幽灵”似的母亲已经扭曲了我纯真的心灵，使我失去了和命运抗争的那一份激情。我不相信她所说的每一句话，看她的每一眼都带着一份尖锐而又痛彻心扉的隔膜。尽管她仍然不停息地用那些万能的胶水粘补着我这颗血淋淋的破碎的冰心，但……直到《世界上最伟大的推销员》来到我身边，我才决定再重新选择一次，于是，我同意妈妈给您去电话。没想到拉紧的心弦就被您那么轻柔地解开了！一种奇妙的直觉使我忘记了那颗孤寂已久的冰心，开始与您大聊特聊，聊完才发觉和您聊天原来是那么自然与贴心，感觉特棒，简直是一种享受，总有那么一份激动。许久没见我如此的妈妈顿时惊喜雀跃，当我注意到她那份神情时，我说了声“谢谢”！我突然发觉自己的心已经复燃了！期盼已久的发现，就在……就在一个平常的电话聊天中开始了。知心姐姐，我将永远记住重新唤起我激情的电话！！！在此向您行个礼！谢谢！

信读到这里，我的眼睛已经模糊了，泪水充满眼眶。我没想到，电话里那个声音轻轻的、柔美的女孩竟有那么多的悲伤，因为电话里她传达给我的是快乐，和她聊天我很轻松，很舒服！真没想到这样开心的聊天，竟然能融化她心中的冰雪！

为什么她给我打电话很快乐？

因为我分享了她的快乐！妈妈也分享了她的快乐！所以她才感受到真正的快乐！

以后，她常常给我打电话，我爱听她聊。

一天中午，她兴奋不已地打来电话告诉我她的新发现：“我妈也是一个会分享快乐的人。她看了您写的书《写给年轻妈妈》和《写给世纪父母》，变化特大，她买了好多本，听到哪位妈妈或爸爸教子有困惑就主动送一本，逼着人家看！您看我妈多可爱！现在，我觉得我妈挺好的！”

她终于理解妈妈了！谢天谢地！

“我现在也受我妈传染了。我看了您寄给我的《知心姐姐》杂志，觉得特过瘾。看哪个同学和父母闹别扭了，我就把《知心姐姐》送去逼他们看，不看我就急。您看，我都快成我妈了！”

那天我在人家招待我的午宴期间接听她的电话，由于我太兴奋、太投入，竟在餐厅外面接了 40 分钟，主人还以为我出了什么意外呢！

小女生的冰冻的心是靠什么融化的？爱的分享！

小女生和妈妈之间的障碍是靠什么消除的呢？爱的分享！

当母女二人学会了爱的分享，就共同品味到爱的滋味。

这就是分享的魅力！

有了好心情，一定要告诉别人，这就是分享！

有了好想法，一定要说出来，这也是分享！

一种快乐，与别人分享，就变成两种快乐！

亲子沟通，少不了分享！

和孩子一起制造快乐

“快乐”最先是跟童年交友的。在快乐的世界中长大的孩子往往拥有良好的心态、开朗的性格和悦纳别人的长处，这样的孩子受人欢迎，会为终生快乐奠定基础。

快乐的世界哪里来？不是从天上掉下来的，也不是圣诞老人送来的，而是自己制造出来的。

单身母亲尹正纯和她的女儿就“制造”了快乐。

人们常常误认为，单亲家庭的孩子缺少快乐，是因为没有父亲；单身母亲缺少微笑，是因为没有丈夫。其实，这些都不是主要的，最主要的是看你心里快乐不快乐。心里快乐了，你就会发现快乐，享受快乐，传播快乐。生活像一面镜子，你对它笑，它就对你笑；你对它哭，它就对你哭；你对它发怒，它就对你发怒；你善待它，它就一定会善待你！所以，真正制造快乐和痛苦的人不是别人，正是镜子里的你自己。

一天，中央电视台《交流》栏目的编导吕婧给我打电话，请我作为专家参加他们的一期节目。本来节目安排时间和我的工作时间有些冲突，但当我听吕婧说，这期节目要讲大连一位单身母亲和女儿一起开办了一个“家庭快乐制造厂”的故事时，我很感兴趣，这样的“工厂”我还是头一回听说呢！

2004年3月7日，是个星期天，我一早赶到中央电视台，在这里我见到了尹正纯和她的女儿希希，听到了她们“快乐制造厂”的“创业史”。

快乐，曾距这对母女很遥远。

女儿希希很小的时候，爸爸就走了。希希很想爸爸。在幼儿园，别人的爸爸来接孩子的时候，希希总是远远地跟在后面。后来老师和妈妈为了让希希开心，便告诉希希爸爸出国赚钱去了。从此，家里只要有电话铃响，希希肯定第一个冲上去，因为她一直以为是爸爸来的电话。爸爸的电话一直没有来过，希希便沉默了，经常坐在角落里发呆。

在天灾人祸轮番光临的那几年，尹正纯，一个弱女子带着天生体弱多病的幼女希希，在一贫如洗的困境下生活，眼泪都快哭干了，哪里还笑得出来？因此，她总是愁肠百转，沉默寡言。慢慢地，她发现5岁的女儿希希的脸上也没有了笑容，而且三天两头闹病。尹正纯心里十分焦急，眼看着女儿就要上小学了，这样下去一定会影响学业和成长。她决定每天早起40分钟，带着女儿出去跑步锻炼。女儿不愿意，她就边跑边讲故事：

有一只大老鼠每天都带着几只小老鼠出去散步。一天，迎面跑来了一只猫，小老鼠吓得躲到大老鼠身后。鼠妈妈大叫一声："孩子们，别害怕，看我的！"说着，它朝着猫"汪！汪！汪"大叫几声。狗叫声把大猫吓跑了。小老鼠佩服得五体投地："妈妈，你可真有本事呀！"大老鼠得意地说："孩子们，要记住，这年头每个人都要学会几门外语！"

妈妈讲的笑话把女儿逗得哈哈大笑。妈妈突发奇想："何不在家里开办个'快乐加工厂'，自己'生产'快乐！"

尹正纯把这个想法跟希希一说，母女俩一拍即合。经讨论，女儿希希当上了厂长兼总工程师，妈妈当了副厂长兼副总工程师，轮流值日。当班的厂长每天必须给另外一个人制造出至少一个快乐来，否则受罚——洗两个人的臭袜子！

别看希希只有5岁，可当起快乐厂长兼总工程师还挺负责。第一天上任，她从幼儿园回来，就对妈妈说："妈妈，我讲个故事给你听。今天，幼儿园老师让每个小朋友都说说长大以后干什么，冬冬说他长大以后想当妈妈。"说着，女儿自己先笑起来。

"这有什么可笑？你长大也会当妈妈的。"妈妈没笑，纳闷地问。

"可冬冬是个男孩呀！"这下可把妈妈逗乐了，母女俩大笑了一阵。顿时觉得神清气爽，通体舒畅！

第二天，轮到妈妈当班了，制造什么快乐呢？正好那天是周末，妈妈计上心头。她用面做成小刺猬、小老鼠、小兔子，还有一窝小鸡和好几个小鸡蛋蒸了一大锅。女儿一看，眉开眼笑，食欲大发，迫不及待地抓起一个，烫得哇哇直叫。来到餐桌前，女儿看到的是四道大菜：西红柿变成了怒放的荷花，黄瓜变成了一朵朵小梅花，女儿笑得嘴都合不上。

讲到这里，妈妈说："快乐满地跑，看你找不找。"女儿希希说："我们这个工厂百分之百赢利，非常红火，我们投入脑力、记忆力、创造力，我们生产出了快乐。"

真是旗开得胜，母女俩都品尝到寻找快乐的快乐。当快乐工程师谁都没有失职，自己的袜子只有自己洗了。女儿不服气，一心想要超过妈妈。

又是一个休息日，轮到希希制造快乐了。妈妈正在厨房烙煎饼，火烤汗流之时，忽听一声“圣旨到”，只见女儿两手扯着一张黄纸，来到厨房，打开喊道：“奉天承运，皇帝诏曰，朕念正纯烙饼有功，特赐玉米糖一块，钦此。”希希的举动让妈妈笑弯了腰，忙说：“谢主隆恩！”辛苦顿时消散，那煎饼比以往香十倍。

从此，“快乐制造厂”制造出一系列故事，妈妈发现女儿越来越开朗幽默，笑话一个比一个精彩，这到底是怎么回事呢？原来，希希有一个小本子，到处搜集笑话，逗妈妈乐。

一天，希希认真地对妈妈说：“今天上课老师问王小刚同学：‘圆明园是谁烧的？’王小刚说：‘不是我烧的！’老师给他妈妈打电话，他妈妈说：‘我家孩子从不撒谎，没烧就是没烧！’他妈妈去找他爸，他爸说：‘烧了就承认，该多少钱咱们赔！’”

妈妈把肚子都笑疼了。

又有一次，女儿拿出一张白纸，说这张画的名字叫《牛吃草》。妈妈问：“草呢？”女儿说：“让牛吃了。”“那牛呢？”“吃完草走了。”

妈妈又笑得前仰后合，问女儿：“你哪来这么多笑话？”女儿这才承认，她从书上看的。“不就是为了让您高兴嘛！”

妈妈感动极了，感动不如行动。“你的袜子我天天包了！”妈妈说。

女儿笑了：“从今天开始，您的袜子我来洗！”那年希希 9 岁。5 年来，母女俩的袜子女儿全包了！

妈妈十分欣慰，她说：“随着笑声的增多，我和女儿这两个快乐工程师当得得心应手。快乐的细胞在我们身上长出来了。这细胞繁殖力极强，成倍翻番地增长，快乐就像随身携带的囊中物，可以在有意无意间信手拈来，尤其是女儿，简直成了快乐天使，满目都是美景，满耳都是佳音，干什么都快乐，随时随地就能幽上一默。从此，快乐就这样长住我们这个单亲家庭了。女儿学习优秀，好几种病不治自愈。”

这个家庭"快乐制造厂"真是太神奇了，母女俩不仅仅是制造了几个幽默、笑话，更是制造了一种温馨和谐、快乐的家庭环境，制造了一种积极的心态，制造了乐观面对不幸的人生态度，真是"改变心情就改变了世界"。

作为家庭，在生活的海洋中会遇到风浪、遇到险滩，有时甚至会遇到惊涛骇浪，但是，只要家庭的成员拥有积极、乐观的人生态度，有坚韧不拔的精神，就会战胜一切困难。

作为单身家长，在人生的路上会遇到比别人更多的困难，但是只要降低期望值，心平气和地面对儿女，用一颗平常心，去培养平常人，丢掉补偿心，以培养孩子拥有快乐人生为己任，那孩子将无往不胜，笑迎天下。

作为孩子，从小拥有良好的心态和积极的态度，具有从黑暗中看到光明的思维模式，那么就会拥有快乐的世界，拥有幸福美好的未来。

在非洲加纳的一所寄宿制中学里，一位老师走进教室，他先拿出一张白纸，上面有一个黑点，问学生："孩子们，你们看到了什么？"

学生们盯住黑点，齐声喊道："一个黑点。"

老师非常沮丧："难道你们谁也没有看到这张白纸吗？眼光集中在黑点上，黑点会越来越大。生活中你们可不要这样啊！"

教室里鸦雀无声。老师又拿出一张黑纸，中间有一个白点。他问他的学生："孩子们，你们又看到了什么？"

"一个白点！"学生们齐声回答。

"太好了，孩子们，无限美好的未来在等着你们！"

老师关于"白纸黑点与黑纸白点"的谆谆教诲，深深地印在当时的一个学生的心里，他就是联合国前秘书长安南。在安南任职期间，他能从海湾战争乌云密布、一触即发中看到一个"白点"——一线和平的曙光。他以自己敏锐的洞察力，体会到"白纸黑点与黑纸白点"的深刻内涵。

生活中，你的目光集中在哪里？集中在痛苦和烦恼，你的生命就黯然失色；集中在快乐，你将会看到幸福美好的人生。